Klaus-Peter Wolf

OSTFRIESENBLUT

Kriminalroman

Eder & Bach

Genehmigte Lizenzausgabe für Eder & Bach GmbH,
Kaiser-Ludwig-Platz 1, 80336 München
1. Auflage, September 2019

Umschlaggestaltung: Stefan Hilden, www.hildendesign.de
Umschlagabbildung: © HildenDesign unter Verwendung
mehrerer Motive von Shutterstock.com
Satz: Satzkasten, Stuttgart
Druck und Verarbeitung: CPI – Ebner & Spiegel, Ulm
ISBN: 978-3-945386-67-5

Die Polizeiinspektion Aurich, die Landschaft, Fähren, Häuser und Restaurants gibt es in Ostfriesland wirklich. Doch auch, wenn dieser Roman ganz in einer realen Kulisse angesiedelt ist, sind die Handlung und die Personen frei erfunden. Ähnlichkeiten mit lebenden Personen und Organisationen wären rein zufällig und nicht beabsichtigt.

Ann Kathrin Klaasen war zu sehr in ihre Gedanken vertieft. Sie bemerkte nicht, dass sie beobachtet wurde, während sie auf ihrer Terrasse im Strandkorb saß und auf ihr Handy starrte.

Er schlenderte langsam vorbei und nickte ihr zu. Sein Triumph war, dass er keine Ausstrahlung besaß. Die Menschen sahen ihn und vergaßen ihn sofort wieder. Er hatte viel Zeit fast unsichtbar in ihrer Nähe verbracht.

Ja, er war sich sicher: Er hatte die richtige Wahl getroffen. Er kannte sie zunächst nur aus der Zeitung und von ein paar flüchtigen Fernsehbildern, auf denen sie gar nicht gewirkt hatte wie eine Frau, die am Rande ihrer Kräfte war.

Inzwischen hatte er viele Berichte über sie gesammelt. Der *Ostfriesische Kurier* hatte ihr fast eine ganze Seite gewidmet. Der Kommissarin, die mit psychologischem Einfühlungsvermögen eine irre Serienmörderin gefasst hatte.

Es gefiel ihm, wie Ann Kathrin Klaasen über die Täterin redete. Sie verstand die Motive, begriff, was geschehen war. Besser als jeder Seelenklempner.

Ja, er hatte die richtige Wahl getroffen. Sie würde auch ihn verstehen, egal, wie abscheulich der Rest der Welt seine Morde fand.

Am Anfang hatte Ann Kathrin Klaasen sich blöd dabei gefühlt, zu ihrem Sohn Eike Kontakt per SMS zu halten. Inzwischen war sie froh, wenn er überhaupt mal zurücksimste. Auch wenn die Kommunikationsmöglichkeiten immer größer geworden waren, redeten die Menschen immer weniger miteinander. So zumindest kam es ihr vor.

Sie rief ihren Sohn schon lange nicht mehr auf dem Festnetztelefon an. Sie hatte jedes Mal Angst, Susanne Möninghoff, die neue Geliebte ihres Exmannes, könnte abheben und mit ihrer verletzenden Freundlichkeit die alte Wunde wieder aufreißen.

Aber auch der Kontakt über Eikes Handy fiel zunehmend schwerer. Tagelang hörte sie nur: *The person you are calling is not available*. Später erklärte er dann, sein Akku sei leer gewesen, und er hätte das Aufladegerät verloren. Auf ihre Nachrichten antwortete er angeblich nicht, weil seine Prepaidkarte leer war.

Sie kam sich dumm dabei vor, ihm hinterherzulaufen. Er war 13 und ihr Sohn. Sie schwankte zwischen dem Gefühl, ihn zu vernachlässigen, und dem, von ihm vernachlässigt zu werden. War sie total austauschbar? Ersetzte ihm die Geliebte seines Vaters die Mutter so vollständig? War Susanne Möninghoff nicht nur eine bessere Liebhaberin, sondern auch noch eine bessere Mutter?

Der Gedanke schmerzte sie. Da fiel es ihr leichter, daran zu glauben, dass ihr Mann, Hero, seine gelernten Fähigkeiten als Therapeut dazu einsetzte, sie von ihrem Sohn zu entfremden. Wenn er das wirklich tat, dann war er sehr gut darin. Er hatte gesiegt. Auf ganzer Linie.

Der Wind wehte von Nordost.

Er hatte das Gefühl, Ann Kathrin Klaasens Haut riechen zu können. Er schloss für einen Moment die Augen und nahm Witterung auf. Er hatte gelernt, sich seinen Opfern gegen den Wind zu nähern. So konnte er sie riechen, aber sie ihn nicht.

Sie benutzte eine Hautcreme mit Nachtkerzenöl. Aber die Creme allein war es nicht. Er hatte sich damit die Arme eingerieben und daran gerochen. Der Duft gefiel ihm überhaupt nicht. Die Creme entfaltete ihre Wirkung nur auf Ann Kathrin Klaasens Haut, nicht auf seiner. Auch ihre Wäsche duftete so betörend. Er war überzeugt, es war nicht das Waschmittel, sondern Ann Kathrin Klaasen selbst, die der Wäsche ihre Duftnote gab. Wie oft hatte er sich ein Höschen von ihr an die Nase gehalten und tief eingeatmet …

Vielleicht war es besser, dieses große Haus im Distelkamp 13 zu verlassen, dachte Ann Kathrin Klaasen. Alles hier erinnerte sie an Hero und Eike. Daran, wie ihre Ehe auf dem Altar der Kriminalitätsbekämpfung geopfert wurde.

Ja, sie beide waren gut für Ostfriesland. Hero half seinen Klienten, ein freieres, glücklicheres Leben zu führen und mit den Traumatisierungen ihrer Kindheit fertig zu werden, während sie die bösen Jungs einsperrte und alles dafür tat, dass sich jeder Bürger in Ostfriesland sicher fühlen konnte. Dabei war im Laufe der Zeit jeder Tatverdächtige viel wichtiger geworden als die Beziehung zu ihrem Mann und ihrem Sohn. Sie gestand es sich nicht gerne ein, aber genau so war es wohl. Da nutzte es wenig, ihrem Ex vorzuwerfen, dass er sich lieber mit dem Liebesleben seiner Klientinnen befasste als mit dem seiner Frau. Sicherlich kannte er die unterdrückten Sehnsüchte seiner Klientinnen besser als ihre.

Sie wurde wütend bei dem Gedanken. Es tat ihr gut, ihm die Schuld zu geben. Auch wenn es ungerecht war. Gerechtigkeit übte sie im beruflichen Alltag genug.

Sie überlegte, wie das mit ihren Eltern war. Hielt sie auch keinen Kontakt zu denen? Wartete ihre Mutter auch wochenlang auf einen Anruf? Nein, wochenlang sicherlich nicht. Mindestens einmal pro Woche meldete sie sich bei ihrer Mutter.

An ihren Vater dachte sie ständig. Als er noch lebte, hatte sie nicht erkannt, wie wichtig er für sie war. Seit seiner Ermordung dominierte er manchmal ihr Leben. Sie kümmerte sich nicht um sein Grab, aber sie hielt ständig Zwiesprache mit ihm. Immer wieder, wenn sie vor schwierigen Situationen stand, fragte sie sich: Wie würde er handeln? Manchmal hörte sie dabei seine Stimme oder roch seinen Atem.

Ihm zu Ehren lag noch immer eine Flasche Doornkaat im Eisfach. Daneben zwei Gläser, obwohl sie den Schnaps doch immer alleine trank. Genau wie er damals.

Ann Kathrin Klaasen drückte die Kurzwahltaste für Eike. Es klingelte. Immerhin. Zumindest war der Akku von ihrem Sohn wieder aufgeladen.

Eike hob schon nach dem zweiten Klingelton ab. »Ja, Mama, was ist denn?«

Sein Ton ließ kein Missverständnis aufkommen. Sie störte ihn bei irgendetwas. Wahrscheinlich musste sie froh sein, dass er sich überhaupt meldete und nicht einfach das Handy ausschaltete, wenn *Mam* auf dem Display erschien.

Zwischen ihnen entstand ein kurzes Schweigen, das sie als peinlich empfand.

»Ich wollte nur mal deine Stimme hören«, sagte sie. Es hörte sich an wie eine Entschuldigung.

Er antwortete so genervt wie möglich: »Wir lernen gerade. Ich schreib morgen eine wichtige Arbeit.«

Die fürsorgliche Mutter in ihr wollte natürlich wissen, in welchem Fach und mit wem er büffelte, aber die Kriminalistin in ihr ahnte, dass sein Lerneifer nur eine schnelle Ausrede war, um sie loszuwerden. Wahrscheinlich waren ein paar Kumpels zu Besuch, und sie hatten Wichtigeres zu tun – ja, was eigentlich? Sie wusste nicht mal mehr, wofür Eike sich interessierte. Hatte er eine Freundin? Ging es schon mit der ersten Liebe los?

Sie blieb freundlich, bemühte sich, ihn ihre Enttäuschung nicht spüren zu lassen, und sagte: »Na, dann ruf ich lieber später nochmal an. Und alles Gute – ich drück dir die Daumen.«

Das Gespräch hatte ihr nicht gutgetan. Es hinterließ einen Druck auf der Brust. Und sie, die immer von Terminen gejagt wurde und oft mit dem Gefühl durch den Tag hetzte, ohnehin nicht alles schaffen zu können, wusste plötzlich nichts mehr mit sich anzufangen.

Sie trank ein Glas Mineralwasser, holte dann ein Stück Leber aus dem Kühlschrank, schnitt es in gleichmäßige Teile und stellte es der Katze hin. Willi hatte sich auch schon seit Tagen nicht mehr sehen lassen. Angeblich waren Katzen ja so treu. In Wirklichkeit wussten sie wahrscheinlich nur genau, wo es etwas zu fressen gab und einen warmen Schlafplatz.

Ann Kathrin Klaasen machte ein paar Mauzgeräusche, doch sosehr sie sich auch bemühte, eine Katze zu imitieren, Willi ließ sich nicht blicken.

Sie fühlte sich zurückgestoßen, ja richtig ausgenutzt. Auch von Willi.

Sie dachte kurz an die verrückte Mörderin, die Ostfriesland so lange in Aufruhr versetzt hatte. Ann Kathrin beschloss, sie mal wieder zu besuchen. Zwischen den beiden war so etwas wie eine Freundschaft gewachsen.

Hätte sie mir sonst ihren Kater Willi anvertraut, dachte Ann Kathrin. Dann spürte sie es wie einen Stich in der Magengegend: War sie schon so weit heruntergekommen, dass sie, um überhaupt noch persönliche Beziehungen zu haben, auf gefasste Straftäter zurückgreifen musste? Es war ihr gelungen, das Vertrauen der Täterin zu gewinnen. Aber sie hatte das ihres Sohnes verloren.

Sie schüttelte sich und beschloss, ans Meer zu fahren. Der Wind am Deich hatte ihr schon oft die Gedanken freigepustet, wenn sie zu sehr verstrickt war in ihr persönliches Geflecht oder in einen Fall.

Er sah ihr nach, wie sie auf ihrem Fahrrad zum Deich radelte. Das Haus war jetzt leer. Es lag, von den Hecken gut geschützt, im Norden von Norden, direkt bei den Bahngleisen. Höchstens einen Kilometer Luftlinie vom Meer entfernt. Hier würde ihn niemand bemerken. Schon gar nicht in der Dunkelheit.

Heinrich Jansen spürte seine Füße nicht mehr. Er sah, dass sie zitterten, aber es war kein Gefühl mehr in ihnen. Das Isolierband, mit dem seine Beine ans Stuhlbein gefesselt waren, schnitt tief in seine Haut.

Er jammerte. Einerseits fürchtete er nichts mehr, andererseits hoffte er, dass sein Peiniger bald zurückkommen würde, denn er wusste, dass er sonst nicht mehr lange zu leben hatte.

Hunger und Durst hatten ihn so schlapp gemacht, dass er immer wieder ohnmächtig wurde. Was aber viel schlimmer war: er brauchte diese Scheiß-Medikamente.

Sie lagen keine zwei Meter von ihm entfernt auf dem kleinen Tischchen. Daneben ein Rohrstock und die Peitsche. Wie um ihn zu verhöhnen, hatte der Mann, bevor er ihn allein ließ, ein volles Glas Wasser auf den Tisch gestellt.

Lieber Gott, betete Heinrich Jansen, lieber Gott, bitte lass mich nicht so sterben.

Selbst um diese Jahreszeit gab es einsame Stellen am Deich. Doch Ann Kathrin Klaasen war mit ihrem Rad genau hier hingefahren, wo alle Touristen zuerst ankamen: Zwischen Strandhalle und Diekster Köken fühlte sie sich wohl. Sie mochte es, in einer Ecke der Welt zu wohnen, die immer wieder von Touristen überflutet wurde. Sie gaben dem Norder Stadtbild im Sommer etwas Mediterranes. Die Menschen saßen draußen in der Einkaufsstraße und tranken Milchkaffee, es wurde eng in den Geschäften, es gab nie genug Parkplätze, und die Straße zwischen Norden und Norddeich war immer verstopft. Trotzdem freute sie sich, wenn die Touristen kamen, und suchte bewusst die Orte auf, an denen sie waren. Sie sprach mit niemandem und wollte auch auf keinen Fall angesprochen werden. Sie genoss es, sonntags im Strom der Touristen mitzufließen, als sei sie eine von ihnen.

Gibt es etwas Besseres, als da zu wohnen, wo andere Urlaub machen, hatte ihr Vater zu ihr gesagt. So gern hätte sie jetzt mit ihm gesprochen und ihn um Rat gefragt. – Sollte sie um Hero, ihren Ehemann, kämpfen? Sollte sie wirklich versuchen, ihn zurückzugewinnen?

Sie lächelte. Während sie am Deich einem knutschenden Touripärchen zusah, fielen ihr die Worte ihres Vaters wieder ein: *Dumme rennen, Kluge warten, Weise gehen in den Garten.*

War es das? Musste sie einfach nur abwarten, bis Hero reumütig zu ihr zurückkam? Wollte sie ihn überhaupt noch? Würde sie ihn wieder aufnehmen oder einfach nur die Genugtuung genießen, dass seine neue Beziehung gescheitert war?

Vielleicht war es besser, sich neu zu orientieren. Ihr Kollege Weller warb geradezu rührend um sie. Er war auch für ostfriesische Verhältnisse nicht wirklich ein Casanova. Aber in letzter Zeit hatte sie sich manchmal gefragt, ob sie seinem Werben nicht einfach nachgeben sollte. Grimmig dachte sie: Und sei es nur, um Hero zu ärgern. Er würde es bestimmt sofort erfahren, wenn sie ein Liebesverhältnis mit ihrem Kollegen anfinge.

Vom Meer her kamen dunkle Wolken. Es sah aus, als würden sie zwischen Juist und Norderney aus der Tiefe der Nordsee hochsteigen, und der Wind trieb sie nun viel zu schnell in Richtung Strand. Auf dem Wasser regnete es bereits. Hier an Land lagen die Menschen noch in ihren Strandkörben und sonnten sich. Aber die ersten Muttis riefen bereits nach ihren Kindern, um mit ihnen in die Ferienwohnungen zu flüchten. Wer einen Fotoapparat dabeihatte, knipste das Spektakel.

Zwei Regenbogen standen plötzlich auf dem Wasser, wie eine Verbindung zwischen Juist, Norderney und dem Festland. Das Wort »Regenfront« bekam für viele Menschen jetzt zum ersten Mal eine sichtbare Bedeutung. Hier, wo das Land so flach war und man so weit blicken konnte, näherte sich der Regen oft wie ein Nachbar, der zu Besuch kommt.

Es dauerte nur Minuten, dann klatschten die ersten Tropfen auf die Strandkörbe. Ann Kathrin Klaasen setzte sich auf die Deichspitze. Sie stützte sich mit den Händen im Gras ab und sah von dort aus den fliehenden Touristen zu. Sie konnte den Regen riechen, bevor sie ihn auf der Haut spürte. Ja, das war Ostfriesland. Der Wetterwechsel in wenigen Minuten. Geht man hinten aus dem Haus, scheint die Sonne, geht man vorne raus, regnet es bereits.

Jetzt war sie allein und klatschnass. Sie reckte den Wolken ihr Gesicht entgegen und genoss es, dass ihre Kleidung aufweichte. Sie stellte sich vor, Regen und Wind seien ihre Liebespartner, und sie ließ sich von ihnen streicheln.

Jetzt war nur noch ein Regenbogen da, und auch der würde bald verschwinden, denn dort hinten über Juist war der Himmel schon wieder wolkenlos.

Als die Sonne unterging, saß sie immer noch da und war inzwischen schon längst wieder trocken. Wenn sie geahnt hätte, was in diesem Moment jemand vor ihrem Haus aus dem Auto lud, hätte sie ihre Kollegen angerufen und wäre auf dem schnellsten Wege zurückgefahren. Stattdessen radelte sie an den stehenden Autokolonnen vorbei nach Norden zurück, um zunächst im Middelhaus, dann in der Backstube eine Altbierbowle zu trinken. Bevor sie ging, bestellte sie sich zu Ehren von ihrem Vater noch einen eiskalten Doornkaat.

»Prost, Papa«, sagte sie vielleicht ein bisschen zu laut, denn ein Gast drehte sich verwundert nach ihr um. Sie lächelte ihn an und leerte das Glas.

Ann Kathrin musste grinsen. Wenn Hero zu ihr in den Distelkamp Nr. 13 zurückkommen wollte, würde er sich ganz schön wundern. Das Zimmer ihres Sohnes, hatte sie unberührt gelassen. Aber seins nicht. Dort, wo er vorher mit seinen Klientinnen Familienprobleme und Magersucht aufgearbeitet hatte, hatte sie eine ganz andere Art von Arbeitszimmer gemacht. Er würde es wahrscheinlich spöttisch ein Museum nennen.

An einer Wand hingen alle vergrößerten Bilder vom Banküberfall, deren sie hatte habhaft werden können. Der Hubschrauber. Ihr toter Vater. Die wörtliche Aufzeichnung sämtlicher Gespräche mit den Bankräubern und Geiselnehmern.

Sie hatte diesen Fall in seine Einzelheiten zerlegt. Sekunde für Sekunde kannte sie den Ablauf. Jeden Fehler, den ihre Kollegen gemacht hatten. Das perfide, raffinierte Spiel der Geiselnehmer, bis hin zum Tod ihres Vaters. Die Schweine mussten noch immer frei sein. Und Ann Kathrin Klaasen wusste eins: Das waren echte Profis.

Lange konnte das Geld nicht mehr reichen. Wer im Untergrund lebte oder auf der Flucht war, verbrauchte größere Summen als der Normalbürger.

Sie würden wieder zuschlagen. Schon bald. Und diesmal wollte sie dem Mörder ihres Vaters in die Augen sehen und ihn überführen. Er würde nicht noch einmal ungeschoren davonkommen.

Sie sah das Gesicht ihres Exmannes Hero vor sich. Wie oft hatte er zu ihr gesagt: »Du bist doch nur Polizistin geworden, um den Tod deines Vaters zu rächen. Du bist immer noch sein braves Mädchen.«

Am Anfang hatte er das warmherzig gesagt, mit geradezu therapeutischem Mitgefühl. Später spöttisch. Wahrscheinlich ging sie ihm seit Jahren damit auf die Nerven. Niemand konnte es mehr hören, wenn sie über den Überfall sprach. Sogar die Kollegen verdrehten die Augen und verließen mit urplötzlicher Geschäftigkeit den Raum, wenn sie damit anfing.

Sie wusste, dass sie stundenlang darüber vor sich hin monologisieren konnte. Doch nun war alles anders als vorher. Sie war noch tiefer eingedrungen. Sie hatte sämtliche Banküberfälle in ganz Europa seit dem Tod ihres Vaters analysiert. Es gab erkennbare Muster, wie Fingerabdrücke. Sie erkannte gleich, wenn ein spanischer Bankräuber zunächst in Frankreich zugeschlagen hatte und sich dann in Richtung Italien fortbewegte. Aber für ihn interessierte sie sich nicht. Das war nicht der Mörder ihres Vaters. Das war einer von diesen kleinen Spinnern, die Fehler machten und nur deshalb entkommen konnten, weil die Fehlerquote bei der Gegenseite noch höher lag. Er würde eines Tages ins Netz laufen, sozusagen ganz von allein.

Aber der Schwarze Mann mit seinen drei Komplizen, der ihren Vater auf dem Gewissen hatte, der war nie wieder in Erscheinung getreten. In ganz Europa nicht.

Vielleicht hat er ja aufgehört, dachte sie plötzlich und knallte ihr Doornkaatglas ein bisschen zu fest auf den Tisch. Vielleicht züchtet er irgendwo Rosen und war seinen Enkelkindern ein reizender Opa. Vielleicht interessiert sich niemand mehr für diese alten Geschichten. Niemand außer mir.

Sie zahlte und radelte nach Hause zurück. Als sie am Flökeshauser Weg in den Stiekelkamp einbog, wurde sie aus einem dunkelblauen Passat Kombi beobachtet.

Gleich ist es so weit, dachte er voller Vorfreude. Gleich.

Am liebsten hätte er direkt ihr gegenüber eine kleine Wohnung gemietet, um sie besser beobachten zu können. Aber im Distelkamp und im Roggenweg standen nur Einfamilienhäuser. Zu vermieten war da gar nichts, und selbst wenn jemand ihm ein Zimmer unterm Dach angeboten hätte … das war zu auffällig.

Schade, dachte er, dass sie nicht in einer Hochhaussiedlung in Frankfurt wohnt. Dann könnte ich ihr noch viel näher kommen als jetzt.

Nach den schlimmen Ereignissen im April hatte Ann Kathrin Klaasen unterm Dachvorsprung zwischen Garage und Haustür eine digitale Überwachungskamera angebracht, die, sobald die Lichter durch den Bewegungsmelder angingen, die Bilder auf ihren Laptop im Haus übertrug. Es gab auch für den Garten hinterm Haus eine solche Webcam und für den Vorgarten. Nie wieder sollte sich jemand unerkannt bei ihr herumtreiben können.

Es war ein Leichtes für ihn gewesen, da hereinzuhacken und die Webcams auf seinen Computer zu schalten.

Jetzt saß er nicht weit von ihr entfernt im Flökeshauser Weg in seinem Auto, den Laptop auf den Knien, und wartete darauf, dass sie auf seinem Bildschirm zu sehen war. Natürlich war es unvergleichlich viel schöner, sie direkt zu beobachten. Aber die Webcam war besser als gar nichts. Er verglich das mit einem Rockkonzert. Zu Hause, im Fernseher, sah man die Interpreten sicherlich besser. Aber die eigentliche Stimmung sprang nicht wirklich über. Dazu musste man schon dabei sein, im wogenden Rhythmus der Körper.

Ann Kathrin Klaasen fuhr am Haus von Rita und Peter Grendel vorbei. Der gelbe Firmenwagen stand vor der Tür: Eine Kelle für alle Fälle. Peter lud eine Leiter ab.

Ann Kathrin dachte an die Flecken im Badezimmer und die undichte Stelle im Dach. Sie hielt an und fragte Peter, ob er nicht mal danach sehen könnte. Er lachte sein breites Lachen und war bereit, gleich mit rüberzukommen, doch es war bereits nach elf. Ann Kathrin wollte Rita und Peter nicht einen der letzten schönen Sommerabende vermiesen. So eilig war das mit dem Dach nun auch wieder nicht. Sie schlug vor, er solle kommen, wenn er gerade mal Zeit hätte.

Er war ein vertrauenswürdiger Mensch. Sie hätte ihm einfach einen Haustürschlüssel gegeben, doch er meinte, dazu brauche er nicht ins Haus, sondern nur aufs Dach, und das könne er auch, wenn Ann Kathrin nicht da sei.

Rita lud Ann Kathrin zu einem Grillabend ein. Man müsse die letzten lauen Sommerabende auskosten.

Ja, dachte Ann Kathrin, das könnte guttun. Und wenn ich komme, werd ich euch auch ganz bestimmt nichts über den Tod meines Vaters und die Banküberfälle der letzten Jahre in ganz Europa erzählen.

Sie sah es schon von weitem. Zunächst wirkte es auf sie wie ein Tier, das gekrümmt vor ihrer Haustür hockte. Ein großer Hund oder ein Schaf. Dann, als sie näher kam, glaubte sie, der Wind habe wieder mal Plastikmüllsäcke vor ihre Haustür geweht. Doch am nächsten Tag wurde in der Siedlung kein Müll abgeholt. Warum sollte jemand seine Säcke rausgestellt haben?

Als sie zur Garageneinfahrt einbog, ließ der Bewegungsmelder die Lichter anspringen. Es war tatsächlich ein Plastiksack, aber keiner, wie er hier für Müll verwendet wurde, sondern sie kannte solche Säcke aus der Gerichtsmedizin.

Es war ein Leichensack! Er konnte noch nicht lange da liegen, denn er war trocken. Für einen winzigen Moment hoffte Ann Kathrin Klaasen, dass sich jemand einen dummen Scherz gemacht hatte, und in dem Sack würde sich eine Schaufensterpuppe befinden.

An einigen Stellen pappte die weiße Plastikhaut am Körper fest und ließ ihn durchschimmern.

In solchen Momenten wurde Ann Kathrin nicht panisch, sondern sehr ruhig. Eigentlich hätte sie das alles gar nicht berühren dürfen, denn sie war nicht im Dienst und hatte keine Gummihandschuhe bei sich. Später würde sie sich wahrscheinlich darüber ärgern, sie wusste es. Aber trotzdem musste sie sich jetzt davon überzeugen, ob ihr Verdacht richtig war.

Mit spitzen Fingern fasste sie den Reißverschluss an und öffnete die Folie ein paar Zentimeter. Es schlug ihr ein süßlicher Verwesungsgeruch entgegen, gemischt mit dem von Kernseife und Lavendel.

Ann Kathrin Klaasen sah die Wangenknochen einer toten Frau.

Zum ersten Mal im Leben stieg sie buchstäblich über eine Leiche, um in ihr Haus zu kommen. Sie rief sofort ihre Kollegen in der Polizeiinspektion Aurich an. Sie kannte den Dienstplan genau und war glücklich, Weller am Telefon zu haben.

Ihre Stimme klang unaufgeregt, ja sachlich, als sie sagte: »Vor meiner Tür liegt eine Leiche.«

»Ich hatte mal ein großes, totes, schwarzes Pferd im Garten«, lachte Weller.

»Das ist kein Scherz.«

Er kam sich jetzt vor wie der letzte Idiot. »Ich bin gleich bei dir!«, rief er. »Ist der Täter noch in der Nähe? Bist du bewaffnet?«

Ann Kathrin Klaasen nahm ihre Heckler & Koch P 2000 aus der Handtasche am Garderobenschränkchen, entsicherte sie und lief in die Küche. Von dort gelangte sie durch die Terrassentür in den Garten. Sie hatte das Gefühl, der Täter könne noch hier sein. Vielleicht konnte sie ihn überraschen.

Sie lief an der Hecke vorbei, zwischen den Birnbäumen und den Gartenmöbeln zur Garage und war mit zwei Klimmzügen oben. Vom Garagendach aus sah sie ihren Hauseingang mit dem Leichensack. Sie konnte weit ins Viertel hineinschauen. Die Straßenlaternen waren an, aber sie hätte jetzt eine Flutlichtbeleuchtung gebraucht, um zu erkennen, ob die Zweige im Kirschbaum da hinten auf der anderen Straßenseite von Vögeln bewegt wurden oder von einem Menschen, der sich dort im dichten Gestrüpp versteckte.

Ihr Anruf hatte die übliche Kette ausgelöst, und natürlich waren die Kollegen aus Norden viel eher bei ihr als Weller aus Aurich. Dafür brachte er gleich die Spurensicherung mit. Schon war die Umgebung ihres Hauses abgesperrt wie ein richtiger Tatort.

Außer ihrem Twingo und dem Wagen der Post war – nach Ann Kathrins Wissen – in den letzten Tagen niemand über die roten Steine in ihrer Einfahrt gefahren. Doch die Spurensicherung fand noch verschiedene andere Reifenabdrücke.

Kollegen befragten die Nachbarn, ob sie etwas Verdächtiges bemerkt hätten, während Ann Kathrin Klaasen mit Weller in der Küche saß. Sie hatte einen Filterkaffee aufgebrüht. Weller trank ihn brav, ohne eine Miene zu verziehen, aber sie wusste, dass er es normalerweise ablehnte, Filterkaffee zu trinken. Seit er selbst die neue Espressomaschine im Büro in der Polizeiinspektion aufgestellt hatte, konnte er mindestens so fachkundig über Kaffeezubereitung sprechen wie die Ostfriesen über ihre Teerituale.

Von draußen drückte eine für Ostfriesland ungewöhnliche Schwüle herein. Aber vielleicht, dachte Ann Kathrin Klaasen, empfinde nur ich das so. Kriege ich Hitzewallungen?

Sie zog ihre Schuhe aus und stellte die Füße unterm Tisch auf die angenehm kühlen Steinfliesen.

Doktor Bill stellte fest, dass es sich bei der Leiche um eine sechzig- bis siebzigjährige Dame handeln müsste, die seit mindestens fünf Tagen tot war.

»Jemand hat die Leiche gewaschen und einbalsamiert«, sagte er. »Danach hat man ihr saubere Kleidung angezogen. Sie ist zurechtgemacht wie …«

»Für eine Beerdigung?«, fragte Ann Kathrin Klaasen.

Doktor Bill nickte.

Weller hatte schon sein Handy am Ohr. Er wollte nicht warten. Diese Sache hier war zu merkwürdig, zu bedeutsam. Er beschloss, noch heute Nacht ein paar Kollegen aus dem Bett zu holen.

Er sprach mit Rupert. »Entweder fehlt irgendwo eine Leiche, oder der Täter hat die Frau irgendwo aufbewahrt, und als er nicht mehr wusste, wohin, bei Ann abgelegt. Keine Ahnung, welcher Irre so etwas macht. Ich kann mich an keinen ähnlichen Fall erinnern. Veranlasse, dass Krankenhäuser und Leichenhallen abgefragt werden.«

Ann Kathrin nippte an ihrem Kaffee. Komischerweise hatte sie das Gefühl, der Kaffee würde die Hitze aus ihrem Körper vertreiben.

Rupert fragte nach dem Alter der Leiche und genaueren Erkennungsmerkmalen. Weller flippte sofort aus: »Ja, glaubst du etwa, dass irgendwo zwei Leichen fehlen?« Dann hopste er herum und äffelte: »Oh, bei Ihnen haben sie eine blonde vierzigjährige Leiche gestohlen! Nein, das ist nicht die, die wir suchen. Wir haben eine schwarzhaarige Siebzigjährige gefunden. Ja, tut uns auch leid!« Dann wurde er wieder ernst: »Mensch, wir wollen hier jede vermisste Leiche in ganz Ostfriesland gemeldet haben!«

Weller klappte sein Handy zusammen und steckte es in die Anzugjacke. Früher hatte er es wie einen Colt am Gürtel getragen. Seit einiger Zeit war er dazu übergegangen, kurzärmelige Hemden anzuziehen und darüber lockere, helle Sommerjacken aus gefärbten Leinenstoffen. Er bewahrte das Handy in der rechten Jackentasche auf, und die sah nun auch so ausgebeult aus, dass jeder, der wusste, dass er ein Kriminalbeamter war, glaubte, er trage darin seine Waffe.

Ann Kathrin sah Doktor Bill an: »Ist die Frau eines natürlichen Todes gestorben?«

Der Arzt zuckte mit den Schultern. »Das kann ich so auf Anhieb nicht sagen. Das müssen Sie schon durch eine Obduktion abklären lassen. Allerdings …«

So, wie er auf die Kaffeetasse sah, wollte er auch gerne einen Schluck. Ann Kathrin bot ihm sofort einen Kaffee an und nahm sein Satzende auf: »Allerdings … was?«

»Allerdings lassen die Umstände, unter denen wir die Leiche gefunden haben, darauf schließen.«

Weller grinste. Kriminalistische Schlussfolgerungen von Ärzten oder anderen Fachfremden amüsierten ihn meistens nur.

»Was soll das heißen: *Die Umstände, unter denen wir die Leiche gefunden haben?* Meinen Sie alle Leichen, die vor Ann Kathrins Tür abgelegt werden, sind grundsätzlich auf natürliche Art und Weise gestorben?«

Weller guckte Ann Kathrin an, als würde er ein Lob für diese geistreiche Bemerkung erwarten. Sie spürte, dass er schon die ganze Zeit um sie herumbalzte, um Eindruck auf sie zu machen.

Bill blieb wie immer ruhig, blies über die heiße Kaffeeoberfläche und erklärte: »Für die tote Frau muss ein Arzt einen Totenschein ausgestellt haben. Wenn sie eines unnatürlichen Todes gestorben wäre, hätte er die Polizei informiert.«

»Jaja«, sagte Weller, »wir kennen die Regeln. Aber …«

Ann Kathrin Klaasen legte eine Hand auf Wellers Arm, um ihn zum Schweigen zu bringen. Sie wollte Doktor Bill zuhören. Sie schätzte seine Meinung, und er hatte natürlich recht. Wenn die tote Frau aus einem Krankenhaus oder einer Leichenhalle stammte, gab es einen Totenschein.

Willi, der Kater, sprang auf Ann Kathrins Schoß und kuschelte seinen Kopf an sie. Die vielen Männer im und ums Haus machten ihm Angst.

»Willi«, sagte Ann Kathrin, »fängt draußen gern Mäuse, und manchmal bringt er sie mir. Er schenkt sie mir. Ich jage ihn jedes Mal damit aus dem Haus, aber ich glaube, er versteht das nicht.«

Weller schluckte. Er zeigte mit dem Daumen hinter sich. »Du meinst, das ist so ähnlich? Jemand legt dir eine Leiche als Geschenk vor die Tür? Was will er damit erreichen? Dass du ihn zärtlich hinterm Ohr kraulst, wie deine Katze?«

Ann Kathrin hob Willi von ihrem Schoß und setzte ihn auf den Boden. Sie suchte nach dem Katzenfutter und öffnete eine Dose für ihn. »Keine Ahnung. Jemand hatte einen Grund, mir die Leiche vor die Tür zu legen. Wie verrückt uns der Grund auch erscheinen mag, für irgendjemand war es genau richtig. Deshalb hat er es getan. Ich möchte, dass die Leiche obduziert wird. Ich will die genaue Todesursache wissen.«

Weller wog den Kopf hin und her: »Vielleicht machen wir die Sache besser nicht so dick, Ann. Vielleicht kommt gleich schon raus, dass sie hier in Norden in der Leichenhalle gestohlen wurde. Dann stehen wir vor den Angehörigen und müssen ihnen erklären, dass ihre Großmutter nicht nur geklaut wurde, sondern wir sie dann auch noch aufgeschnitten haben.«

»Du meinst, es ist ein Schülerscherz?«

Weller hoffte es, aber er ahnte, dass sich dahinter viel Schlimmeres verbarg.

Doktor Bill verabschiedete sich. Er müsse noch Patientenbesuche machen.

Weller schaute auf die Uhr. »Patientenbesuche? Um diese Zeit?«

»Unfälle und Krankheiten fragen nicht nach Uhrzeit oder Feiertagsregelungen«, lachte Doktor Bill und winkte zum Abschied.

»Mörder und Einbrecher auch nicht«, konterte Weller.

Plötzlich durchrieselte ein kühler Schauer Ann Kathrins Körper. Die Hitze war verflogen. Sie fragte sich, warum sie erst jetzt darauf kam. Sie kam sich so unprofessionell vor.

»Die Webcam!«, rief sie. »Ich muss doch einen Film von der Sache haben!«

Sie lief die Treppe hoch. Weller folgte ihr.

Der Computer brauchte eine Weile, bis er hochgefahren war. Dann erschienen drei Webcam-Bilder. Die Haustür mit einem Polizeiwagen davor und mehrere Kollegen an der Absperrung. Das andere Bild zeigte den Vorgarten und Doktor Bill, der draußen in sein Auto stieg. Das dritte den Garten.

Weller war ganz aufgeregt. Er zeigte auf das Bild mit der Haustür. »Kannst du das zurückspulen?«

»Natürlich.«

Im Schnelldurchgang sahen sie das Eintreffen der Kollegen, dann den Leichensack allein vor der Tür. Ann Kathrin, wie sie über die Leiche stieg, um ins Haus zu kommen. Und dann war alles schwarz.

»Das kann doch nicht sein!«, sagte Ann Kathrin nervös. »Hier wird 48 Stunden lang alles gespeichert.«

Sie ließ das Bild noch einmal zurücklaufen. Wieder die gleichen Szenen. Dann schwarz. Dahinter sah sie sich jetzt selbst aus dem Haus gehen und mit dem Rad wegfahren.

»Das gibt's doch nicht!« Sie klatschte mit der rechten Faust in die offene linke. »Es ist alles drauf! Nur die entscheidenden Szenen fehlen!«

Weller hatte einen Verdacht, äußerte ihn aber noch nicht. Er mochte Ann Kathrin, wenn sie so engagiert und erregt über etwas sprach. Er sah ihr gerne zu, wenn sie ihre Ideen entwickelte, auch wenn sie sich verrannte. Er fand sie dann zum Knutschen. Er spürte in diesen Momenten, mit welcher Leidenschaft sie Kommissarin war. Sie hatte auch vor gewagten Hypothesen keine Angst. Jetzt zum Beispiel.

»Er muss ein Computerspezialist sein. Er hat sich bei mir ins System reingehackt und meine Überwachungskameras genau für den Zeitraum ausgeschaltet, den er brauchte, um die Leiche hier zu deponieren.«

Weller druckste herum.

»Was guckst du so komisch?«, fragte Ann Kathrin. »Was hast du?«

»Wann hast du deinen Sohn zum letzten Mal gesehen?«, fragte er zurück.

»Was hat das denn jetzt damit zu tun?«

»Bitte geh jetzt nicht gleich in die Luft. Es bleibt unter uns, wenn du willst.«

»Was? Rück endlich mit der Sprache raus.«

»Das Ganze sieht doch sehr nach einem Streich aus. Findest du nicht, Ann? Ich meine, wer hat die Möglichkeit, hier reinzugehen und deine Anlagen abzustellen? Um das von außen zu machen, müsste man nicht nur Computerspezialist sein, sondern auch deine Zugangsdaten kennen.«

»Ja und?« Sie wusste immer noch nicht, worauf er hinauswollte. Es blieb ihm nicht erspart, es auszusprechen.

»Eike könnte versucht haben, mit seinen Freunden …«

Ann Kathrin Klaasen ging sofort hoch, genau wie Weller befürchtet hatte: »Du willst doch nicht behaupten, dass mein Sohn …«

Weller wehrte mit offener Hand ab und versuchte zu beschwichtigen: »Ich will überhaupt nichts behaupten, Ann. Aber das Ganze sieht doch sehr danach aus. Der Junge kämpft um die Aufmerksamkeit seiner Mutter. Kann ich mich gut mit identifizieren. Hab ich als Junge auch gemacht. Worauf reagiert seine Mutter? Auf Leichen und Verbrechen. Eike holt mit seinen Freunden eine tote alte Dame aus der Leichenhalle – ich stell mir das wie so eine Mutprobe vor –, und sie legen sie dir vor die Tür. Im Grunde ist nichts passiert. Natürlich weiß er, dass deine Anlagen ihn dabei filmen würden. Also schaltet er sie für eine kurze Zeit aus.«

Auch wenn der Verdacht sie empörte, musste sie doch zugestehen, dass eine bestechende Logik darin lag. Wer sollte sonst einen Grund haben, ihr eine Leiche vor die Tür zu legen?

Trotzdem giftete sie Weller an: »Wenn er Aufmerksamkeit von mir haben will, muss er das nicht auf so eine krause Tour machen.« Sie stöhnte. »Was meinst du, wie oft ich versucht habe, ihn zu erreichen? Der ruft doch nicht mal zurück. Der hat ganz andere Sorgen, als sich um seine Mutter zu kümmern. Wenn überhaupt, dann kämpft er um die Aufmerksamkeit seines Vaters und dessen Freundin …«

Sie schwieg, weil sie befürchtete, ihre Augen könnten feucht werden. Auf keinen Fall wollte sie jetzt anfangen zu heulen.

»Wir sollten die ganze Sache nicht so hoch hängen, Ann, damit wir sie später auch wieder eindampfen können, falls sich doch herausstellt, dass dein Sohn … Es ist ja nicht nötig, dass so etwas auf ewig in den Akten steht.«

Sie spürte hinter seinen Worten sehr wohl, wie sehr er sich um sie bemühte und verhindern wollte, dass ihr Schaden zugefügt wurde. Trotzdem war sie irgendwie wütend auf ihn.

Die Leiche wurde inzwischen abtransportiert, die ersten Informationen lagen vor. In Norden, Norddeich, Hage und Greetsiel vermisste niemand eine tote alte Dame. Die Kollegen kamen herein, um sich von Ann Kathrin Klaasen zu verabschieden.

Ann Kathrin fand, dass Heiko Reuters von der Spurensicherung so merkwürdig grinste. Sie hätte ihm am liebsten eine reingehauen.

Sie war immer noch nicht fertig mit dem, was Weller über ihren Sohn gesagt hatte. Kämpfte er genauso um ihre Aufmerksamkeit wie sie um seine? Warum fanden sie dann nicht zueinander?

Du wirkst auf die Menschen wie ein Kühlschrank, hatte Hero ihr vorgeworfen. War das wirklich so?

Weller hatte wohl noch nicht vor zu gehen. Er war eher froh, die anderen endlich los zu sein. »Wir könnten jetzt beide einen Schnaps vertragen«, schlug er vor. Er konnte Doornkaat nicht ausstehen, aber er wusste, dass sie immer eine Flasche davon im Kühlschrank hatte.

Während sie ein eisgekühltes Glas aus dem Gefrierfach holte und ihm einen Klaren eingoss, fragte er: »Soll ich mir deinen Sohnemann mal vorknöpfen? Es kann ja unter uns bleiben. Wenn er rausrückt mit der ganzen Geschichte, dann muss man ja nicht gleich einen Staatsakt daraus machen. Noch kann man die ganze Fahndungsnummer rückgängig machen.«

Sie hielt ihm das Glas hin.

»Und du nicht?«

Sie schüttelte den Kopf. »Ich hab schon genug.«

Weller hustete. Ein brennendes Gefühl breitete sich in seiner Speiseröhre aus. Er sah auf die Uhr. Es war kurz vor halb zwei.

»Ich schlage vor«, sagte er, »dass ich heute Nacht hier schlafe.«

Ann Kathrin zeigte auf sein Schnapsglas. »Musst du dir dafür Mut antrinken?«

Er schüttelte abwehrend den Kopf wie damals als pubertärer Junge, als er von seiner Mutter mit einem Pornoheftchen erwischt worden war: »Nein! Es ist nicht, wie du denkst. Nur weil … ich meine, immerhin hat eine Leiche vor deiner Tür gelegen, und irgendjemand hackt in deinen Computer hinein.«

Sie unterbrach ihn: »Ich denke, das war mein Sohn.«

»Und wenn nicht? Es geht nicht um diese tote Frau, Ann. Es geht um dich.«

Sie versicherten sich gegenseitig mehrfach, dass es wirklich nur eine Vorsichtsmaßnahme sei und überhaupt nichts mit Sex zu tun hätte. Ann Kathrin schlug vor, ihm das Sofa im Wohnzimmer zu beziehen, obwohl es genügend freie Schlafplätze im Haus gab. Er bestand darauf, mitzuhelfen. Dabei berührten sie sich zunächst wie unabsichtlich, dann ein zweites Mal, um festzustellen, dass sie beide das Gleiche dabei empfunden hatten. Schließlich saßen sie vor dem Sofa auf dem Teppich und küssten sich. Sein Bart störte sie überhaupt nicht, und sie stellte dankbar fest, dass er heute noch keine Zigarette geraucht hatte.

Weller hatte noch den metallischen kupfernen Doornkaat-Geschmack auf der Zunge. Ann Kathrin wollte ihn einerseits wegstoßen, weil ihr Verstand *nein* schrie und in rascher Reihenfolge aufzählte, warum dies eine unvernünftige Beziehung werden würde und in einem Desaster enden müsste, aber ihre Gefühle sagten etwas anderes.

Während sie sich auszogen, kam ihr in den Sinn, dass sie die Verhütungsfrage noch gar nicht diskutiert hatten. Am liebsten hätte sie jetzt mittendrin wieder aufgehört.

Warum ist das immer so kompliziert?, dachte sie. Wenn ich ihn jetzt frage, ob er ein Gummi dabeihat und er mit Ja antwortet, dann sieht es so aus, als hätte er das von vornherein geplant, und ich müsste eigentlich wütend werden. Wenn er Nein sagt, müssen wir auch aufhören. Es ist nicht leicht zwischen Männern und Frauen, dachte sie grimmig.

Sie hatte selbst Präservative im Nachttischschränkchen und im Badezimmer. Jetzt fragte sie sich, was er von ihr halten würde, wenn sie ins Bad lief, um damit zurückzukommen.

Egal. Die Stellung auf dem Boden wurde sowieso unbequem. Ann Kathrin behauptete: »Ich muss mal, Frank. Bin gleich wieder da«, und ging ins Bad. Mit seinen verwuschelten Haaren sah er noch süßer aus, fand sie.

Zum ersten Mal nannte sie ihn beim Vornamen. Dadurch entstand eine neue Art von Vertrautheit, gleichzeitig aber auch eine gewisse Fremdheit zwischen ihnen. Er lächelte, weil sie ihn noch nie so genannt hatte, und sie überlegte gleich, ob sie ihn in Zukunft im Dienst wieder mit *Weller* ansprechen sollte. Eigentlich gefiel ihr sein Vorname. Sie fand, er passte zu ihm.

Sie sprach ihn gleich noch einmal aus, so, als müsse sie sich an den Klang gewöhnen. Frank. Frank. Frank.

Die Zehnerpackung im Badezimmer war angebrochen. Es fehlten mindestens fünf oder sechs Gummis.

Hatte Hero die mitgenommen und mit seiner Freundin verbraucht?, fragte Ann Kathrin sich. Dann ermahnte sie sich selbst. Nein, jetzt keinen Gedanken an Hero. Jetzt nicht. Und schon gar nicht an seine Geliebte.

Sie erinnerte sich daran, wie schwer diese Packungen aufzureißen waren und dass ihre erotischen Spielchen dadurch manchmal auf unangenehme Weise unterbrochen worden waren. Seitdem schnitt Hero die Plastikversiegelung immer ein bisschen ein, um sie später schwungvoll öffnen zu können. Genau das tat sie auch. Dann lief sie mit dem Präservativ in der Hand zurück ins Wohnzimmer. Dort stand Weller in Boxershorts. Er hatte die gleiche Präservativmarke in der Hand wie sie und versuchte, das Tütchen mit den Zähnen zu öffnen.

Einen Moment standen beide stumm da. Jeder sah den anderen an. Dann begannen sie zu lachen.

Darüber, wie dumm und kompliziert diese Welt doch war und man selbst oftmals auch.

Danach war alles ganz einfach und schön.

Heinrich Jansen hörte Schritte. Einerseits war er glücklich. Sein Peiniger ließ ihn also nicht einfach hier unten verrotten. Andererseits kam mit jedem Schritt, den er sich näherte, die Angst zurück.

Der Mann war gut gelaunt und flötete vor sich hin. Heinrich Jansen schöpfte Mut. Würde er ihn heute freilassen? Aber vielleicht war es auch nur seine Vorfreude darauf, ihn umzubringen.

Auf dem Gaskocher bereitete er eine Mahlzeit zu. Kartoffelbrei und Spinat. Der Kartoffelbrei kam aus einer Instantpackung. Der Spinat war längst aufgetaut in einer alten Gefrierpackung. An den Kanten suppte es bereits durch.

Er hatte den Spinat und die Frischmilch, um den Kartoffelbrei anzurühren, seit Tagen hinten in Kofferraum mit sich geführt. Nur die Maden waren frisch. Er hatte sie in Emden im Zoohaus Tropica gekauft, da, wo er sich auch sonst mit Ködern ausrüstete.

Heinrich Jansen war so hungrig, dass der Duft vom Kartoffelbrei in ihm eine geradezu rauschhafte Gier verursachte, obwohl der Brei mit geronnener, verdorbener Milch angerührt war.

Dann klatschte der Mann eine große Portion auf den Teller, legte noch Spinat dazu und stellte alles vor Jansen auf den Tisch. Daneben lag ein großer Löffel.

Mit einer freundlichen Geste forderte er Heinrich Jansen auf, zu essen.

»Lass es dir schmecken, und vergiss das Tischgebet nicht:

O Gott, von dem wir alles haben,

wir danken dir für diese Gaben.

Du speisest uns, weil du uns liebst.

O segne auch, was du uns gibst. Amen.«

Fast tonlos sprach Heinrich Jansen das Gebet mit. Er wollte nur zu gern essen, doch seine Arme waren mit Teppichband an die Stuhllehne gefesselt. Er beugte sich vor und versuchte, mit dem Kopf den Teller zu erreichen. Sinnlos. Der Mann hatte alles genau so platziert, dass es Heinrich Jansen unmöglich war, auch nur auf zwanzig Zentimeter an das Essen heranzukommen.

Er näherte sich Heinrich Jansens Ohr und flüsterte liebevoll: »Du weißt doch, dass du hier so lange sitzen bleibst, bis der Teller leer ist … und wenn du schwarz wirst …«

Heinrich Jansen versuchte, im Stuhl auf und ab zu hüpfen, um so mit dem gesamten Stuhl näher an den Teller zu kommen. Aber er hatte längst nicht mehr genug Kraft, um solche Aktionen auszuführen.

Sein Peiniger streichelte das Gesicht des alten Mannes und schlug vor: »Ich werde dich einfach füttern. Was hältst du davon?«

Jansen nickte erfreut, obwohl er schon ahnte, dass damit eine neue Teufelei verbunden war.

Der Mann zog die Plastikdose mit lebenden Maden hervor. Er öffnete den Deckel und hielt die offene Dose vor Heinrich Jansens Nase, so dass er die Maden in den Sägespänen herumkriechen sehen konnte.

»Du bist doch kein Vegetarier, oder? Der Körper braucht Eiweiß, damit die Muskeln sich entwickeln.«

Er goss den gesamten Inhalt der Dose über dem Kartoffelbrei aus und rührte dann die Maden und die Sägespäne ins Essen. Dabei machte er Schmatzgeräusche, als würde ihm das Wasser im Mund zusammenlaufen bei dem köstlichen Anblick. Er füllte den Suppenlöffel ganz voll und näherte sich damit langsam Heinrich Jansens Gesicht.

Jansen drückte die Lippen fest zusammen, schüttelte den Kopf und weigerte sich zu essen. Obwohl er nichts mehr im Magen hatte, spürte er einen Brechreiz in sich aufsteigen.

»Anderswo«, sagte der Mann tadelnd, »hungern arme Heidenkinder. Sie kriegen überhaupt nichts zu essen. Was meinst du, wie glücklich sie wären, wenn sie so etwas Schönes bekämen? Und du sitzt hier rum und isst deinen Teller nicht leer? Was bist du nur für ein undankbarer Junge!«

Er hielt Heinrich Jansens Kinn mit der rechten Hand fest und versuchte, ihm die Lippen zu öffnen. Er presste den Rand des Löffels hart gegen Jansens Zähne. Die Unterlippe blutete schon. Kartoffelbrei und Spinat klebten an Heinrich Jansens Oberlippe. Zwei Maden fielen herunter auf sein Hemd.

»Soso … trotzig bist du!« Der Mann schmierte den Rest des Breis in Heinrich Jansens Gesicht, steckte den Löffel dann in den Kartoffelbrei, wo er stehen blieb. Dann holte er den Rohrstock vom Tisch und ließ ihn durch die Luft pfeifen.

»Streck die Hände aus!«

Natürlich konnte Heinrich Jansen dem Befehl nicht nachkommen, denn seine Arme waren ja mit Klebeband an der Stuhllehne fixiert. Mit der Spitze vom Rohrstock berührte der Mann Heinrich Jansens Nase und hob damit sein Gesicht an.

»Ich hab dir gesagt, du sollst die Hände ausstrecken! Ach – du schaffst das nicht alleine? Du möchtest sicher, dass ich dir helfe, was? Aber gerne doch.«

Er zog sein finnisches Jagdmesser aus der Tasche. Stolz betrachtete er die Klinge. Sie war noch nie stumpf geworden. Er schliff sie ständig. Es war wie eine Meditation für ihn. Er musste dieses Messer ständig einsatzbereit halten.

Mit einem kurzen, schnellen Schnitt durchtrennte er das Teppichband, aber Heinrich Jansens Arm war so schlapp geworden, dass er ihn nicht ausstrecken konnte. Die Hand fiel in seinen Schoß zurück.

Mit einem festen Griff um Jansens Handgelenk streckte er die Hand aus. Heinrich Jansen ballte eine Faust.

»Schön die Finger ausstrecken. Wenn du die Hand wegziehst, kriegst du drei Schläge. Du kennst das Spiel doch.«

Heinrich Jansen öffnete seine Hand, schloss die Augen und drehte den Kopf weg, um nicht zu sehen, was geschah. Der Mann hob den Rohrstock und ließ ihn durch die Luft zischen.

Weller schlief nicht auf dem frischbezogenen Sofa, sondern neben ihr im Ehebett. Er nannte es *Stühlchenliegen*. Er kannte das von einer früheren Beziehung, lange, lange her.

Er lag nackt hinter Ann Kathrin und berührte so viel von ihrer Hautoberfläche wie nur irgend möglich. Etwas hielt ihn davon ab, auf die Seite von Hero herüberzurutschen. Er wollte lieber mit Ann Kathrin auf ihrer Seite des Bettes schlafen.

Als er wach wurde, brühte sie bereits Kaffee auf und schob Brotscheiben in den Toaster. Bevor irgendwelche Beziehungsgespräche den Morgen komplizieren konnten, klingelte das Telefon. Das Fehlen der Frauenleiche war bemerkt worden. In Oldenburg. Drei Beerdigungsgäste hatten mit Schockzuständen ins Krankenhaus gebracht werden müssen. Der evangelische Pastor, Eickhoff, war ebenfalls einem Nervenzusammenbruch nahe, bemühte sich aber, sein Tagwerk so unbeeindruckt wie möglich fortzusetzen, weil er glaubte, dass seine Schäfchen ihn jetzt noch mehr brauchten als jemals zuvor.

Ann Kathrin Klaasen war erleichtert. Sie konnte sich zwar gut vorstellen, dass ihr Sohn Eike ihren Computer manipuliert haben könnte, aber er war sicherlich nicht in der Lage, eine Leiche aus Oldenburg zu holen. Weder er noch seine Freunde hatten einen Führerschein.

Eike war entlastet. Erst jetzt merkte sie, wie schwer der Verdacht auf ihrer Seele gelegen hatte. Sie hätte nicht ihren eigenen Sohn jagen wollen. Sie hatte sich mit so viel Dreck auf der Welt beschäftigt, um ihn sauber zu halten. Sie dachte liebevoll an ihn und hätte in diesem Augenblick gerne sein Gesicht gestreichelt.

»Es gibt jetzt zwei Möglichkeiten«, sagte Weller. »Entweder schauen wir uns zuerst die Leichenhalle an oder die Wohnung der Verstorbenen.«

»Die Wohnung«, entschied Ann Kathrin, »und die Spusi soll zur Leichenhalle.«

Die Tote hieß Regina Orthner und hatte allein am Stadtrand von Oldenburg im Auenweg 11 gelebt.

Ann Kathrin Klaasen lief noch schnell ins Badezimmer. Weller wollte nicht warten, bis sie fertig war. Er wusste, dass es oben noch eine Gästetoilette gab. Er nahm jeweils drei

Holztreppenstufen mit einem Sprung, aber dann öffnete er die falsche Zimmertür, und er stand nicht im Bad, sondern in Hero Klaasens ehemaligem Therapieraum. Er sah die Fotos vom Banküberfall an der Wand und wusste, dass Ann Kathrin die fixe Idee, eines Tages den Mörder ihres Vaters zu fangen, keineswegs aufgegeben hatte.

Als Kripomann faszinierte ihn die akribische Arbeit durchaus. Er stellte sich vor, sie würden immer so arbeiten. Jede Sekunde einer Tat aufschlüsseln. Wer hatte wann was wo gesehen, wer stand wo, wer konnte überhaupt gesehen haben, was er angeblich gesehen hatte.

Sie hatte nicht die Aussagen der einzelnen Leute hintereinander abgeheftet, wie sonst üblich, sondern sie waren zerschnitten und dem Tatablauf zugeordnet. Weller hatte so etwas noch nie gesehen. Jeder Standort und jeder Standortwechsel, jeder einzelne Zeuge war farblich markiert.

Er las: 14.33 Uhr. Zeuge D: »Dann habe ich den Rettungshubschrauber gesehen.«

14.35 Uhr: Zeuge A: »Man konnte den Rettungshubschrauber nicht sehen, nur hören. Er landete direkt auf dem Dach der Sparkasse.«

12.33 Uhr: Leiter des Einsatzkommandos: »Ich habe Befehl gegeben, das Gebäude nicht zu stürmen, um die Bergung der Verletzten nicht zu gefährden.«

Daneben standen ihre offenen Fragen: Wie hat sich der Hubschrauberpilot legitimiert? Wer hat den Hubschrauber angefordert?

Dieser ganze Überfall nötigte Weller durchaus einen gewissen Respekt ab. Er war skrupellos militärisch geplant worden. Der angebliche Rettungshubschrauber hatte keineswegs den schwerverletzten Vater von Ann Kathrin Klaasen abtransportiert, sondern nur die Täter samt ihrer Beute. Selten war die Polizei so vorgeführt worden. Viele verglichen diesen Banküberfall mit dem englischen Postraub vom 8. August 1963. Der Unterschied war nur, dass diese Bankräuber sicherlich niemals ›Gentlemen‹-Verbrecher genannt werden würden, denn sie waren mit äußerster Brutalität vorgegangen.

Hinter jeden einzelnen Sekunde gab es einen farbigen Punkt. Meist gelbe, irgendwann dann rote. Als Ann Kathrin hinter ihm stand, war keine Erklärung notwendig. Weller fragte: »Was bedeuten die gelben Punkte?

Sie antwortete emotionslos: »Da hätte mein Vater noch gerettet werden können.«

»Du hast deinen Vater sehr geliebt, hm?«, fragte er.

Sie nickte.

Weller nahm sie in den Arm. Auch wenn er es noch nicht ganz glauben konnte, seit gestern waren sie doch irgendwie ein Paar. »Wie war er? Willst du mir von ihm erzählen?«

»Wie war er?«, lachte sie fast ein bisschen verlegen. »Er war ein Stehaufmännchen.«

Weller sah sie verständnislos an. »Ein was?«

»Ein Stehaufmännchen.«

Weller drückte sie fester an sich und streichelte über ihr Gesicht.

»Wenn es stimmt«, sagte sie, »dass sich das ganze Meer in einem Wassertropfen zeigt … und wenn sich die ganze Erde wirklich in einem Sandkorn spiegelt … dann …«

Ihr fiel auf, wie oft ihr untreuer Ehemann Hero diese Sätze gesagt hatte. Aus seinem Mund hatten sie immer verlogen geklungen, und sie schämte sich fast, sie jetzt selbst zu gebrauchen.

Weller kannte diese esoterischen Sprüche und fuhr fort: »Ja, dann ist in einem Abfalleimer unsere komplette Zivilisation enthalten. Ich weiß.«

»Ja gut. Vielleicht hast du recht, Frank. Aber nehmen wir einmal an, es wäre richtig. Dann gibt es einen Vorfall, der illustriert, wie mein Vater war.«

»Erzähl es mir. So viel Zeit muss sein.«

»Einmal, auf einer Geburtstagsparty, brach mein Vater zusammen. Es war ein Herzinfarkt. Unter den Gästen war sogar ein Arzt. Der stellte Papas Tod fest. Ich saß wie gelähmt im Wohnzimmer und dachte immer nur, das kann nicht sein, das kann nicht sein. Ein paar Freunde teilten schon seine wertvollsten Angelsachen untereinander auf. Ich glaube, sogar ein Bestattungsunternehmer war bereits erschienen.

Sie hoben meinen Vater vom Boden auf und trugen ihn zunächst hoch ins Schlafzimmer. Er lag auf dem Bett. Ich saß davor und sah ihn an. Ich wagte nicht, ihn zu berühren. Ich hörte die Stimmen der anderen unten, aber ich wollte ihn nicht alleine lassen. – Ich begann einfach, mit meinem toten Vater zu reden. Und dann …« Sie stockte. Ihr Blick bekam etwas Entrücktes, so als würde sie die Szene noch einmal erleben. Sie sprach mit einer Kinderstimme weiter.

So muss sie damals geklungen haben, dachte Weller, als sie ein kleines Mädchen war.

»… und dann, dann wurde er einfach wieder wach. Ja. Ich saß da und sah, wie er seine Augen öffnete. Er guckte mich an und fragte, ob noch was von den Bratkartoffeln da sei. Ich lief runter zu den anderen und sagte ihnen, *Papa möchte Bratkartoffeln*. Kannst du dir vorstellen, wie die reagiert haben? So war er …

An meinem ersten Schultag schenkte er mir dann so ein Stehaufmännchen. Es stand ewig in meinem Zimmer, und wenn ich schlechte Noten geschrieben hatte oder mich andere Probleme quälten, dann tippte ich es mit dem Finger an, bog den Kopf bis herunter auf den Boden, und sah dabei zu, wie das Stehaufmännchen wieder hochwippte. Ich sehe ihn noch vor mir. Immer, wenn er mein Zimmer betrat, um mir einen Gutenachtkuss zu geben, stieß er das Stehaufmännchen an. Es ist keine Schande, zu Boden zu gehen, hat er mir beigebracht, aber es ist eine Schande, liegen zu bleiben.«

Arm in Arm gingen sie die Holztreppe hinunter, und Weller spürte ehrliche Trauer darüber, dass er ihren Vater nie kennengelernt hatte.

»Dein Vater«, sagte er, »hat versucht, dich groß und stark zu machen. Meiner wollte mich immer nur deckeln und klein halten. Er tat so, als wollte er nur mein Bestes. Aber in Wirklichkeit hatte er immer nur Angst, ich könnte ihn überrunden.«

»Er hat sich zu dir in Konkurrenz gesetzt?«

Weller nickte. »Ja. Und ich fürchte, er hat gewonnen.«

Gemeinsam fuhren sie nach Oldenburg in den Auenweg 11. Weller saß am Steuer seines elf Jahre alten Mondeo. Auch jetzt verkniff er sich das Rauchen. Er wusste, dass Ann Kathrin vor vielen Jahren aufgehört hatte, und er wollte ihre aufkeimende Beziehung jetzt nicht mit einer Diskussion über Passivrauchen belasten.

Sie sprachen nicht viel, aber es entstand keine Peinlichkeit zwischen ihnen. Erst jetzt merkte Ann Kathrin, wie oft sie beim Fahren mit ihrem Mann versucht hatte, krampfhaft ein Gespräch anzufangen, damit ja keine Stille entstand. Mit Frank, dachte sie, kann ich auch einfach so ruhig dasitzen, und trotzdem ist alles gut. Sie fragte sich, ob sie echt dabei war, sich neu zu verlieben. Etwas an dem Gedanken erheiterte sie.

»Unsere Kollegen«, sagte sie, »müssen ja nichts davon wissen.« Weller grinste und schaltete in den fünften Gang. »Die sind bei der Kripo. Die sollen es selbst herausfinden.«

Die Oldenburger Kollegen waren schon da und hatten vom Schwiegersohn einen Türschlüssel besorgt. Sie hatten genug zu tun und waren froh, Ann Kathrin Klaasen und Weller in der Wohnung allein lassen zu können.

Es war eine Vier-Zimmer-Eigentumswohnung im zweiten Stock. Die Wohnung war sauber und ordentlich hinterlassen, als sei gerade eine Putzfrau hier gewesen. Solche Wohnungen machten Ann Kathrin Klaasen immer ein bisschen nervös, beziehungsweise hegte sie gleich den Verdacht, dass hier Spuren beseitigt worden waren. Sie überprüfte die Blumen auf den Fensterbänken an der Südseite. Die Erde in den Töpfen war trocken.

Wenn in der Abwesenheit der alten Dame eine Putzfrau die Wohnung auf Vordermann gebracht hat, dann hätte die sicherlich auch die Blumen gegossen, dachte Ann Kathrin, und ihr Verdacht, hier habe nur jemand Spuren beseitigen wollen, bekam neue Nahrung.

Die Teppiche am Boden waren alt und an einigen Stellen schon ein wenig durchgelaufen. Aber Ann Kathrin vermutete, dass es teure, handgewebte Ware aus Tunesien oder Marokko war.

Sie hatte einmal einen Teppichhändler gejagt, der sich an kleinen Kindern vergangen und außerdem eine Reihe von betrügerischen Konkursen hinter sich hatte. Seitdem wusste sie einiges über Originale, Fälschungen, Fabrikware und Kinderarbeit.

An den Wänden drei Ölgemälde, alle von Ruth Schmidt-Stockhausen, der Grande Dame der ostfriesischen Kunstszene. Alle zeigten das Meer. Mal wild, mal still.

In einer mindestens hundert Jahre alten Glasvitrine stand ein ostfriesisches Teeservice, auf der Glasplatte darunter sechs edle Weingläser in Buntglas. Ann Kathrin kannte das noch von ihrer Mutter, die nannte diese Gläser *Römer* und sammelte sie. Jeweils an Weihnachten bekam sie ein neues Glas. Nie hätte ihre Mutter diese Weingläser in die Spülmaschine gestellt. Sie kamen nur zu besonderen Anlässen auf den Tisch und wurden natürlich immer mit der Hand abgewaschen.

Die Möbel in der Wohnung hätten jedem Antiquitätenladen alle Ehre gemacht. Ann Kathrin Klaasen vermutete, dass es alte Erbstücke waren, die Frau Orthner sorgfältig hatte aufbereiten lassen. Handgehäkelte Deckchen fielen ihr auf und eine moderne Einbauküche.

Eine Wand im Wohnzimmer bestand praktisch nur aus Buchregalen. Frau Orthner war wohl lange Mitglied im Bertelsmann-Lesering gewesen und hatte alle Vorschlagsbände gesammelt. Tolstoi stand neben Hans Fallada und Dostojewski. Dann die gesammelten Werke von Louis Bromfield.

»Arm war die gute Dame nicht«, sagte Weller.

Hier, allein mit Weller in dieser fremden Wohnung, entstand eine merkwürdige Intimität zwischen Ann Kathrin und ihrem neuen Liebhaber. Am Buchregal berührte sie sanft sein Gesicht und streichelte seinen Bart. Er schluckte und sah ein bisschen verlegen aus. Kamen ihm schon Zweifel?

»Wir haben beide eine harte Trennung hinter uns«, sagte er. »Ich will dir nichts vormachen. Meine Ex hat mich ganz schön fertiggemacht. Mir bleiben 950 Euro im Monat. Der Rest geht drauf für Unterhalt und für die Kinder. Den meisten Studenten geht es besser als mir, die können wenigstens was nebenbei verdienen.«

Sie spürte seine Verletztheit und drückte sich einmal kurz an ihn. Wahrscheinlich wollte er ihr damit nur sagen, dass er noch lange nicht bereit war für eine intensivere Beziehung oder Bindung. Aber warum, dachte sie, ist er dann die ganze Zeit hinter mir her? Ging es nur darum, mich einmal ins Bett zu kriegen? Nein, das konnte sie sich nicht vorstellen. Da gab es leichtere Eroberungen als sie, und so, wie es gestern mit ihnen gewesen war, erinnerte sie das sehr an den Anfang zwischen ihr und Hero. All das wollte sie sagen, doch dann erschien es ihr zu aufgesetzt, und sie betonte: »Es ist, was es ist, Frank. Lass es uns langsam angehen.«

Weller lächelte ein bisschen resigniert und zuckte mit den Schultern. »Man muss das Blatt spielen, das man in die Hand bekommt. Man kann nicht immer nur jammern und auf bessere Karten warten.«

Sie lächelte ihn an. Es amüsierte sie, dass der alte Skatspieler sich immer wieder auf Spielerweisheiten zurückzog.

Als Ralf Kühlberg plötzlich im Wohnzimmer stand, fuhren Ann Kathrin und Weller auseinander wie zwei Teenies, die von ihren Eltern erwischt wurden. Kühlberg war aber viel zu aufgeregt, um sich darüber zu wundern.

Er hatte einen Kugelbauch, schütteres Haar und einen schlaffen Händedruck. Es war, als würde sie ein Stück totes Fleisch in die Hand nehmen. Seine Schultern hingen herab wie sein Doppelkinn. Der Beerdigungsanzug war ihm mindestens eine Nummer zu klein. Auf der schwarzen Krawatte glänzte ein Fettfleck.

»Sie müssen entschuldigen«, sagte er. »Ich komme gerade vom Krankenhaus. Für meine Frau war das alles zu viel …«

Trotzdem war Herr Kühlberg gut vorbereitet. Er hatte sogar den vom Arzt ausgefüllten Totenschein dabei. Herzversagen stand dort. Kommentarlos reichte Ann Kathrin den Schein an Weller weiter. Sie fand, dass Herzversagen so ziemlich die dümmste Bezeichnung auf einem Totenschein war, denn natürlich versagte am Ende bei einem Menschen das Herz, sonst würde er ja noch weiterleben. Sie erinnerte sich an einen früheren Fall, da war einem Karatekämpfer beim Training das Genick gebrochen worden. Im Totenschein hatte auch gestanden: Tod durch Herzversagen.

Weller gab den Schein an Herrn Kühlberg zurück. »Können Sie mir etwas über die Todesumstände Ihrer Schwiegermutter sagen?«, fragte Ann Kathrin Klaasen.

Kühlberg nickte und zündete sich eine Zigarette an. »Als wir am Sonntag wie immer zum Kaffeetrinken zu Besuch gekommen sind, haben meine Frau und ich Regina tot in ihrem

Bett gefunden. Wir haben sofort den Arzt angerufen, das Weitere kennen Sie ja.«

Nach drei, vier Zügen drückte er die Zigarette im Aschenbecher aus, obwohl sie noch nicht mal zu einem Drittel geraucht war. Der Glimmstängel wirkte im Aschenbecher auf Ann Kathrin wie ein Insekt, das gerade erschlagen worden war.

Jetzt sah Ralf Kühlberg Ann Kathrin Klaasen misstrauisch, ja lauernd, an. Er wollte wissen, ob man seine Schwiegermutter bei ihr vor die Tür gelegt hätte.

Sie nickte. »Ja. Woher wissen Sie …«

»Ein ehemaliger Klassenkamerad von mir, Pit Budde, ist bei der Polizei. Er war auch mit auf der Beerdigung.«

»Haben Sie eine Vorstellung, wer so etwas gemacht haben kann?«

Doch Ralf Kühlberg konnte sich absolut nicht vorstellen, wer ein Interesse daran haben sollte, ihm und seiner Frau so einen Streich zu spielen.

Normalerweise wartete Ann Kathrin Klaasen auf Obduktionsberichte Tage. Diesmal ging es in wenigen Stunden. Und die Ergebnisse kamen telefonisch. Rupert rief sie an: »Hallo, du glaubst nicht, was hier gerade per E-Mail angekommen ist. Von wegen natürlicher Tod! Die gute Frau hatte seit mindestens drei Tagen nichts mehr gegessen und auch keine Flüssigkeit zu sich genommen. An ihren Hand- und Fußgelenken sind Hämatome, die von Fesselungen stammen. Obwohl die Leiche gut gewaschen und professionell zurechtgemacht worden ist, finden sich an ihren Handgelenken noch Spuren von einem Klebeband, mit dem man sie offensichtlich fixiert hatte. Beim Abreißen haben sich Hautfetzen gelöst. Der Rest besteht aus dem üblichen Kauderwelsch, für das man ein Medizinstudium hinter sich haben müsste.«

»Danke«, sagte Ann Kathrin.

Herr Kühlberg merkte sofort, dass sich etwas an seiner Situation grundlegend geändert hatte. Ann Kathrin Klaasen ging einmal um ihn herum und betrachtete ihn jetzt mit ganz anderen Augen.

Kühlberg griff in die rechte Anzugtasche nach seiner Zigarettenschachtel, doch Ann Kathrin Klaasen fuhr ihn scharf an: »Bitte lassen Sie die Hände aus den Taschen!«

Er stand verdattert da und begriff nicht, was los war. Weller kapierte sofort, dass Rupert Ann Kathrin etwas gesagt hatte, wodurch Kühlberg zu einem Verdächtigen wurde.

Ann Kathrin forderte Weller mit einem Blick auf, Kühlberg abzutasten. Weller fand aber keine Waffe, er zog nur die Zigaretten aus der Tasche, einen Kugelschreiber, eine Brieftasche und ein großes Schlüsselbund.

»Was ist denn los?«, fragte Kühlberg.

»Wenn Sie und Ihre Frau Regina Orthner am Sonntagnachmittag hier tot im Bett gefunden haben, wie erklären Sie sich dann, dass sie deutliche Fesselspuren aufweist?«

Das Gesicht des Mannes wurde noch teigiger und weicher, als es ohnehin schon war. Seine Lippen zitterten, und auf seiner Stirn bildete sich kalter Schweiß.

»Ich … ich …«

Ann Kathrin Klaasen nickte. »Ja, wir hören.«

Ralf Kühlberg ließ sich in einen Sessel fallen und sackte vollständig in sich zusammen.

Weller hatte überhaupt keine Lust, sich diese Show jetzt anzugucken. »Was ist hier eigentlich Trumpf? Ich schlage vor, wir nehmen den Herrn mit, und wir unterhalten uns dann in Ruhe miteinander.«

»Nein, nein, das ist nicht nötig«, stöhnte Kühlberg. »Ich sag Ihnen ja die ganze Wahrheit. Kann ich nur bitte erst ein Glas Wasser haben?«

Ann Kathrin Klaasen wollte schon in die Küche gehen, um ihm das Wasser zu holen, aber Weller zischte: »Sie kennen sich ja hier wohl besser aus als wir, Herr Kühlberg, oder nicht?«

Dann sah Weller Ann Kathrin groß an. In seinem Blick lag die Warnung: Lass dich von dem bloß nicht einlullen.

Ralf Kühlberg ging in die Küche und trank ein Glas Leitungswasser. Er lockerte die schwarze Krawatte noch mehr und öffnete die ersten zwei Knöpfe von seinem Oberhemd. Der Kragen war schweißnass. »Bitte – Sie müssen mich verstehen. Ich wollte meiner Frau das ersparen …«

»Was wollten Sie ihr ersparen? Lassen Sie sich jetzt nicht die Würmer einzeln aus der Nase ziehen. Wir können auch anders«, drohte Weller.

Sie begleiteten Kühlberg wieder ins Wohnzimmer. Ann Kathrin ließ sich ihm gegenüber auf einem Barocksessel aus Nussbaum mit feingedrechselten Beinen und Armlehnen nieder. Es gab im Raum einen dazu passenden Schreibtisch mit breiten Füßen wie Löwenklauen. Weller blieb stehen.

»Ich bin am Sonntag alleine hier rausgefahren, um meine Schwiegermutter zu besuchen. Als ich ankam, war sie in einem äußerst verwirrten und miserablen Zustand. Sie saß auf dem Stuhl da.« Er zeigte auf den Sessel, in dem Ann Kathrin saß.

Sie fuhr hoch. Jetzt fiel ihr auf, dass ein paar helle Stellen an den Armlehnen waren, so als habe dort jemand Klebeband abgerissen und dabei etwas von dem Lack entfernt. Sie bückte sich und betrachtete die vorderen Stuhlbeine. Hier das Gleiche.

»Ihre Schwiegermutter war also hier mit Klebeband gefesselt? Das sagen Sie uns jetzt erst?«

Kühlberg druckste herum und knackte mit den Fingern. »Ich habe geglaubt, dass meine Frau die Nerven verloren und ihre Mutter bei ihrem letzten Besuch auf diesem Stuhl fixiert hat. Das hat Regina früher auch mit meiner Frau so gemacht. Ulrike hat es mir oft erzählt. Als Kind wurde sie an den Stuhl gefesselt.«

»Und das macht Ihre Frau jetzt mit ihrer Mutter?« Ann Kathrin Klaasen konnte den Ton der Empörung in ihrer Stimme kaum unterdrücken.

»Sie wissen ja nicht, was hier los war. Unter welchem Terror wir standen, als meine Schwiegermutter noch gelebt hat. Sie war ein Aas! Sie war hysterisch und hat meiner Ulrike das Leben zur Hölle gemacht. Wir haben das als Paar nur knapp überlebt. Manchmal war ich kurz davor, mich scheiden zu lassen, nur um meine Schwiegermutter loszuwerden.«

»Wie darf ich mir das vorstellen?«, fragte Ann Kathrin und ärgerte sich, dass sie sich in den Sessel gesetzt hatte. Weller wusste schon, warum er in solchen Wohnungen stehen blieb.

»Sie hat uns ständig angerufen und ihre Tochter mit irgendwelchen Krankheiten und Unfällen, die sie angeblich hatte, erpresst. Sie ist ein sehr manipulativer Mensch gewesen. Sie hat versucht, die Geschicke unserer Familie zu leiten. Mit ihrer emotionalen Erpressung hatte sie meine Frau immer mehr im Griff. Sie hat Ulrike nicht nur die Kindheit versaut, sondern später auch das Erwachsenenleben. Trotzdem hat meine Frau sie liebevoll gepflegt, ist täglich hier gewesen, hat ihr die Wohnung gemacht und …«

»… sie an den Stuhl gefesselt«, ergänzte Weller nicht ohne Häme.

Herr Kühlberg machte eine unwirsche Handbewegung. »Ach, Sie machen sich doch überhaupt keine Vorstellung. Wenn bei Ihnen im Polizeipräsidium jemand tobt, rumschreit und mit Sachen schmeißt – was machen Sie dann? Streicheln Sie den und geben ihm eine Tasse Kaffee aus? Was meine Frau gemacht hat, geschieht in jedem Krankenhaus und in jedem Altersheim, in jeder Psychiatrie! Sie hat ihre Mutter fixiert, um die Wohnung in Ruhe sauber machen zu können.«

»Und dann hat sie vergessen, sie wieder loszumachen und sie hier verhungern lassen, oder was?«, fragte Weller.

Ralf Kühlberg wog den Kopf hin und her und kaute auf der Unterlippe herum. »Nein. Sie verstehen das alles falsch. Sie missdeuten das. Meine Frau ist eine Angstpatientin. Sie ist psychisch schwer geschädigt. Das hat sie ihrer Mutter zu verdanken! Solange ich meine Frau kenne, geht sie einmal in der Woche in Therapie. Zu Dr. Blankenheim. Aber immer noch ist sie mit ihrer Mutter stärker verbunden als zum Beispiel mit mir. Wissen Sie, was das für einen Ehemann heißt, wenn es immer nur um die Mutter geht?« Er äffte seine Frau nach: »Wir können nicht nach Fuerteventura in Urlaub fliegen. Das ist meiner Mutter zu weit. – Ja, verdammt, ich hatte gar nicht vor, sie mitzunehmen!«

Ann Kathrin Klaasen hörte plötzlich nicht mehr zu. Etwas von dem, was Kühlberg gesagt hatte, traf sie. War es in ihrem Leben auch so, dass ihr Vater wichtiger für sie war als ihr Mann? Ihr Vater war längst tot, und Probleme, mit ihm in Urlaub zu fahren, gab es natürlich nicht mehr. Aber von allen Männern in ihrem Leben war er immer der wichtigste für sie gewesen. Sie spürte es jetzt wie einen Stich. Hatte Hero sie deshalb verlassen? Gab ihm Susanne Möninghoff die Aufmerksamkeit, die er von ihr nicht bekommen hatte?

Weller fragte: »Dr. Andreas Blankenheim?«

Ralf Kühlberg nickte. »Ja, warum?«

Statt zu antworten, ging Weller Kühlberg jetzt scharf an. »Und dann haben Sie sich also entschieden, Ihre Schwiegermutter hier verhungern zu lassen, und anschließend haben Sie sie ins Bett gelegt und …«

»Nein, so war es nicht!«

»Ach, wie denn?«

Ann Kathrin bemühte sich, wieder ins Gespräch zurückzufinden. Ralf Kühlberg schrie Weller jetzt an: »Meine Frau nimmt Medikamente! Das hat sie auch ihrer schrecklichen Mutter zu verdanken! Psychopharmaka! Als ich in die Wohnung kam, sah ich meine Schwiegermutter hier mit Klebeband an den Stuhl gefesselt. Es ging ihr wirklich nicht gut! Ich dachte, dass Ulrike nur vergessen hatte, die Furie loszumachen. Vielleicht hatte sie sogar Angst davor! Sie nahm ja fast jedes Mal etwas ein, bevor sie zu ihrer Mutter ging. Trotzdem lief sie immer wieder hin, wie ein geprügelter Hund zu seinem Herrchen. Ich habe sie sofort losgemacht, und als sie kollabierte, habe ich den Arzt gerufen. Aber vor dem Eintreffen von Doktor Wahl war sie bereits verstorben.«

»Sind diesem Doktor Wahl denn die Hämatome an den Handgelenken nicht aufgefallen?«

»Der behandelt meine Schwiegermutter seit Jahren. Der weiß doch, was hier los war.« Plötzlich begann Kühlberg zu weinen. »Ich wollte meiner Frau doch nur die Verhöre ersparen. Sie hat doch schon Angst, nur in einen Fahrstuhl zu steigen. Ihre sozialen Phobien haben dafür gesorgt, dass sie aus jeder Arbeitsstelle herausgeflogen ist. Meine Frau steht solche Verhöre nicht durch, verstehen Sie?«

»Bis jetzt hat noch jeder unsere Verhöre überlebt«, konterte Weller hart.

»Wie waren die Vermögensverhältnisse von Frau Orthner?«, fragte Ann Kathrin Klaasen.

Herr Kühlberg atmete heftig aus. »Sie war finanziell unabhängig. Sie hat zwei Männer überlebt. Der erste Mann hat mit Antiquitäten gehandelt und ihr ein kleines Vermögen hinterlassen.«

Deshalb die Möbel, dachte Ann Kathrin. Der Sessel. Der barocke Schreibtisch.

»Der zweite war Beamter im höheren Dienst. Von dem kommen die Pensionsansprüche. Ja, Herrgott, sie hatte im Monat mehr zur Verfügung als ich!«

»Gibt es eine Lebensversicherung?«

»Ja.«

»Wo und in welcher Höhe? Wer sind die Begünstigten?«

»Sie kriegen es ja doch raus«, stöhnte Ralf Kühlberg. »Sie hatte eine kapitalbildende Lebensversicherung, die ihr mit 70 ausbezahlt wurde. Das Geld ist angelegt. Bei der Oldenburgischen Landesbank. Sie hat das Geld jährlich festgelegt und die Zinsen als Zubrot genommen.«

»Um welche Summe handelt es sich?«

»Achthunderttausend Euro.«

Weller pfiff durch die Lippen. »Grand Hand«, sagte er.

Ann Kathrin Klaasen mochte es nicht, wenn beim Verhör in Wellers Sprache durchschien, dass er ein leidenschaftlicher Skatspieler war. Sie hatte mal einen Kollegen gehabt, der war passionierter Golfspieler gewesen. Das fand sie schlimmer. Der lochte ständig etwas ein oder verbesserte sein Handicap.

Weller wartete darauf, dass Ann Kathrin jeden Moment Ralf Kühlberg über seine Rechte belehrte und ihn dann verhaftete. Aber das tat sie nicht. Er fragte sich, warum. Manchmal zögerte sie ihm einfach zu lange. Das hier war doch wohl eine klare Sache. Sie hatten ja im Grunde schon das Geständnis.

Wir könnten bald schon zu Hause sein und einen guten Espresso trinken, dachte er. Er überlegte, ob es als abgemacht galt, dass er wieder bei ihr schlafen würde. Das Haus war groß. Warum sollte sie alleine dort wohnen? Es bot sich ja geradezu an, bei ihr einzuziehen. Gleichzeitig wusste er, dass er dazu noch nicht in der Lage war. Jedes Mal, wenn er seine miefige kleine Wohnung betrat, ahnte er, dass er sich nie wieder so auf eine Frau einlassen würde wie damals auf Renate.

Als hätte Kühlberg ihre Gedanken erraten, flehte er: »Bitte, tun Sie mir das nicht an. Meine Frau überlebt das nicht.«

Ann Kathrin Klaasen hakte nach: »Was sollen wir Ihnen nicht antun?«

»Verhaften Sie mich nicht. Ich muss meiner Frau noch Sachen ins Krankenhaus bringen. Sie ist ja in ihren Beerdigungsklamotten zusammengebrochen, als sie den leeren Sarg sah. Glauben Sie, Ulrike will die Nacht in diesem Totenhemdchen verbringen? Ich muss ihr einen Schlafanzug holen, Wäsche, Zahnbürste – herrjeh, alles, was ein Mensch im Krankenhaus eben so braucht. Außerdem müssen dort alle möglichen Aufnahmeformalitäten erledigt werden, zu denen meine Frau nicht mehr in der Lage war.«

»Verlassen Sie die Stadt nicht«, sagte Ann Kathrin, »und halten Sie sich zu unserer Verfügung.«

Weller staunte.

Kühlberg bedankte sich bei Ann Kathrin Klaasen, schüttelte überschwänglich ihre Hand und machte einen Diener, bevor er die Wohnung seiner Schwiegermutter geradezu fluchtartig verließ.

Kopfschüttelnd fragte Weller: »Was soll das? Hast du etwa Zweifel?«

»Nein, ich denke, es kann gut so gewesen sein, wie er sagt. Ich fand, er wirkte ganz glaubwürdig.«

»Na ja, und warum nehmen wir ihn dann nicht fest? Es ist doch wohl der Versuch einer Strafvereitelung, außerdem dürfte sich seine Frau dann einer Anklage wegen versuchten Mordes …«

»Die laufen uns nicht weg. Sie liegt im Krankenhaus, und er denkt selbst jetzt nur daran, wie er ihr helfen kann. Die sind in Liebe aneinander gebunden. Und wenn sie an das Geld wollen, müssen sie hier eine Menge bürokratischer Geschichten erledigen. Mich interessiert etwas ganz anderes.«

Über die geständnishafte Erzählung von Kühlberg war es für Weller ein bisschen in den Hintergrund gerückt. Jetzt wies Ann Kathrin deutlich darauf hin: »Irgendjemand hatte ein Interesse daran, dass wir diesen Sachverhalt aufdecken, und hat deswegen die Tote in Oldenburg aus der Leichenhalle gestohlen und fast 120 Kilometer weit bis nach Norden in den Distelkamp gefahren, um sie mir vor die Tür zu legen.«

»Klar«, gab Weller zu, »und dieser Kühlberg war es garantiert nicht.«

Jetzt ging Ann Kathrin Klaasen wieder in der Wohnung auf und ab, wie Weller sie sonst bei Verhören kannte oder wenn sie in der Polizeiinspektion im Büro laut sprechend ihre Theorien entwickelte: Drei Schritte, eine Kehrtwendung, drei Schritte, eine Kehrtwendung. Wie ein gefangener Tiger im Käfig kam sie ihm vor.

»Irgendjemand weiß genau, was geschehen ist, und möchte, dass wir es herausfinden.« Sie hielt an, sah zu Weller hoch und warf ihm einen sehr beruflichen, gar nicht verliebten Blick zu. »Wenn jemand Bescheid weiß, wäre es aber doch dazu nicht nötig gewesen, die Leiche zu stehlen. Ein einfacher Anruf bei uns hätte genügt. Und wieso lag die Leiche nicht in Oldenburg vor der Tür der Polizeiinspektion, sondern bei mir zu Hause? Es sind einige Fragen offen, und …«

»… und ich finde, wir sollten jetzt erst einmal einen Espresso trinken«, schlug Weller vor.

Ann Kathrin nickte. Als sie die Wohnung verließen, spürte sie seine Hand spielerisch zwischen ihren Schulterblättern. Er streichelte sie und ließ die Hand dann langsam tiefer gleiten bis zu ihren Hüften. Er berührte ihren Po nicht. Er wusste, dass das jetzt zu viel gewesen wäre.

Das Schloss wies keinerlei Einbruchsspuren auf. Es erinnerte Ann Kathrin Klaasen an eine Burg am Rhein. Auf dem mächtigen Türknauf kam ihr ihre Hand klein vor. Stolz zeigte Jann Behrends, der Friedhofsverwalter, den großen Bartschlüssel. »Es gibt nur zwei. Einen habe ich, und den anderen hat Pastor Eickhoff.«

Weller grinste. Aus dem Abfalleimer neben der Tür nahm

er einen Eisstiel. Es klebten noch Schokoladenreste daran. Vorsichtig führte Weller das Holzstückchen in das Schloss, bewegte es ein bisschen hin und her, und die Tür sprang auf.

Der Friedhofsverwalter staunte, fasste sich dann aber schnell wieder und versuchte, aus dem Ganzen einen Scherz zu machen: »Na, da können wir ja froh sein, dass Sie, statt Einbrecher zu werden, bei der Kriminalpolizei gelandet sind.«

Weller ließ sich von dem gütigen Lächeln nicht einwickeln. Er hielt den Eisstiel hoch wie ein Oberlehrer und dozierte: »Das kann jeder Zehnjährige, der ab und zu mal einen Krimi guckt. Dies Schloss ist nur zur Zierde da. Wirkt super. Aber damit kann man höchstens ein paar Straßenköter draußen halten.«

Behrends wirkte betreten.

Ann Kathrin Klaasen war erschüttert, als sie feststellte, wie leicht man in eine Friedhofshalle hineinkonnte. Jedes Wohnhaus in der Innenstadt war besser gesichert. Der Friedhofsverwalter versuchte sie zu beruhigen. »Normalerweise«, sagte er mit bärentiefer Stimme, »haben die Menschen Respekt vor diesen sakralen Räumen. Selbst die schlimmsten Rüpel werden hier leise, weil sie beim Betreten der Halle an ihre eigene Vergänglichkeit erinnert werden.«

Natürlich war so etwas noch nie vorgekommen, und Jann Behrens drückte verbindlich-sozialdemokratisch seine Hoffnung aus, dass jetzt nicht jeder Friedhof zu einem Hochsicherheitsbereich werde, so wie ein Flughafen.

Für Weller war dieser Termin hier überflüssig. Die Spusi hatte ihre Arbeit getan. Das alles hier hielt ihn eigentlich nur auf. Er wollte jetzt Ralf Kühlberg verhören, dann mit seiner Frau im Krankenhaus reden und schließlich die ganze Sache dem Haftrichter übergeben.

Die Leichenhalle war leer. Angesichts der Ereignisse hatte man sich rasch entschieden, zwei andere Verstorbene auszuquartieren.

Jann Behrends versprach, noch heute ein Sicherheitsschloss einbauen zu lassen, wie es sie in allen anderen Leichenhallen der Stadt seit Jahren gab.

Weller wollte zurück zum Auto, doch Ann Kathrin ging noch ein bisschen alleine zwischen den Gräbern spazieren. Weller wusste, dass er ihr diesen Raum lassen musste. Sie ließ die Dinge gern auf sich wirken. Am liebsten arbeitete sie eigentlich allein. Sie wäre auch gerne noch alleine in der Wohnung geblieben. Er ahnte, dass sie dorthin zurückkehren würde.

Was lief jetzt in ihrem Kopf ab, fragte er sich.

Sie drehte sich um und sah zur Leichenhalle herüber. Sie versuchte, die Szene vor ihrem inneren Auge zu sehen. Was war hier geschehen? Hatte das einer alleine gemacht? Frau Orthner musste einen längeren Weg bis zum Parkplatz transportiert worden sein. Oder war der Täter etwa hier vorgefahren? Das Friedhofstor war sicherlich nicht schwerer zu öffnen als das der Leichenhalle.

In Ann Kathrin Klaasen regte sich eine kleine Hoffnung. Vielleicht fand man hier Autospuren, die identisch waren mit denen vor ihrer Haustür. Es hatte ziemlich geregnet. Sie erinnerte sich daran, wie nass sie am Deich geworden war. Vielleicht hatten sie Glück, und auf dem Boden hatte sich das Reifenprofil tief genug eingegraben.

Über ein Grab gebeugt stand ein alter Friedhofsgärtner und lockerte schon viel zu lange die Erde zwischen den Bodendeckern auf.

Ob er was von mir will?, fragte sie sich. Beobachtet er die ganze Szene nur, weil er es spannend findet, oder hat er etwas zu sagen?

Ihrer Erfahrung nach suchten die Täter gerne die Nähe zu Ermittlern. War der Täter im Umfeld des Friedhofs zu suchen? Wellers Trick mit dem Eisstiel war eindrucksvoll, aber wer sagte, dass der Leichenräuber nicht einfach den Schlüssel vom Friedhofsverwalter oder vom Pastor benutzt hatte? Vielleicht ging er hier so selbstverständlich ein und aus, dass es für ihn gefahrlos war, mit dem Wagen vorzufahren und …

Als ob der Mann ihre Blicke im Rücken gespürt hätte, drehte er sein Gesicht jetzt zu ihr. Es war voller alter Narben. Er hatte tiefliegende dunkle Augen und sehr kräftige Augenbrauen. Er trug einen Oberlippenbart, und Ann Kathrin Klaasen hätte wetten können, dass er damit geschickt eine Hasenscharte verbarg.

Er erhob sich und machte Anstalten, ihr die Hand zu geben, tat es dann aber doch nicht, sondern ging noch einen Schritt zurück, weil er so schmutzig war.

Sie lächelte ihn an. Mit einem Lächeln hatte sie schon oft jemanden zum Reden gebracht. Der Mensch hier kam ihr verschüchtert vor, fast ängstlich. Vielleicht hatte er ein Problem mit Frauen oder auch mit der Polizei …

Mit dem Kopf machte er eine kleine Bewegung hin zum Friedhofsverwalter und flüsterte: »Es stimmt nicht, was er sagt.«

»Bitte? Was meinen Sie?«

Der Friedhofsgärtner senkte die Augen, sah auf seine matschigen Schuhe und schlug die Hacken gegeneinander, scheinbar, um sie zu säubern. Aber Ann Kathrin Klaasen verstand, dass er damit so viel Lärm machen wollte, dass sie nicht an der Kapelle gehört werden konnten.

»Er lügt.«

»Wer? Der Friedhofsverwalter?«

Er nickte.

»Wenn Sie mir etwas zu sagen haben, dann können Sie gerne mit ins Präsidium kommen, oder wir unterhalten uns hier. Ich behandle alles vertraulich, was Sie mir sagen. Kommen Sie, wir gehen ein paar Meter zusammen. Sie zeigen mir einfach den Friedhof, okay?«

Ein Lächeln huschte über sein Gesicht. Diese Frau verstand ihn. Trotzdem sprach er nicht lauter. Ann Kathrin musste näher an ihn herantreten, als ihr lieb war, um seine Worte wirklich zu verstehen. Er sprach eine Mischung aus ostfriesischem Platt und Hochdeutsch, die es ihr auch nicht gerade leichter machte.

Kopfschüttelnd erzählte er, in den letzten beiden Jahren seien schon zweimal Leute in die Leichenhalle eingedrungen und hätten »mit den Toten Sachen angestellt«.

»Was für Sachen?«, wollte Ann Kathrin wissen.

Er zierte sich. Sie gab ihm Zeit, mit der Wahrheit herauszukommen.

Sie zeigte auf die Wacholdersträucher und die Efeupflanzen und fragte ihn, ob er die beschnitten habe und so schön pflege. Bei ihr würde das nie etwas.

Er lächelte und bekam wieder ein bisschen Boden unter die Füße. Er erzählte, es gebe so viele Perverse auf der Welt, und einige Schweinereien könne man mit Lebenden eben nicht machen, sondern höchstens mit Toten. Aber mitgenommen habe noch nie einer eine Leiche, das sei neu.

»Wurde damals Anzeige erstattet?«, fragte Ann Kathrin Klaasen und ahnte die Antwort.

»Nein, natürlich nicht. Die Toten wurden wieder würdig hergerichtet, und die Angehörigen haben nicht mal etwas gemerkt. Der Pastor wollte ihnen den Kummer ersparen.«

Konnte es sein, dass bei der Obduktion irgendwelche Spuren sexuellen Missbrauchs übersehen worden waren? Im Bericht hatte nichts Derartiges gestanden. Es war diesmal schneller gegangen als je zuvor, aber das war doch immer das Erste, wonach gesucht wurde.

Wieder machte der alte Gärtner eine Kopfbewegung nach hinten zum Friedhofsverwalter, der sich an der Eingangstür noch mit Weller unterhielt und versuchte, die ganze Sache herunterzuspielen.

»Er wird doch nicht erfahren, dass ich Ihnen was gesagt habe?«

Ann Kathrin beruhigte ihn: »Keine Angst. Ich weiß einen guten Informanten zu schützen. Aber ich brauche trotzdem Ihren Namen und Ihre Adresse.«

»Ich arbeite gerne hier. Dies ist ein guter Job.«

»Wie lange sind Sie schon hier?«

»Seit siebenundzwanzig Jahren.«

Ann Kathrin Klaasen verstand, dass die meisten Bäume, die er gepflanzt hatte, inzwischen viel größer waren als er selbst. Doch bevor sie seinen Namen und seine Adresse notieren konnte, klingelte ihr Handy. Unter den vielen Klingeltönen, die ihr Ruftonspeicher anbot, hatte sie einen gefunden, den sie besonders originell fand: Das Ring-Ring von einem alten Telefon. Es war Rupert. Sie ging augenblicklich dran.

Sie fand seine Stimme immer ein bisschen unverschämt. Die leichte Arroganz um seine Mundwinkel, wenn er über Verdächtige sprach oder neue Dienstpläne, machte sie manchmal ganz schön sauer. Aber jetzt klang da mehr mit: Häme. Eine gewisse Schadenfreude und gleichzeitig der Versuch, dies alles zu unterdrücken.

»Rate mal, wen ich gerade verhaftet habe?«

Sie wies ihn sofort zurecht: »Dies ist kein Quiz. Wir sind hier nicht bei Günther Jauch.«

»Vor mir sitzt dein flennender Sohnemann. Ich dachte, das interessiert dich vielleicht.«

Es war, als würde ihre Wirbelsäule glühen. Sie erstarrte innerlich und schien gleichzeitig zu brennen. Der Friedhofsgärtner merkte, dass etwas mit ihr nicht in Ordnung war, und machte eine Bewegung in ihre Richtung, um sie zu halten, falls sie ohnmächtig werden würde. Ann Kathrin Klaasen bedeutete ihm, dass alles in Ordnung sei. Sie wunderte sich, dass sie zu dieser Geste überhaupt in der Lage war.

Unaufgefordert erzählte Rupert jetzt mit wachsender Fröhlichkeit die ganze Geschichte: »Du erinnerst dich an die Bombe im Hauptbahnhof Hannover?«

»Der Koffer mit dem tickenden Wecker darin?«

Die Sache war vor wenigen Tagen passiert und hatte für Ann Kathrin kaum eine Bedeutung. Einer der zahlreichen Trittbrettfahrer, die die Macht genossen, einen Hauptbahnhof für eine Weile mit einer Bombenattrappe lahmzulegen. Sie hatte das kaum registriert. Was hatte ihr Sohn damit zu tun?

»Neben dem Wecker gab es noch ein paar pikante Details, die das Bombenräumkommando gefunden hat. Ein paar Dessous, Kleidergröße 38, und einen rotierenden naturfarbenen Analvibrator in Penisform mit Eiern dran und Reservebatterie. Dabei lagen einige Farbfotos von einer nackten Dame, der die Dessous aber vermutlich ein paar Nummern zu klein sein dürften. Die Fotos waren mit einer Digitalkamera aufgenommen und auf normalem weißen Druckerpapier ausgedruckt.«

»Ja, ja, und was soll das jetzt alles?«, unterbrach Ann Kathrin Klaasen ihren Kollegen. Sie wollte seinen genüsslichen Aufzählungen nicht länger zuhören, sondern endlich wissen, was ihr Sohn damit zu tun hatte.

Es war, als würde er vor ihr stehen, und sie könnte sein Grinsen sehen. »Nun, wir haben inzwischen den Namen der nackten Strandschönheit. Sie heißt Karin Flöckner und ist die Deutschlehrerin von deinem Herrn Sohn am Hans-Bödecker-Gymnasium. Er hat sie auf Norderney am FKK-Strand fotografiert, als er einen Tagesausflug mit deinem Ex und seiner neuen Gespielin gemacht hat.«

Ann Kathrin Klaasen konnte Susanne Möninghoff nun wahrlich nicht ausstehen. Aber sie fand es eine Unverschämtheit, dass Rupert sie ihr gegenüber als Gespielin bezeichnete.

Er wollte damit nicht die Möninghoff beleidigen, sondern sie. So, als sei auch sie nichts weiter gewesen als eine Gespielin von Hero.

»Jetzt wissen wir wenigstens«, triumphierte Rupert, »was das Bürschchen so macht, wenn er gerade mal keine Leichen klaut.«

»Er hat die Leiche nicht geklaut!«, schrie Ann Kathrin viel lauter, als ihr lieb war. Der Friedhofsgärtner zuckte zusammen.

Je mehr sie sich aufregte, umso sachlicher und ruhiger wurde Rupert. Jetzt hatte er sie endlich da, wo er sie haben wollte. »Meinst du nicht, dass du in der Sache ein bisschen befangen bist, Ann Kathrin? Ich an deiner Stelle würde den Fall abgeben. Es gibt hier wahrlich genug zu tun. Soll ich deinem kleinen Liebling einen Anwalt rufen, oder kommst du selbst vorbei?«

Ann Kathrin wollte am liebsten ihren Sohn ans Telefon geholt haben, um direkt mit ihm zu sprechen, aber sie entschied sich dagegen. Sie beendete das Gespräch, klappte das Handy zusammen, ließ es in ihre Tasche gleiten und rannte zu Weller. Er kam ihr im Laufschritt entgegen, weil ihm natürlich nicht entgangen war, dass etwas nicht stimmte.

»Ich muss zurück nach Aurich in die Polizeiinspektion! Du glaubst nicht, was passiert ist …«

Erst als sie auf der A 28 waren, wurde Ann Kathrin klar, dass sie in der Aufregung vergessen hatte, Namen und Adresse des Friedhofsgärtners aufzuschreiben.

Weller fuhr die ganze Zeit dicht am Geschwindigkeitslimit.

»Warum macht er so was?«, fragte Ann Kathrin. »Warum?«

Obwohl Weller wusste, dass die Antwort ihr nicht gefallen würde, sagte er, was er dachte: »Weil er Aufmerksamkeit will.«

»Ja, die kriegt er jetzt. Vermutlich mehr, als ihm lieb ist«, erwiderte Ann Kathrin zerknirscht.

Weller legte seine rechte Hand auf ihr Knie. Er konnte fühlen, wie sehr es in ihr brodelte. Ihr ganzer Körper stand unter Anspannung. Sie schob seine Hand weg.

Sie musste ihre Chipkarte zweimal in den Automaten schieben, bevor die Tür zur Polizeiinspektion sich öffnete. Weller nannte den weißen Kasten nur »die Stechuhr«, weil damit die Zeiten registriert wurden, wann sie die Dienststelle betraten und wieder verließen. Doch wie viel ihrer Arbeit fand dort schon statt?

Rupert stolzierte durch den Flur. Er sah ein bisschen aus, als hätte er sich Koks durch die Nase gezogen, aber Ann Kathrin Klaasen wusste, dass sein Triumphgefühl nicht von Koks kam, sondern weil er ihren Sohn überführt hatte, und damit wurden die Karten im Personalquartett neu gemischt.

Eike saß geknickt auf der Bank im Flur und kaute an den Nägeln. Er hatte keineswegs sehnsüchtig auf das Erscheinen seiner Mutter gewartet, sondern es war ihm eher peinlich, als sie kam. Lieber hätte er alles ohne sie durchgestanden. In seinem Blick lag fast ein bisschen Feindseligkeit.

Ann Kathrin wollte ihn in den Arm nehmen. Es war, als würde er gefrieren. Sie hatte Mühe, freundlich zu bleiben, und Rupert machte es ihr nicht leichter. Auf seinem Schreibtisch lag der Inhalt des »Bombenkoffers«.

»Ich frage mich«, grinste Rupert, »woher er die Dessous hatte. Der Lehrerin haben sie die jedenfalls nicht geklaut.«

»Von mir hat er sie nicht«, stellte Ann Kathrin Klaasen klar, und Rupert nickte. Er hielt einen Stringtanga hoch und tat, als würde er bei Ann Kathrin Maß nehmen. Dann sagte er mit Kennerblick: »Vor ein paar Jahren hätte der dir wahrscheinlich gepasst.«

»Es reicht, Rupert!«, keifte sie ihn an. »Ich will mir diese Scheiße nicht länger anhören!«

Der Vibrator lag in einer durchsichtigen Plastiktüte. Rupert nahm das Ding in die Hand und untersuchte es. Dann hielt er es Ann Kathrin Klaasen hin: »Weißt du, wie man das einschaltet?«

Weller fuhr Rupert an: »Äi, Schluss jetzt! Du überreizt dein Blatt, Rupert. Andere Leute haben auch Trümpfe in der Tasche.«

Weller sah aus, als würde er sich gleich mit Rupert prügeln.

Eike guckte irritiert zwischen den beiden hin und her.

Hatte er Angst und verstand nicht, worum es hier ging?, fragte Ann Kathrin sich, oder hatte er längst kapiert, dass der Mann, der sich so sehr für seine Mutter einsetzte, ein Verhältnis mit ihr hatte?

Trotzdem wollte Ann Kathrin sich gegen das wohltuende Gefühl nicht wehren, männlichen Schutz zu genießen. Natürlich kam sie selbst klar. Sie hatte im Lauf ihres Lebens so manchen Strauß ausgefochten. Sie ließ sich weder von Kollegen an die Wand drücken noch von Ganoven. Selbst bei einer körperlichen Auseinandersetzung zwischen Rupert und ihr würde der Sieger nicht von vornherein feststehen.

Trotzdem genoss sie es, dass da ein Mann war, der sich für sie einsetzte. Wütend wurde, wenn ihr Unrecht geschah, und peinlich genau darauf achtete, dass man anständig mit ihr umging. Früher hatte ihr Mann Hero das getan. Sie erinnerte sich an eine geradezu lächerliche Situation. Im Urlaub, in einem Ferienhäuschen in Dänemark, hatten sie geglaubt, ein Autodieb würde sich draußen an ihrem Wagen zu schaffen machen. Sie wurde gleich ganz die Kommissarin und wollte den Dieb stellen, doch Hero bestand darauf, dass dies seine Aufgabe sei. Im Dienst sollte sie ruhig Verbrecher jagen, für den Schutz der Familie fühlte er sich zuständig.

Natürlich entwischte der Autodieb, und Hero kam mit einem blauen Auge wieder zurück. Er trug es wie einen Orden.

»Es war ein Scherz!«, platzte Eike plötzlich heraus. »Wir wollten der blöden Kuh eins auswischen, weil sie immer so gemein ist …«

Rupert schmunzelte. Er hob ein paar Papiere hoch und blätterte darin. »Da wird sich deine Mami aber freuen. Weißt du, was die Räumung vom Hauptbahnhof Hannover gekostet hat? Es wurden Züge umgeleitet. Selbst in Köln gab es noch Verspätungen von zwei Stunden und mehr. Da dürften Forderungen von gut zweihunderttausend Euro auf deine Familie zukommen. Teurer Scherz, was?«

Eike war leichenblass und zitterte. Ann Kathrin Klaasen warf Rupert einen wütenden Blick zu.

Weller beugte sich zu Eike und flüsterte: »Du musst jetzt gar nichts sagen.« Dann schaute er unsicher zu Ann Kathrin. Sie sollte nicht glauben, dass er sich jetzt schon bei Eike als Vater aufspielen wollte. Aber das Ganze hier nahm doch bedrohliche Ausmaße an.

»Es ist wohl im Interesse aller«, sagte Rupert sachlich, »wenn du endlich mit den Namen deiner Komplizen rausrückst. Eure Familien können sich dann ja die Rechnung teilen.«

»Muss das jetzt sein?«, fragte Weller aufgeregt. Um überhaupt etwas tun zu können, ging er zur Espressomaschine und drückte so lange aufs Display, bis die drei Kaffeebohnen erschienen, die stärkste mögliche Espressozubereitung. Er machte gleich zwei Doppelte.

Das Zermahlen der Kaffeebohnen war so laut, dass Ann Kathrin ihrem Sohn die Worte von den Lippen ablesen musste. Aber er wiederholte sie dann brav noch einmal: »Das alles war überhaupt nicht so geplant. Aber als ich sie auf Norderney sah, hab ich eben die Fotos gemacht … Ich hab sie an meine Kumpels verschickt und …«

Rupert klatschte lachend in die Hände, als sei das ein gelungener Witz. »Jaja, so sind sie, die Jugendlichen von heute. Wir haben Briefmarken gesammelt, und sie tauschen Nacktfotos.«

»Der Uwe hat seiner Schwester ein paar Dessous geklaut, und der Holger hatte die Idee mit dem Wecker und dem Koffer. Wir wollten einfach …«

»Ja? Was wolltet ihr?«, hakte Rupert lauernd nach.

Eike schluckte und sagte nichts mehr.

Weller stellte eine Espressotasse vor Ann Kathrin auf den Tisch. Sie nickte dankbar, rührte den Espresso aber nicht an. Weller schlürfte seinen extra laut, weil er wusste, dass Rupert laute Ess- und Trinkgeräusche hasste, wie das Quietschen von Styropor auf Glas.

Versage ich hier als Mutter gerade restlos?, fragte Ann Kathrin sich. Wird mein Sohn irgendwann bei einem Therapeuten sitzen und davon erzählen, wie kläglich seine Mutter ihn während dieses traumatischen Verhörs hängenließ? Sie, die clevere Kripobeamtin, überließ das Feld ihrem neuen Liebhaber … Je mehr sie solche Gedanken dachte, umso schwieriger erschien es ihr, etwas Vernünftiges zu sagen. Sie kam sich merkwürdig ausgeknockt vor, als würde sie das alles erleben, ohne wirklich eingreifen zu können.

»Sie wollten etwas aufdecken, hm?«, bot Weller an. »Eine Ungerechtigkeit. Stimmt's?«

Eike nickte.

»Gute Idee«, spottete Rupert. »Wenn wir bei jeder Ungerechtigkeit unserer Lehrer einen Bombenalarm ausgelöst hätten, dann …«

Das ist es, dachte Ann Kathrin Klaasen und war ihrem Sohn plötzlich fast dankbar. Vielleicht sind Jugendliche heute so. Sie neigen zu großen, dramatischen Aktionen. Statt sich über eine schlechte Schulnote zu beschweren, bauen sie eine Riesengeschichte, um ihre nackte Lehrerin bloßzustellen. Statt uns einfach mitzuteilen, dass etwas mit dem Tod von Frau Orthner nicht stimmt, legen sie mir die Leiche vor die Tür.

»Es war ein Jugendlicher«, sagte sie wie zu sich selbst, doch laut genug, dass Weller es hören konnte. Er wusste sofort, woran sie dachte.

Er nickte: »Ja. Garantiert. Ein Enkelkind.«

»Häh? Was?«, fragte Rupert.

Eike war sich nicht ganz im Klaren darüber, ob seine Mutter gerade mit einem unheimlich intelligenten Schachzug die Aufmerksamkeit der Kripobeamten von ihm weg auf einen anderen Fall lenkte oder ob er für sie so uninteressant war, dass sie keine Lust hatte, sich mit den Ungerechtigkeiten zu beschäftigen, die ihm in der Schule widerfahren waren. Er fragte sich, ob sie den Namen seiner Lehrerin überhaupt kannte. Elternabende waren die Sache von seinem Vater gewesen. Den ganzen »schulischen Bereich«, wie sie es immer so schön nannte, hatte er betreut.

Ann Kathrin Klaasen und Frank Weller standen jetzt so nah beieinander, dass ihre Körper sich fast berührten. Sie konnte seinen Atem riechen und er ihren. Sie waren so sehr mit sich und ihrem Fall beschäftigt, dass Eike und Rupert für einen Moment völlig in den Hintergrund gerieten. Spätestens jetzt merkte jeder im Raum, dass die beiden etwas miteinander hatten.

»Ein Enkelkind kriegt mit, dass die Oma umgebracht wird, weil sie ein großes Vermögen auf der Bank hat, und um den beiden eins auszuwischen, legt dir das Enkelkind die Leiche vor die Tür.«

»Vielleicht hat das Kind auch nur einen Verdacht«, sagte Ann Kathrin, »und will uns dazu bringen, alles zu überprüfen …«

Rupert fühlte sich von der Zweisamkeit der beiden geradezu bedroht. »Soll ich mit deinem Sohn vielleicht solange rausgehen?«, fragte er bissig. »Weller und du – ihr beide habt euch doch bestimmt noch viel zu erzählen, und da wollen wir doch nicht stören …«

Plötzlich wendete sich Ann Kathrin Rupert zu. Sie machte zwei Schritte in seine Richtung. Dabei wirkte sie katzenhaft, als wolle sie gleich die Krallen ausfahren und ihn anspringen. Sie klatschte mit der flachen Hand auf ihren Schreibtisch, wie sie es manchmal tat, wenn ein Verdächtiger nach endlosem Herumgeeiere endlich gestand: »Also gut, Rupert. Du hast Eikes Geständnis. Er hat einen festen Wohnsitz. Es besteht keine Fluchtgefahr. Er wird hier als Beschuldigter vernommen, muss also überhaupt nichts sagen. Er wird jetzt nach Hause gehen und sich das alles nochmal in Ruhe überlegen. Deine Fragen kannst du ihm schriftlich stellen. Er wird sie mit seinem Anwalt beantworten.«

Rupert kratzte sich. »Ja, soll das etwa heißen, dass …«

Ann Kathrin nickte. »Ja. Genau das soll es heißen. Die Sitzung hier ist beendet.«

Ihre Worte ließen keinen Widerspruch zu, und juristisch befand sie sich auf sicherem Boden. Rupert gab sich geschlagen.

Eikes Augen weiteten sich und bekamen einen fiebrigen Glanz. Ein bisschen bewunderte er seine Mutter gerade. So kannte er sie gar nicht. So klar, so resolut, sich für ihn einsetzend. In der Schule hatten sie gerade den Gordischen Knoten durchgenommen, und er hatte den Eindruck, jetzt bei der Zerschlagung von so einem Knoten dabei gewesen zu sein.

Ann Kathrin Klaasen brachte ihren Sohn noch bis zur Tür und wollte ihm Geld für ein Taxi zustecken, damit er zu seinem Vater zurückfahren konnte. Eike war enttäuscht und erleichtert zugleich. Einerseits hatte er keine Lust, sich in endlosen Entschuldigungen ergehen zu müssen, andererseits hätte er den Kontakt zu seiner Mutter jetzt sehr gebraucht. Aber es gab mal wieder Wichtigeres als ihn. Einen anderen Fall.

Jemanden, der noch krimineller war als er. Eine Bombenattrappe im Hauptbahnhof reichte nicht aus. Unter einer Leiche tat sie es nicht.

Er fühlte sich besiegt, geschlagen, aus dem Feld geworfen.

Während Ann Kathrin Klaasen noch nach Geld kramte, fuhr Susanne Möninghoff auf den Parkplatz. Sie öffnete die Tür ihres blauen Polos weit und winkte: »Eike! Ich bin hier! Komm, ich fahr dich nach Hause!«

Susanne Möninghoff trug ein Kostüm, das ihre mächtige Oberweite voll zur Geltung brachte, und einen für Ann Kathrin Klaasens Geschmack viel zu kurzen Rock.

»Kann sein Vater ihn nicht abholen?«, zischte Ann Kathrin zorniger, als ihr lieb war.

Susanne Möninghoff ballerte kraftvoll zurück: »Er ist bei einer hysterischen Patientin, die sich das Leben nehmen will. Sie sitzt auf dem Dach der Ludgerikirche, und er versucht sie runterzuquatschen.«

Eike zögerte. Ob er seine Mutter noch einmal drücken oder küssen sollte, bevor er zu Susanne Möninghoff ins Auto stieg? Er schämte sich fast vor Susanne, seine eigene Mutter in den Arm zu nehmen. Außerdem fürchtete er, sie könne aus Wut auf seine Bombenattrappe und die Geldforderung, die sie auf sich zukommen sah, die Umarmung verweigern.

Er stieg zu Susanne Möninghoff in den Wagen. Ann Kathrin winkte ihrem Sohn verhalten.

Nur um Ann Kathrin Klaasen zu ärgern, ließ Susanne Möninghoff den Saum von ihrem Rock noch ein bisschen höher rutschen, als sie an ihr vorbeifuhr.

Als Ann Kathrin noch etwas verwirrt und ganz in ihre Gefühle verstrickt ins Büro zurückkam, saß Rupert mit dem Rücken zu ihr, den Blick demonstrativ in eine Akte gerichtet. Er tat, als würde er sie gar nicht bemerken.

Weller trumpfte auf. »Frau Orthner hatte nur ein Enkelkind. Bastian Kühlberg. 19 Jahre alt. Fährt einen silbernen Golf aus dem letzten Jahrtausend.«

Das war Wellers übliche Bezeichnung für Autos, deren Erstzulassung 1999 oder früher lag.

Bastian Kühlberg wohnte nicht mehr bei seinen Eltern, sondern mit zwei anderen jungen Männern in einer Wohngemeinschaft. Jeder hatte ein Zimmer, und die Küche nutzten sie gemeinsam. Er war irritiert, als Ann Kathrin Klaasen und Weller klingelten. Zuerst wollte er sie nicht reinlassen. Er ließ sich beide Ausweise zeigen und prüfte sie lange. Dann durften sie die wundersame Welt dieser Männer-WG betreten.

Im Flur waren gut zwei Dutzend BHs an die Wand genagelt. Sie konnten unmöglich von nur einer Frau stammen, es waren Körbchengrößen von 75 A bis 85 C dabei.

Ann Kathrin blieb verwundert stehen. Weller tat ganz cool, als sei es völlig normal, die BHs von eroberten Frauen an die Wand zu hängen.

Bastian Kühlberg sagte schulterzuckend zu Ann Kathrin Klaasen: »Das ist nur ein Spaß. Eine Art Kunsthappening, Sie verstehen?«

An jeden BH war ein Foto seiner barbusigen Besitzerin getackert.

»Wie kriegen Sie die Mädchen dazu?«, wollte Ann Kathrin wissen.

Bastian Kühlberg lachte: »Ich frage ganz einfach.«

»Was fragen Sie?«, erkundigte sich Weller.

»Na, ob sie sich von mir oben ohne fotografieren lassen und mir ihren BH schenken. Manchmal kriege ich eine geknallt, manchmal laufen sie weg. Einige sagen, ich sei ein blöder Spinner, aber die meisten finden es witzig und machen mit. Ich will ein Kunstwerk daraus machen, eine gigantische Wäscheleine, die ich dann durch die Stadt spanne.«

»Sie sind also Künstler?«, fragte Weller.

Bastian Kühlberg nickte.

Ann Kathrin kam sich plötzlich ziemlich verklemmt vor. »Wo waren Sie gestern zwischen zwanzig und dreiundzwanzig Uhr?«

»In der Sauna im Olantis-Bad. Warum wollen Sie das wissen?«

»Gibt es Zeugen dafür?«

»Ja, mich haben eine Menge Leute gesehen. Aber ich kenne die natürlich nicht alle persönlich.«

Weller startete einen Versuchsballon: »War gestern nicht Frauensauna?«

Bastian Kühlberg schüttelte den Kopf. »Nee, die ist montags.«

Ann Kathrin Klaasen gab Weller einen Wink. Er verstand sofort, was sie sagen wollte: Erinnere mich daran, das später nachzuprüfen.

Bastian Kühlberg führte die beiden Kommissare in sein Zimmer. Er schlief auf einer Matratze, die einfach auf dem Boden lag. Neben der Matratze auf dem Boden stand ein HP-Laptop. Ein größerer Computer von Acer, den er offensichtlich auch als Fernseher benutzte, stand auf einem Schreibtisch, der aussah, als sei er wertvoller als die gesamte Wohnungseinrichtung. Eine Menge silberner und goldener DVDs lagen herum. Sie waren mit Edding beschriftet. Er brannte wohl viel selbst.

So stellte sich Ann Kathrin eine typische Studentenwohnung vor, mit zusammengewürfelten Möbeln und ein paar Ikea-Regalen. Aber die edle Truhe und die teure Kommode passten nicht ganz ins Bild, ebenso wenig der Schreibtisch. Ann Kathrin Klaasen zeigte darauf: »Die haben Sie doch bestimmt von Ihrer Oma geschenkt bekommen.«

Er nickte. »Ja. Aber was wollen Sie eigentlich von mir? Glauben Sie etwa, ich hätte meine Oma umgebracht und bei Ihnen vor die Tür gelegt?«

»Von umgebracht war nicht die Rede«, hielt Ann Kathrin Klaasen fest.

Bastian Kühlberg bot ihnen keine Sitzplätze an, aber er erklärte sich: »Ich habe mit meinem Vater gesprochen. Sie glauben doch, dass jemand meine Oma ...«

»Ja, das glauben wir«, sagte Weller, um ihn zu verunsichern. Er mochte die selbstsichere Art des jungen Mannes nicht. Er kam sich ihm gegenüber irgendwie unterlegen vor. Vielleicht lag es an den vielen BHs.

Weller stellte sich gerade vor, dass er Frauen darauf ansprach, ob sie sich von ihm barbusig fotografieren lassen würden. Er wusste, dass er so etwas nicht bringen würde. Er hätte es als junger Mann nicht geschafft und jetzt erst recht nicht.

Vielleicht war das Ganze auch eine Lüge. Eine Show, nichts weiter. Vielleicht hatte er die BHs im Sommerschlussverkauf erstanden, und die Fotos waren nur Fotokopien aus Zeitungen und Zeitschriften. Mit ihrer stümperhaften Belichtung erinnerten die Fotos Weller allerdings eher an frühe Polaroid-Schnappschüsse als an Aufnahmen echter Profifotografen.

Weller fragte sich zum wiederholten Male, ob es als abgemacht zwischen ihm und Ann Kathrin galt, dass er heute Abend wieder mit ihr nach Hause gehen würde. Sollte er wieder bei ihr übernachten, oder musste er zurück in seine Wohnung? War es an der Zeit, die Zahnbürste zu holen und ein paar Kleidungsstücke?

Weil weder Ann Kathrin noch Weller etwas sagten, begann Bastian Kühlberg die Stille als unangenehm zu empfinden und plapperte drauflos: »Hören Sie, ich habe meiner Oma ganz sicherlich nichts getan. Im Gegenteil. Ich mochte sie. Ich habe sie mindestens einmal pro Woche besucht, meistens öfter.«

Ann Kathrin Klaasen unterbrach ihn ungläubig: »Na dann sind Sie aber eine löbliche Ausnahme. Ich kenne nicht viele junge Männer, die sich so sehr um ihre Omis kümmern.«

»Hm«, sagte Weller, »das Verhältnis von Ihrer Mutter zu Ihrer Oma war aber nicht das beste, oder?«

Bastian Kühlberg stöhnte und ballte die rechte Faust. »Waren Sie im Krankenhaus? Hat sie Ihnen das erzählt? Ich kann das nicht mehr hören! Die soll doch endlich aufhören mit diesen alten Kamellen!«

»Angeblich hat Ihre Oma Ihre Mutter früher angebunden und …«, begann Weller.

Bastian Kühlberg sah aus, als müsse er sich gleich übergeben. »Glauben Sie, meine Kindheit hat Spaß gemacht? Können Sie sich vorstellen, was das heißt, mit einer psychisch kranken Mutter aufzuwachsen? Die meiste Zeit saß die doch depressiv in der Ecke und weinte. Was immer in ihrer Jugend passiert sein mag, es ist verdammt lange her! Sie hat damit auch meine Kindheit und Jugend versaut, wenn Sie wissen, was ich meine!«

Ann Kathrin Klaasen wusste aus Erfahrung, dass man solche Aussagen nicht einfach stehenlassen durfte. Es ging immer ums Konkrete, ums Detail. Sie hatte gelernt, sich niemals mit allgemeinem Geschwätz zufriedenzugeben: »Nein. Was meinen Sie denn?«

Bastian geriet sofort aus dem Konzept. Alte Wut stieg in ihm hoch: »Die hat mich doch überhaupt nicht gesehen, sondern immer nur ihre Kindheit beweint. Ich bin mit dem Gefühl aufgewachsen, ich sei auf der Welt, um meine Mutter glücklich zu machen. Können Sie sich vorstellen, was das für ein Kind bedeutet? Welche Scheißverantwortung sie damit auf mich geladen hat? Es ging immer nur darum, sie einmal zum Lächeln zu bringen! Ihre Scheißangstgefühle hat sie auf mich übertragen. Nicht genug, dass sie sich nicht aus dem

Haus traute, o nein. Sie hat mir auch erzählt, wie furchtbar es draußen ist und wie gefährlich. Die Welt vor unserer Haustür bestand für mich aus wildgewordenen Massenmördern und Kinderschändern. Das Softeis war voller krankmachender Salmonellen, an jedem Stück Bratwurst klebte Blut, und ich schämte mich, schöne Klamotten zu tragen, weil man ja nie weiß, ob die von Kindern in der dritten Welt hergestellt worden sind! Ich bin in einem Albtraum groß geworden, Frau Kommissarin!«

»Und Ihr Vater?«, fragte Weller.

Bastian atmete aus, als hätte er einen zu tiefen Zug an einer starken Zigarette getan, dann hustete er: »Mein Vater, der ist doch jetzt noch völlig fixiert auf meine Mutter. Es geht nur um sie. Ich hab keine Ahnung, was der im Zusammensein mit ihr abbüßt. Normal ist das alles jedenfalls nicht. Ich bin froh, dass ich endlich meine eigene Bude habe und einigermaßen unbeschadet aus diesem Neurosenhaus rausgekommen bin. Wenn ich es gar nicht mehr aushielt, bin ich zu meiner Oma geflüchtet. Die war von allen die Normalste, wenn Sie mich fragen! Sie hat mich oft getröstet. Wir haben zusammen Filme geguckt und …«

Wasser füllte seine Augen. Er kämpfte nicht dagegen an und wischte die Tränen mit dem Handrücken achtlos weg.

Weller hielt die Zeit für gekommen, zum Generalangriff überzugehen: »Glauben Sie, dass Ihre Mutter etwas mit dem Tod Ihrer Oma zu tun hat? Haben Sie deshalb die Leiche vor Kommissarin Klaasens Haustür gelegt?«

Bastian blickte auf den Boden, als würde er dort die Antwort suchen. Als er wieder hochsah, hatte er einen irren Blick und lachte wie jemand, dem nicht zum Lachen zumute ist: »Sind Sie verrückt? Ich kenne die Kommissarin doch überhaupt nicht. Warum hätte ich das tun sollen?«

»Weil Sie nicht an einen natürlichen Tod geglaubt haben

und von dem lächerlichen Totenschein nicht überzeugt waren. Wussten Sie, dass Ihre Mutter Ihre Oma manchmal an den Stuhl fixiert hat?«

»Wenn ich dabei war, hat sie es nie getan«, antwortete Bastian Kühlberg.

»Hat Ihre Oma sich bedroht gefühlt?«

»Sie hat gesagt, dass alle sowieso nur auf ihren Tod warten, um an ihr Geld zu kommen. Aber da würden sie sich noch schwer wundern.«

»Was meinen Sie damit? Hat sie ein Testament gemacht? Ist Ihre Mutter enterbt worden?«

»Ich habe in ihrem Auftrag ein Testament verfasst.«

Weller spürte dieses Kribbeln auf der Haut, das manchmal die Lösung eines Falles ankündigte. »Sie haben für Ihre Oma ein Testament geschrieben? Was steht da drin?«

»Dass ich ihr Alleinerbe bin und meine Mutter und mein Vater nichts kriegen sollen.«

»Das geht nicht so einfach«, sagte Ann Kathrin Klaasen. »Ihre Mutter hat einen Pflichtanteil und …«

»Warum ist Ihre Oma nicht zum Notar gegangen, um so eine wichtige Sache …«

Bastian Kühlberg machte eine wegwerfende Geste: »Weil sie geizig war. Deswegen. Sie glaubte, es sei ihr Geld und sie könne damit machen, was sie wollte.«

»Wissen Ihre Eltern von dem Testament?«

Der junge Mann lachte: »Ich bin doch nicht blöd!«

»Wo ist das Testament?«

»Ich habe es hier.«

Er zog ein Buch aus dem Regal. Es war ein Bildband mit erotischen Fotografien. Darin befand sich zusammengefaltet auf einem einfachen Din-A4-Blatt das Testament.

Ann Kathrin Klaasen las es:

TESTAMENT

Hiermit erkläre ich, Regina Orthner, geborene Wilkens, geboren am 13. 12. 1933, im Vollbesitz meiner geistigen Kräfte, dass ich mein gesamtes Vermögen, insbesondere meine bei der Oldenburgischen Landesbank angelegten Gelder, meinem Enkel Sebastian Kühlberg vermache. Auf keinen Fall möchte ich, dass meine Tochter, Ulrike Kühlberg, oder ihr Mann, Ralf Kühlberg, davon profitieren.

Regina Orthner

»Wir werden prüfen müssen, ob die Unterschrift echt ist.«

Bastian Kühlberg lachte: »Wenn Sie keine anderen Sorgen haben, tun Sie das nur. Ich hab das Ding für sie am Computer geschrieben. Meine Oma war keine einsame Frau, die sie nicht mehr alle auf dem Zaun hatte, so wie meine Mutter es darstellt. O nein. Meine Oma hatte Freundinnen. Brieffreundinnen. Eine sogar in Amerika. Sie hat es ihnen allen mitgeteilt.«

»Sie wissen, dass Sie das schwer belastet?«, fragte Ann Kathrin Klaasen.

Bastian schüttelte den Kopf: »Aber Frau Kommissarin, glauben Sie wirklich, dass ich meine Oma umgebracht habe, um an ihr Geld zu kommen, das ich sowieso irgendwann erben würde? Das ist doch lächerlich.«

Er machte eine Geste, dass sie sich in der Wohnung umschauen solle. »Glauben Sie mir, es gefiel mir viel besser, dass mein Vater für mich löhnen musste. Muss er nämlich. Und das passt ihm überhaupt nicht.«

Bastian Kühlberg suchte gestenreich nach Worten. Ann Kathrin Klaasen und Weller schwiegen und sahen ihm zu.

»Meine Mutter hat ihre scheiß psychische Krankheit immer benutzt wie eine Waffe. Meinen Vater hat sie voll an der

Angel. Aber mich nicht mehr. Wenn ich eine Freundin hatte, wurde es immer besonders schlimm. Dann durfte ich nicht weggehen, sondern musste bei ihr bleiben, weil sie Angst hatte – fragen Sie mich nicht, wovor. Es war nichts Furchterregendes da. Sie kriegte schon Panikattacken, wenn ich nur erwähnt habe, dass ich möglicherweise am Wochenende auf eine Party wollte.«

Als Ann Kathrin Klaasen und Weller Bastian Kühlberg verließen, gingen sie eine Weile stumm nebeneinanderher. Sie stiegen nicht ins Auto, sondern machten einfach noch ein paar Schritte, als sei dies nötig, um das Gehörte zu verdauen. Dann sagte Weller: »Nette Familie. Reizende Leute.«

Ann Kathrin Klaasen nickte: »Ja. Sie leben alle im Krieg miteinander. Und jetzt haben wir ein Todesopfer.«

»Ich glaube nicht, dass der Junge es war. Vielleicht hat er seine tote Oma vor deine Tür gelegt, damit der Fall geklärt wird. Er glaubt, dass seine Mutter es war oder dass sein Vater es für seine Mutter gemacht hat. Mit dem Testament kommt er so nicht durch, aber eigentlich ist es doch ganz pfiffig. Wenn der Vater als Mörder überführt wird und die Mutter in der Psychiatrie landet, dann hat er alles für sich alleine. Dann ist er wirklich der Gewinner. Mörder dürfen ihre Opfer nicht beerben.«

Sie drehten um und gingen zum Auto zurück, aber bevor Ann Kathrin einstieg, trommelte sie mit den Fingern einen Takt aufs Autodach und bat Weller, sie noch einmal zur Wohnung von Frau Orthner zu fahren. Sie wollte dort allein sein. Alles auf sich wirken lassen und hineinspüren.

Weller kannte das von ihr. Es war, als würden die Tatorte ihr etwas erzählen, wenn sie dort allein Zeit verbrachte. Er wusste nicht, was sie wirklich dort tat, denn er hatte nie das Privileg, dabei sein zu dürfen. Aber manchmal war sie nach ein paar Stunden an so einem Ort mit einer Idee zurückgekommen, die zur Lösung des Falles führte. Schon oft hatten er und Rupert sich gefragt, warum sie die Dinge übersehen konnten. Aber Ann Kathrin Klaasen fand keine offensichtlichen Spuren. Sie nahm keine Fingerabdrücke. Sie erledigte nichts, was die Spurensicherung nicht längst getan hatte. Sie fing etwas auf, als trügen diese Orte einen Geist in sich. Eine Energie, die sie fühlen, ja vielleicht gar lesen konnte. Nie würde so etwas in einem ihrer Berichte auftauchen. Alles, was sie schrieb, war kühl und verantwortungsbewusst. Klare Fakten.

Er wäre zu gern dabei gewesen, doch obwohl sie die Intimität einer Nacht miteinander geteilt hatten, traute er sich nicht zu fragen. Dies hier war etwas anderes, ging weiter. Er hatte Angst, sie könnte sich durch ihn gestört fühlen.

Weller fuhr sie in den Auenweg Nr. 11. Vor der Tür sagte er: »Ich gehe hier unten auf und ab und warte einfach. Lass dir Zeit.«

Ann Kathrin sah ihn dankbar an. In diesem Moment spürte sie, dass er sie liebte.

Sie brach das Türsiegel und setzte sich oben in den Sessel, in dem Frau Orthner ein paar Tage gefesselt verbracht haben musste. Es war draußen noch hell, und das Licht reichte ihr völlig aus. Sie ließ ihren Blick durch den Raum schweifen und klammerte sich an den Stuhllehnen fest. Sie versuchte hineinzuspüren. Wie war das gewesen? Was hatte Frau Orthner hier gefühlt? Hatte sie gewusst, dass sie sterben würde? War es das erste Mal gewesen, dass sie sich in so einer Situation befand? Hatte sie noch Hoffnung gehabt? Wann war ihr klargeworden, dass ihre Tochter vergessen hatte, sie loszumachen, und vielleicht nicht rechtzeitig zurückkommen würde?

Ann Kathrin saß vielleicht eine halbe Stunde so. Was mochte sie mit ihrem Enkel besprochen haben, wenn er sie regelmäßig hier besucht hatte – falls das stimmte. Hatten sie zusammen gespielt, waren sie spazieren gegangen?

In dem Moment sah sie etwas. Es schien bedeutungslos. Da unten, unter dem Barockschreibtisch, gab es einen Internetanschluss, und ein Kabel hing heraus.

Ann Kathrin kroch ein Stück unter den Schreibtisch. Ja, ohne Frage, das war ein DSL-Anschluss. Aber wo war der Computer?

Auf dem Schreibtisch lag eine lederne Schreibunterlage, und es gab einen Brieföffner. Wenn auf der Tischplatte ein Computer gestanden hatte, dann musste er leicht gewesen sein, denn er hatte keine Druckspuren auf dem Leder hinterlassen.

Ann Kathrin Klaasen stellte sich vor, wie Frau Orthner in diesem Sessel gesessen und gespürt hatte, wie ihre Kräfte durch Durst und Hunger schwanden. Nur wenige Meter von ihr entfernt stand der Laptop mit funktionsfähigem Internetanschluss. Daneben das Telefon. Die Rettung war so nah gewesen und doch unerreichbar.

Warum hat sie nicht geschrien?, fragte Ann Kathrin Klaasen sich plötzlich. Komisch – muss ich über einen Internetanschluss und ein Telefon auf eine so naheliegende Frage kommen?

Sie ging runter zu Weller. Er war nur wenige Meter von der Tür weg, stand auf der anderen Straßenseite und war gerade dabei, seiner Nikotinsucht endlich nachzugeben. Er warf die Zigarette auf den Boden und wischte mit der Zunge über seine Zähne, als könnte er so den Nikotingeruch vertreiben. Er wollte Ann Kathrin in den Arm nehmen und mit ihr in den Distelkamp Nr. 13 fahren. Aber als sie näher kam, erkannte er schon an ihrer Körperhaltung, dass daraus vorläufig nichts werden würde.

Sie weihte ihn rasch ein.

»Okay«, nickte Weller. »Ich frag die Nachbarn. Es kann doch nicht sein, dass keiner einen Schrei gehört hat.«

»Und ich knöpf mir diesen Bastian nochmal vor«, versprach Ann Kathrin kampfeslustig. »Ich wette, er hat seiner Oma den PC eingerichtet.«

Als Bastian Kühlberg öffnete, war er barfuß, trug zu große weiße Boxerhorts mit knallroten Herzchen drauf und ein schwarzes Muskelshirt von Diesel. Als er sah, dass Ann Kathrin Klaasen allein war, lächelte er sie an, ließ sie augenzwinkernd in die Wohnung und sagte: »Ich dachte mir schon, dass Sie wiederkommen, um sich von mir fotografieren zu lassen. Die meisten tun erst ganz empört, und dann denken sie darüber nach, und es beginnt zu prickeln und lässt ihnen keine Ruhe. Und irgendwann stehen sie dann hier. Ihr Freund darf es natürlich nicht erfahren, Ihr Ehemann schon gar nicht und die Eltern natürlich auch nicht. Aber keine Sorge, ich bin verschwiegen.«

Ann Kathrin Klaasen ging an den aufgespannten BHs vorbei, schubste sie spielerisch mit der Hand an und sagte: »Sie sind doch nicht wirklich so dämlich zu glauben, ich sei deswegen gekommen? Dafür, dass Sie Ihre Oma so gern hatten, trauern Sie übrigens erstaunlich wenig.«

»Was wollen Sie von mir?«, fragte er.

Ann Kathrin hörte in der Küche jemanden mit Töpfen klappern. Es roch nach angebratenen Zwiebeln und Knoblauch.

»Ich glaube, es ist besser, wenn wir allein reden.«

Er winkte sie in sein Zimmer durch. Dort war ein Fotostativ aufgebaut, darauf eine Kamera.

Auf seiner Matratze saß ein Mädchen, unten ohne, nur mit T-Shirt bekleidet. Sie suchte rasch nach ihrem Slip und zog sich an.

»Äi, was bringst du die mit hier rein? Spinnst du?«

»Ich dachte, Sie fotografieren Mädchen oben ohne. Ist unten ohne ein neues Kunstwerk?«

Das junge Mädchen warf Ann Kathrin aggressive Blicke zu.

Bastian Kühlberg antwortete mit vor der Brust verschränkten Armen: »Genau. Ein zweites Kunstwerk. Unten-ohne-Fotos. Und ich klebe Schamhaare dazu. Auch wenn das nicht in Ihre Spießermoral passt, strafbar ist es nicht.«

Ann Kathrin zeigte auf das junge Mädchen. »Es sei denn, sie ist noch minderjährig. Darf ich mal Ihren Ausweis sehen?«

»Oh, Mann, äi«, stöhnte sie. »Du bringst mich nur in Schwierigkeiten!«

Sie sei mit ihren Eltern gerade erst aus dem Ruhrgebiet hier hochgezogen. Bastian war der interessanteste Junge, den sie bisher hier kennengelernt hatte.

»Ich hab meinen Ausweis nicht mit.«

»Das sollten Sie aber. Ich müsste Sie jetzt eigentlich mitnehmen, um Ihre Personalien festzustellen.«

Bastian Kühlberg hob die Arme und ließ sie demonstrativ wieder herunterfallen. »Was wollen Sie aus mir machen? Einen Mörder? Einen Testamentsbetrüger und einen, der Kinderpornographie macht? Haben Sie nur solchen Mist im Kopf?«

Irgendetwas stimmte Ann Kathrin Klaasen im Moment milde. Sie wusste selbst nicht, was es war. Vielleicht die Offenheit von Bastian.

»Warten Sie einen Moment draußen. Ich muss mit Ihrem Freund alleine reden.«

Das Mädchen wollte aus dem Zimmer huschen. Bastian versuchte sie festzuhalten.

»Ich bin nicht ihr Freund. Sag ihr, dass ich nicht dein Freund bin. Sag ihr, dass wir nichts miteinander haben. Ich fotografiere sie nur, Frau Kommissarin. Kapieren Sie das nicht?«

Wie um seine ehrlichen Absichten zu demonstrieren, öffnete er die edle Truhe und hob einen Stapel Schwarzweißfotos heraus. Es waren wirklich ausschließlich Unten-ohne-Fotos von schmalhüftigen Frauen oder jungen Mädchen. Auf keinem war das Gesicht zu sehen. Die Fotos begannen kurz über dem Bauchnabel und endeten ein paar Zentimeter über dem Knie. Jedes Foto war in einer schützenden Klarsichtfolie, und darunter klebten auch Schamhaare.

Ann Kathrin war wirklich nicht gekommen, um sich diese Fotos anzugucken, doch sie hatte das Gefühl, diese Kunstwerke jetzt irgendwie kommentieren zu müssen, bevor das Gespräch weiterging. Doch fiel ihr nichts weiter ein als: »Packen Sie das weg.«

Er tat es und berührte die Fotos so liebevoll und schichtete sie so sorgfältig übereinander, dass er Ann Kathrin Klaasen damit schon wieder fast für sich einnahm.

»Haben Sie etwas aus der Wohnung Ihrer Oma entwendet?«

»Ach, jetzt machen Sie mich auch noch zum Dieb?«

»Ihre Oma hatte einen Laptop. Wo ist der?«

Er zeigte ihn sofort vor. »Ja, meine Oma ist sehr modern gewesen. Sie hat immer gesagt, dass der Computer nach ihrem Tod mir gehören soll, weil ich schließlich ständig bei ihr war, um ihr alles einzurichten. Mit Viren ist sie nie fertig geworden, aber weil sie so viel im Internet herumsurfte, habe ich ihr immer wieder neue Virenschutzprogramme draufgezogen. Sie war eine leidenschaftliche E-Bay-Händlerin.«

»Ihre Oma hat Sachen über E-Bay verkauft?«

»Ja, allen möglichen alten Mist. Die hatten doch mal ein Antiquitätengeschäft. Leichter als über E-Bay ging es doch für meine Oma gar nicht. Ich musste dann immer die Sachen für sie einpacken und zur Post bringen.«

»Und das haben Sie als braves Enkelkind natürlich immer gerne gemacht.«

»O ja. Meistens hab ich die Hälfte vom Gewinn bekommen. Es ist immer was für mich dabei rausgesprungen! Meine Oma nannte mich liebevoll *Meinen kleinen Computerfachmann*. Wenn sie neue Computergeschäfte abgewickelt hatte, rief sie mich immer über Skype an.«

»Bitte was?«

Er zeigte Ann Kathrin Klaasen die kreisrunde Kamera, die oben auf dem Laptop festgeklammert war. »Ja, meine Oma mochte es, wenn wir uns beim Telefonieren ansehen konnten. Das hatte sie von ihrer Freundin in Amerika. Die haben immer über Skype telefoniert. Manchmal lief das Ding den ganzen Tag.«

Ann Kathrin musste an ihre eigene Videoüberwachungsanlage denken und an ihren Computer, in den sich jemand hineingehackt hatte. Jemand, der Ahnung haben musste. Genauso wie Bastian Kühlberg.

Konnte es sein, dass er in ihr System gehackt und es lahmgelegt hatte, bevor er seine tote Oma vor ihrer Tür ablegte? War seine forsche Art nur ein Versuch, ihr zu zeigen, wie unschuldig er sich fühlte?

»Und dann haben Sie den Computer einfach mitgenommen?«

»Ja, genau. Mein Vater hat mich angerufen, meine Oma sei gestorben. Ich bin natürlich sofort hingefahren und …«

»Wie haben Sie Ihre Oma aufgefunden? Beschreiben Sie mir die Situation.«

Bastian ließ sich auf die Matratze fallen, als sei die Frage zu viel für ihn, und reckte sich. Ann Kathrin Klaasen fand dieses Verhalten ihr gegenüber ungebührlich, sagte aber nichts dazu. Es war ihr egal, wie er sich aufführte, Hauptsache, sie bekam Antworten auf ihre Fragen.

»Dr. Wahl war bei ihr und stellte gerade den Totenschein aus. Mein Vater saß ziemlich aufgelöst im Wohnzimmer.«

»Hat er geweint?«

»Nein. Er wirkte eher erleichtert. Er mochte meine Oma nicht, das wissen Sie doch alles längst.«

»Und dann sind Sie auf die Idee gekommen, Ihre Eltern könnten etwas mit dem Tod Ihrer Oma zu tun haben. Sie haben den lächerlichen Totenschein mit dem Herzversagen gesehen und konnten sich nicht damit abfinden, dass niemand Ihre Eltern verdächtigte. Sie sollten nicht ungeschoren davonkommen. Deshalb haben Sie mir die Leiche vor die Haustür gelegt, stimmt's?«

Er tippte sich an die Stirn. »Gute Frau Kommissarin, ich habe ein schönes Leben. Mein Alter zahlt für mich das Studium, und von meiner guten Oma kriege ich mindestens fünf-, sechshundert pro Monat bar auf die Kralle dazu. Die schönsten Mädchen ziehen sich für mich aus. Sagen Sie mir einen Grund, warum ich mich so dämlich anstellen sollte? Wenn ich meine Eltern verdächtigen würde, warum sollte ich dann nicht einfach die Polizei anrufen?«

»Verdächtigen Sie Ihre Eltern denn nicht?«

Er sprang auf, ballte die rechte Faust und wendete sich zur Wand. Für einen Augenblick befürchtete Ann Kathrin Klaasen, er könne in einem Wutanfall mit seiner Faust gegen die Wand schlagen und sich die Hand dabei brechen. Er holte sogar schon aus. Doch dann stoppte er, drehte sich um und fragte: »Glauben Sie, Oldenburg hat keine Polizei? Ich hätte sie auch zur Polizeiinspektion im Friedhofsweg fahren und dort vor die Tür legen können.«

Ann Kathrin Klaasen überlegte einen Moment. War der Junge nur clever? Versuchte er ihr zu suggerieren, dass er dachte, die Leiche habe in Norden vor der Polizeiinspektion gelegen? Wusste er nicht genau, dass sie im Distelkamp 13 abgelegt worden war?

»Es wäre dumm gewesen, eine Leiche vor die Polizeiinspektion zu legen«, sagte sie. »Da wird man zu leicht erwischt.«

Er lachte höhnisch. »Irrtum. Vor der Inspektion gab es einen Zigarettenautomaten. Den haben sie inzwischen abmontiert, weil er so oft aufgebrochen wurde. Das war so eine Art Volkssport, um der Polizei zu zeigen, wie blind sie ist.«

Ann Kathrin Klaasen wusste nicht, ob das ein Märchen war oder der Wahrheit entsprach. Aber er sagte es voller Überzeugung.

»Ich muss den Laptop natürlich mitnehmen. Geben Sie mir alle nötigen Passwörter?«

»Warum sollte ich?«

Ann Kathrin Klaasen zuckte mit den Schultern. »Sie glauben doch nicht im Ernst, dass das ein Hindernis für uns ist? Unsere Spezialisten knacken die Festplatte in wenigen Minuten.«

»Ich weiß. Ich frag mich nur gerade, was Sie mit dem Laptop meiner Oma machen wollen. Kommen Sie mir jetzt bloß nicht damit, dass sie ihre E-Bay-Geschäfte nicht versteuert hat. Das macht doch kein Mensch.«

»Doch«, sagte Ann Kathrin Klaasen, »die Ehrlichen schon. Aber ich bin nicht von der Steuerfahndung.«

Er schrieb ihr das Passwort seiner Oma auf. Es hieß »Bastian«.

Ann Kathrin Klaasen hatte rote Wangen und fiebrige Augen, als sie Weller traf. Sie wedelte sich mit dem Laptop ein bisschen Luft zu. Für ihn sah sie aus, als hätte sie gerade einen Schnaps getrunken. Das war aber gar nicht so, in Wirklichkeit hatte sie eher einen nötig.

Sie wollte sich mit diesem Fall gar nicht länger beschäftigen, sondern zurück zu ihrem Sohn. Der war aber nun schon bei seinem Vater, und – was schlimmer war – bei Susanne Möninghoff. Ann Kathrin wusste nicht genau, wie der Tag weitergehen sollte. Sie fand, dass sie als Mutter sich jetzt zunächst um ihr Kind kümmern sollte, konnte sich aber nicht vorstellen, das gemeinsam mit Hero zu tun und schon gar nicht mit Frau Möninghoff. Ein bisschen schob sie Hero die Schuld für die ganze Sache zu. Warum gestattete er, dass sein Sohn am FKK-Strand fotografierte?

Weller hatte bei den Nachbarn nicht viel herausgefunden. Niemand hatte etwas gesehen oder gehört. Nur in einem waren sich alle einig: Frau Orthner war eine sehr herrische Frau, gewohnt, dass alles nach ihrem Willen lief. Sie ließ sich nichts gefallen. Mehrfach hatte sie die Polizei gerufen, weil ihr eine Geburtstagsparty zu laut war oder beim Grillfest der Qualm der Holzkohle durch ihr Wohnzimmerfenster in die Wohnung gezogen war. Ihr Enkel kam sie wirklich regelmäßig besuchen. Niemand hatte ihre Schreie gehört. Weller folgerte daraus, dass es gar keine Schreie gegeben hatte.

Ein Nachbar hatte erzählt, die gute Frau sei manchmal ausgeflippt. Er hatte angeblich einen ihrer Anfälle im Supermarkt miterlebt. Weil in ihrem Kartoffelnetz eine faule Kartoffel lag, sei sie völlig ausgerastet, hätte herumgeschrien und den Geschäftsführer verlangt.

Weller nahm Ann Kathrin in den Arm und schlenderte geradezu undienstlich mit ihr zum Auto zurück. Er machte im Gegensatz zu ihr ein paar tänzelnde Schritte und sagte: »Ann Kathrin, ich glaube, wir haben den Fall gelöst. Du kannst die Geschichte vergessen.«

Er flötete es ein bisschen zu sehr, so dass sie misstrauisch wurde. »Wie, gelöst?«

»Na ja, ich war bei ihrem Therapeuten. Diesem Dr. Andreas Blankenheim.«

»Und?«

»Er ist sich völlig sicher, dass Frau Kühlberg es getan hat. Sie muss ihre Mutter entsetzlich gehasst haben. Ihre Kindheit hat sie in Eiseskälte verbracht. Er hat ihr Elternhaus als eine

Art Kühlschrank mit Kasernenhofregeln beschrieben. Er sagt, es sei ein Wunder, dass sie die Frau nicht längst getötet habe. In gewisser Weise sei das Ganze ein Erfolg seiner Therapie … sagt er zumindest. Die Frau hat praktisch das Leben ihrer Tochter zerstört, durch eine irre strenge Erziehung. Sie wollte den Willen des Kindes brechen. *Kinderwille ist Kälberdreck* muss einer ihrer Lieblingssätze gewesen sein. Er hat mir von Ulrike Kühlbergs Mordphantasien erzählt. Die ersten Jahre in der Therapie ging es nur darum, dass sie sich dafür schuldig fühlte, was sie sich für Sachen ausgedacht hatte, um ihre Mutter umzubringen. Deshalb traute sie sich auch irgendwann nicht mehr vor die Tür, sie glaubte, die Menschen könnten ihr ansehen, was sie für Gedanken hatte. Sie wollte sie pfählen. Verbrennen. Häuten.« Weller winkte ab. »Ach, was hat der alles für einen Schweinkram erzählt.«

Ann Kathrin Klaasen blieb stehen. »Das hat der dir einfach so erzählt?«

»Ja, wir waren zusammen auf dem Gymnasium. Er war so ein kleiner, dicker Junge, der bei den Mädchen nie einen Stich gekriegt hat …« Weller schluckte, schielte zu Ann Kathrin und fragte sich, ob er mit seiner lockeren Redensweise jetzt nicht voll danebenlag. Dann fuhr er fort: »Also, ich meine, er hat nie eine Schnitte gekriegt, weißt du. Bis er sich dann darauf spezialisiert hat, Mädchen zu trösten, die Liebeskummer hatten. Darin war er total erfolgreich. So hat praktisch jeder irgendwann mal seine Ex an ihn abgetreten. Der war so eine Art Abstauber, weißt du …« Er lachte, spürte aber, dass seine Worte Ann Kathrin missfielen. Er wusste nicht, wie er aus der Situation herauskommen sollte, und hatte das bestürzende Gefühl, sich immer tiefer hineinzureden.

»Ach komm, was ist schon dabei«, entschuldigte er ihn. »Er hatte halt seine Masche. Wenn die Mädchen mit den tollen Typen Schiffbruch erlitten hatten, wurde so ein unansehnliches Kerlchen, das gut zuhören konnte, plötzlich zum Helden. Da mussten sie wenigstens keine Angst haben, dass eine andere ihnen den wegschnappt …« Weller lachte. »Dachten sie zumindest. In Wirklichkeit hat der immer mehrere gleichzeitig getröstet, der alte Schwerenöter. Kein Wunder, dass er Therapeut geworden ist. Der Beruf ist für den ein Superblatt. Grand Hand mit vier Bauern und allen Assen.«

»Und den hast du dann angerufen, und er hat dir am Telefon Auskunft gegeben?«

»Nein. Der wohnt doch hier gleich um die Ecke. Ich bin einfach vorbeigegangen. Ich hab mir die wichtigsten Sachen aus den Akten schon kopiert.« Weller stockte, weil ein Blick von Ann Kathrin ihn traf, der ihm fast Angst machte.

»Wenn wir das hier nicht sauber regeln«, stellte Ann Kathrin fest, »wird ihr Anwalt es uns später in der Luft zerreißen.«

»Ach, komm, Ann Kathrin, das ist doch nun wirklich eindeutig.«

»Es ist schon mancher freigekommen, weil wir zwar alle Beweise gegen ihn hatten, aber die vor Gericht nicht gewertet werden durften. Wir sind die Guten, Weller. Die anderen sind die Bösen. Wir halten uns an die Regeln, die anderen verstoßen dagegen. Das ist das Spiel.«

Er stellte fest, dass sie ihn wieder *Weller* und nicht mehr *Frank* genannt hatte. Er begann sich damit abzufinden, heute Nacht nicht bei ihr im Distelkamp in Norden schlafen zu können, sondern in seine Wohnung nach Aurich zurückfahren zu müssen.

Mist, dachte er. Diese Frau ist wirklich kompliziert. Erst läuft alles so gut, und dann … Er ärgerte sich über sich selbst. Wahrscheinlich hatte er es gerade voll vergeigt.

»Ach komm, Ann Kathrin, stell dich nicht so an. Das muss doch niemals jemand erfahren. Ich bin mit Blankenheim zusammen erwachsen geworden. Er hat meine abgelegten

Freundinnen gehabt. Da hält man sich nicht an den Dienstweg.«

Ann Kathrin fuhr ihn heftiger an, als sie wollte: »Du bist nie erwachsen geworden, Weller!«

Er hielt sie an den Schultern fest. Er wollte sie dazu bringen, ihm in die Augen zu sehen. »O. K., komm. Machen wir Schluss. Direkt jetzt, hier auf der Straße. Ist es das, was du willst?«

Sie antwortete nicht, starrte ihn nur an. Er fragte sich aber, ob er wirklich von ihr gesehen wurde. Oder lief in ihrem Kopf gerade ein ganz anderer Film ab?

»Ich hab dich nicht mit diesem Busenwunder betrogen, sondern Hero.«

»Das weiß ich. Warum sagst du das jetzt?«

»Weil du mich dafür büßen lässt, und da hab ich keine Lust drauf.«

Er ließ sie stehen und ging zum Auto. Sie lief hinter ihm her. Er beschleunigte seine Schritte.

»Verzeih mir«, sagte sie. »Ich hab die Nerven blank. Das mit meinem Sohn wurmt mich unheimlich. Ich weiß nicht, was ich machen soll, und ich ...«

Er nahm sie in den Arm und drückte sie an sich. »Diesen Fall hier haben wir praktisch gelöst, Ann Kathrin. Die Mörderin ist auf Nummer sicher im Krankenhaus. Ich mach dir einen Vorschlag: Wir kümmern uns heute Abend um gar nichts. Weder lassen wir uns den Rest des Tages von deinem Sohn nehmen noch von irgendwelchen juristischen Spitzfindigkeiten. Wir fahren jetzt zu dir, kochen was Schönes und dann ...«

»Ich kann doch meinen Sohn jetzt nicht so einfach ...«

»Morgen ist auch noch ein Tag. Und das Leben geht weiter. Wenn man einmal zwischendurch Luft holt, wird alles viel leichter.«

Ann Kathrin spürte, dass er recht hatte. Was passiert war,

war passiert. Und das Leben musste nicht an einem einzigen Tag stattfinden. Sie wollte mit Frank Weller nicht die gleichen Fehler machen wie mit ihrem Mann und ihrem Sohn.

»Vielleicht hast du recht«, sagte sie. »Aber ich weiß nicht, ob ich es jetzt schaffe, mich auf etwas anderes zu konzentrieren als …«

Er unterbrach sie. »Als was? Als deine Mutterpflichten? Oder deinen Brotberuf? Du bist eine gute Kommissarin, Ann Kathrin. Und glaub mir, ich wär froh gewesen, wenn ich so eine klasse Mutter gehabt hätte. Oder so eine super Frau.«

»Dafür kennst du mich noch nicht lange genug, Weller«, protestierte sie. Trotzdem taten seine Worte ihr gut.

Noch im Auto beschlossen sie, ein ganzes Menü zu kochen. Ann Kathrin befürchtete, dafür gar nicht genug im Haus zu haben, doch Weller bezeichnete sich beim Kochen als Improvisationsgenie. »Wir nehmen das, was da ist. Und ich wette, es reicht für drei Gänge.«

Das gemeinsame Kochen wurde immer mehr zu einem sinnlichen Vorspiel. Die liebevolle Art, wie sie die Möhren putzte, als hätte sie Angst, sie zu zerstören, gefiel ihm. Er sah zu, wie ihr Messer durchs Filet glitt. Er würfelte Zwiebeln, und die Tränen in seinen Augen setzten seiner Männlichkeit einen weichen Glanz auf.

Sie ließ ihn von den Shrimps probieren und stülpte dabei selbst die Lippen vor, als ob sie die Meeresfrüchte nicht in seinen, sondern in ihren Mund schieben würde.

Zum ersten Mal in seinem Leben schlug er mit einem Schneebesen Sahne für einen Nachtisch. Es wäre ihnen beiden wie ein Sakrileg vorgekommen, eine Küchenmaschine zu benutzen. Es ging ja gerade darum, das hier selbst zu machen, mit Messern, Löffeln und Schneebesen. Die Speisen in den Händen zu spüren. Sie zu riechen. Zu schmecken. Sogar von dem rohen Fleisch probierte sie, indem sie den Kopf in den Nacken legte und eine dünne Scheibe anknabberte.

Die Heißluft aus dem Backofen heizte die Küche auf. Die Fischsuppe blubberte schon auf dem Herd.

Weller krempelte seine Hemdsärmel auf und öffnete zwei Knöpfe am Kragen. Sein weißes Feinrippunterhemd von Schiesser wurde sichtbar. Ann Kathrin rührte die Fischsuppe um und beugte sich vor, um sie mit einem Schluck aus dem Holzlöffel zu probieren.

Er stieß sie versehentlich an. Die heiße Suppe patschte auf ihren Oberschenkel. Eine Muschel, ein paar Streifen Paprika und ein Stück vom Seehecht klebten auf ihrer Jeans.

Sie kreischte, als hätte sie sich verbrannt, und pellte sich augenblicklich aus der Jeans. Weil das Kochen in die heiße Phase überging und jetzt alles gleichzeitig geschehen musste, schoss sie die Jeans einfach mit den Füßen zur Seite.

Er hatte Mühe, sich auf seine Arbeit zu konzentrieren, denn sie bückte sich und holte unten aus dem Schrank zwei Dessertschüsselchen. Sie trug einen schlichten weißen Slip, doch es war für Weller, als hätte er nie schärfere Dessous gesehen.

Weller scheiterte bei dem Versuch, eine Weinflasche zu entkorken. Er kam sich blöd vor. Er hatte den Korken in mehrere Teile zerbröselt, und ein Stückchen davon steckte hartnäckig im Flaschenhals fest. Ann Kathrin nahm ihm die Weinflasche aus der Hand und lächelte ihn vielsagend an, als seien Männer sowieso zu dumm, Weinflaschen zu öffnen, und dies sei deshalb grundsätzlich seit Generationen Frauensache.

Die Flasche zwischen sich, begannen sie zu knutschen. Obwohl sie beide einige Jahre verheiratet gewesen waren und Kinder hatten, kam es ihnen so vor, als hätten sie seit ihrer Pubertät nicht mehr so hingebungsvoll Zungenküsse ausgetauscht.

Weller hatte Angst, zu sehr herumzusabbern, und schluckte seinen Speichel hinunter. Dann warf Ann Kathrin den modernen Korkenzieher mit Flügeln und Gewinde achtlos auf die Spüle. Sie tat es ein bisschen zu schwungvoll, denn er krachte gegen das benutzte Kochgeschirr. Sie fischte einen ganz ordinären Korkenzieher aus der Schublade. Ein altes Teil von ihrem Vater.

Sie klemmte die Weinflasche zwischen ihre Oberschenkel, drehte vorsichtig das Gewinde in den Korken und zog ihn mit einem quietschenden Ton heraus.

Sie begannen mit dem Dessert, aßen dann das geschnetzelte Fleisch aus dem Wok und zum Schluss die Fischsuppe.

Weller schwitzte beim Essen der Suppe. Vielleicht hätte ich ein bisschen weniger Chili nehmen sollen, dachte er. Aber Ann Kathrin löffelte ihre Schale gierig aus und holte sich einen Nachschlag. Dabei wollte Weller sie nicht allein lassen.

Sie gossen sich die Weingläser noch einmal voll, räumten das Geschirr nicht ab und ließen die Töpfe einfach stehen.

Soso, dachte er. Es reicht wohl nicht, wenn ich dir eine Leiche vor die Tür lege. Du nimmst dir einen Kerl mit nach Hause und amüsierst dich mit dem. Was muss ich noch tun, damit du endlich anfängst zu ermitteln?

Er hatte einen schalen Geschmack im Mund. Er lutschte die extrastarken Fisherman's Friend Eukalyptus-Menthol-Pastillen. Er liebte diese Werbung: *Wenn sie zu stark sind, bist du zu schwach.*

Er wollte nie wieder schwach sein. Nie wieder. Statt kontrolliert zu werden, wollte er die Dinge unter Kontrolle haben. Die scharfen Lutschpastillen brannten auf seiner Zunge. Er beneidete die zwei um ihren Genuss, und er hasste Weller dafür. Ann Kathrin Klaasen konnte er nicht hassen. Ihr fühlte er sich auf eine unheimliche Weise verbunden. Sie sollte ihm helfen, die gerechte Ordnung wiederherzustellen.

Aber wie konnte Weller es schaffen, mit so verzücktem Lächeln eine Fischsuppe zu löffeln? Er hatte kein Verständnis für dieses ganze Gourmetgetue. Für ihn schmeckte im Grunde fast alles gleich. Es gab nur wenige Unterschiede, die er spürte. Heiß und kalt. Ansonsten gab es nur noch scharfes Essen, oder es schmeckte eben neutral. Nach gar nichts. Die anderen Menschen hatten da etwas, das er gar nicht kannte oder das ihm in früher Kindheit verlorengegangen war. Er wusste es nicht genau. Er trauerte dem nicht hinterher. Er doch nicht! Aber so groß, wie er Weller jetzt im Bildausschnitt sah, hätte er reinschlagen können.

Er zoomte ihn heran. Machte der das nur, um die Frau herumzukriegen? Oder war wirklich irgendetwas Besonderes an dieser scheißwarmen Fischsuppe? Fisch war eklig. Glitschig. Fing an zu stinken, wenn er eine Weile lag. Und konnte einen fast umbringen, wenn er überm Verfallsdatum war.

Weller folgte Ann Kathrin ins Schlafzimmer. Sie legten sich nebeneinander ins Bett, jeder hielt dabei sein Weinglas in der Hand, und Weller kämpfte gegen die Luft in seinem Darm an.

Er ließ zwei Finger von ihrem Bauchnabel an über ihren Oberkörper spazieren und ahnte, dass sie beide jetzt viel zu satt und vollgefressen waren für das, was sie eigentlich vorhatten.

Sie tat gar nichts und ließ ihn einfach machen. Hieß das, sie hatte keine Lust? Es verunsicherte ihn ein bisschen, wie still sie dalag und nur ab und zu an ihrem Weinglas nippte. Er mochte es, beim Sex über Sex zu reden, es machte ihn scharf, die Dinge beim Namen zu nennen. Mit seiner Exfrau war das nur selten möglich gewesen, nur ganz zu Anfang ihrer Beziehung. Danach waren sie zu schweigsamem, verbissenem Sex übergegangen. Da hatte aber schon die große Langeweile zwischen ihnen eingesetzt.

Weller streichelte mit seinen Fingern vorsichtig ihre Lippen und flüsterte: »Sag mir was Schmutziges. Komm, ich steh drauf.«

Sie stöhnte wohlig, rollte sich zusammen wie eine Katze und brachte ihre Lippen ganz nah an sein Ohr. Er konnte ihren Atem spüren, und ein Schauer lief über seinen Rücken.

»Ich soll dir schmutzige Sachen sagen?«

»Ja, komm. Das macht mich geil.«

Sie brauchte einen Moment, dann hauchte sie es in sein Ohr: »Küche.«

Er verstand zunächst nicht. Dann, sie bog sich bereits vor Lachen im Bett, fand auch er es lustig, fühlte sich aber ein bisschen verspottet. Ratlos setzte er sich auf und spielte mit seinem Weinglas.

Sie konnte einfach nicht aufhören zu lachen und giggelte: »Entschuldige bitte, aber ich konnte mir den Gag jetzt nicht entgehen lassen. Er ist einfach zu gut!«

Sie lachte über ihren eigenen Witz Tränen. Ihre Lebensfreude sprang auf ihn über, und es war plötzlich gar nicht mehr wichtig, ob sie noch Sex miteinander hatten oder nicht.

Der Bildausschnitt stimmte hier nicht. Das machte ihn rasend. Er konnte Schlampigkeit nicht leiden. Schon gar nicht bei sich selbst, da war er gnadenlos. Er sah nur einen Teil vom Doppelbett, darin lagen sie aber nicht.

Er würde noch einmal einsteigen müssen, um die Kamera im Schlafzimmer neu zu justieren. Er hatte sie fast unsichtbar im Koffer auf dem Schlafzimmerschrank angebracht. Sie würde das Ding höchstens bei ihrem nächsten Urlaub bemerken oder wenn sie eine Reise plante. Aber so bald würde es für sie keinen Urlaub geben. Dafür sorgte er schon.

Wussten sie, dass er ihnen zusah? Machten sie sich einen Spaß daraus, ihn zum Narren zu halten? War das da das Knie von Ann Kathrin oder von Weller?

Er knirschte mit den Zähnen. Das Geräusch tat gut. So spürte er sich wenigstens. Er hatte das früher oft getan, wenn er gar nicht mehr weiterwusste und kaum noch eine Gegenwehr möglich war. Dann blieb ihm wenigstens noch das Knirschen mit den Zähnen.

Einige hatten es nachts im Schlaf getan, wenn die Albträume sie plagten. Aber er machte es am Tag, ganz bewusst, setzte es ein wie eine Waffe.

Was muss ich tun, um ihr genauso nah zu sein wie dieser Depp, dachte er.

Komisch, er hatte sie gar nicht für so primitiv gehalten. Dass sie an solcher Bettgymnastik Spaß fand, konnte er sich gar nicht vorstellen. Hatte er sie doch falsch eingeschätzt? War sie nicht die Richtige?

Im *Ostfriesischen Kurier* hatte sich das alles ganz anders gelesen, so als sei sie eine kluge, gebildete Frau.

Sie kennt sich aus mit den Abgründen der menschlichen Seele hatte Holger Bloem geschrieben. War sie jetzt selbst zur animalischen Seite übergelaufen? Hatte diese tierische Gier sie übermannt? Nur fressen und ficken? Wo war die feinsinnige, gebildete Frau geblieben?

Er stellte sich vor, dass sie allein wohnte und ihren Mann rausgeschmissen hatte, weil sie nicht mehr diese lächerlichen Verrenkungen im Bett mit ihm machen wollte. Dieses Gelutsche und Gewürge, dieser Austausch von Körperflüssigkeiten, dieses alberne Herumgerammle machte ihn rasend. Es enttäuschte ihn schwer, sie so zu sehen. Er wollte nicht, dass sie auch dazugehörte.

Vielleicht, dachte er, rutscht jemand irgendwann zur dunklen Seite herüber, wenn er sich zu lange damit beschäftigt. Vielleicht musste er sie wieder zum Licht ziehen. Sollte er ihr Erzieher werden?

Hör endlich auf, dachte er. Schau dir endlich an, was im

Laptop auf dich wartet. Tu deine Arbeit, statt hier mit dem Typen rumzumachen!

Später holte Weller die Weinflasche ins Schlafzimmer, weil sie ihre Gläser leergetrunken hatten. Sie lagen nebeneinander. Inzwischen waren sie nackt und erzählten sich von ihren sexuellen Katastrophen. All die kleinen Niederlagen und Kränkungen wurden plötzlich zu einem Riesenwitz. Jeder versuchte, den anderen zu übertreffen, und wusste noch ein peinlicheres Erlebnis zu berichten.

Er erzählte von seinem ersten Mal, als er es vor Nervosität nicht schaffte, sich das Gummi überzuziehen, und als seine Freundin ihm half, löste sie damit aus, was eigentlich erst zum Ende ihres Liebesspiels geschehen sollte und nicht gleich zu Anfang.

»Das ist noch gar nichts«, lachte Ann Kathrin. »Hero hat mal …« Plötzlich hielt sie inne. Etwas war falsch gelaufen. Sie hatte eine unausgesprochene Regel gebrochen. Das hier ging nicht. Sie hatte einen Namen genannt. Sie sprachen über ihre eigenen Niederlagen und Missgeschicke. Dies hier bekam einen anderen Beigeschmack. Da sollte jemand vorgeführt werden.

Sie wusste sofort, dass es falsch war. Wenn sie jetzt über Hero herzog, wer garantierte Weller dann, dass sie nicht demnächst so über ihn sprechen würde? Nein, damit musste man sorgfältiger umgehen. Sie brach ihren Satz ab, suchte nach einem Ausweg. Weil ihr zunächst keiner einfiel, nahm sie einen Schluck Wein, dann sagte sie: »Ach, ist ja auch egal, den Typ wollte ich sowieso vergessen.«

Dann gingen beide in die Küche, entkorkten noch eine Flasche Wein und putzten und räumten auf. Das Ganze war ein Riesenspaß, und es tat beiden fast leid, als die Küche wieder sauber und aufgeräumt glänzte. Irgendwie hatte das Essen dadurch seinen Zauber verloren. Weller mochte es, wenn Töpfe herumstanden und es nach frischem Essen roch. Nur die Fischsuppe stand noch auf dem Herd und der Wok voller Fleisch.

Ann Kathrin schwang sich auf die Arbeitsplatte, wippte mit ihren Beinen und sagte: »Es ist schön mit dir, Frank. Ich werde das verdammt vermissen, wenn es mal vorbei ist.«

Er schluckte. »Das ist hier kein Ende, Ann Kathrin. Das hier ist ein Anfang.«

Gegen halb zwei Uhr morgens hielt Ann Kathrin es nicht mehr aus. Sie lag wach neben Frank Weller. Er schlief tief und atmete regelmäßig. Sie fühlte sich schuldig, weil sie sich nicht mehr um Eike gekümmert hatte. Am liebsten wollte sie das jetzt sofort tun, doch die Uhrzeit verbot jeden noch so kleinen Versuch, ihren Sohn zu erreichen. Trotzdem konnte sie nicht mehr schlafen. Sie musste jetzt irgendetwas tun. Wenn schon nicht für Eike, so wollte sie wenigstens im akuten Fall weiterkommen.

Sie stand auf, huschte in die Küche und brühte sich einen Kaffee auf. Am liebsten hätte sie sich noch etwas von der Fischsuppe heißgemacht, aber sie bremste sich. Nein, sie wollte nicht zunehmen. Sie wollte schlank und schön sein, und außerdem hätte das Klappern von Geschirr Weller garantiert geweckt.

Wie oft hatte sie im Bett gelegen und war wach geworden, weil Hero für sie und Eike den Frühstückstisch deckte? Das Geräusch von Geschirr, das auf den Tisch gestellt wurde, hatte immer etwas Vorwurfsvolles an sich für den, der noch schlief, fand sie.

Ann Kathrin stand barfuß auf den Steinfliesen. Die Kühle des Fußbodens tat ihr gut. Dennoch wollte sie sich mit dem Kaffee und dem Laptop von Frau Orthner ins Wohnzimmer setzen, um bequem die Füße hochlegen zu können. Dabei kam sie am Garderobenspiegel vorbei. Das Mondlicht schien zum Fenster herein. Sie betrachtete sich und fragte sich plötzlich, was Weller wohl an ihr fand. Sie fühlte sich viel zu dick, und jetzt hatte sie auch noch so viel gegessen … Sie wölbte ihren Bauch vor. Sie wusste natürlich, dass sie nicht schwanger war, aber sie fand, sie sah aus wie im vierten Monat. Endlich wurde sie wieder geliebt, doch sie fühlte sich hässlicher denn je.

Ich sollte definitiv abnehmen, dachte sie. Und ich muss dringend mal wieder zum Friseur. Ich muss aufhören, diese schrecklich weiten Pullover zu tragen, und einfach wieder mehr aus mir machen.

Mit dem Passwort *Bastian* hatte sie sofort Zugriff auf alle Daten. Sie fand ein paar hundert E-Mails. Bastian Kühlberg schien die Wahrheit gesagt zu haben. Seine Oma hatte Freunde und Freundinnen in der ganzen Welt. Mit einigen schrieb sie sich, mit den anderen telefonierte sie. Manchmal ging es um Antiquitäten, dann wieder darum, wie schlecht die Jugend heute war und wie gut es doch in den alten Zeiten gewesen war.

Ein Weltbild wurde sichtbar, aber nichts besonders Auffälliges.

Ann Kathrin klickte im Menü auf *Verlauf* und überprüfte die Websites, die Frau Orthner im World Wide Web besucht hatte. Es waren fast siebzig gespeichert. Die alte Dame musste täglich mehrere Stunden am Computer verbracht haben, praktisch bis zu dem Zeitpunkt, als sie an den Stuhl gefesselt wurde.

Wonach hatte sie im Netz gesucht? Es gab keine klare Richtung. Sie interessierte sich für Museen und Kunst, für kirchliche Foren und theologische Fragen, für Krebsmedikamente und Betten, in denen man sich angeblich gesundschlafen konnte.

Dann sah Ann Kathrin sich Frau Orthners digitales Fotoalbum an. Merkwürdig, dachte sie, dass Frau Orthner in ihrem Alter Fotos im Computer hat. Ihr selbst war das komisch. Sie brauchte immer Ausdrucke. Sie wollte richtige Bilder in den Fingern haben. Was nur digital gespeichert war, existierte für Ann Kathrin nicht wirklich. In dieser Frage fühlte sie sich einer anderen Generation zugehörig. Sie wollte Fotos in der Hand halten, sie anschauen und sie in ein Album kleben.

Als sie das Fotoalbum öffnete, erschrak sie so sehr, dass sie ihren Kaffee verschüttete. Ein paar Tropfen fielen sogar auf die Tastatur des Laptops. Schnell versuchte sie, alles abzuputzen.

Ihr Sohn Eike hatte mal ein Glas Cola über die Tastatur von seinem Laptop gegossen, was zum wirtschaftlichen Totalverlust des Computers geführt hatte.

Die Entdeckung war so grauenhaft, dass Ann Kathrin den Laptop am liebsten von ihren Knien gestoßen hätte. Die Bilder dokumentierten den Tod von Frau Orthner. Auf den ersten Fotos sah sie noch empört aus. Sie riss die Augen auf und schimpfte, saß aber schon, an Hand- und Fußgelenken gefesselt, auf dem Stuhl. Die weiteren Fotos zeigten ihren zunehmenden körperlichen und seelischen Zusammenbruch.

Auf einem Bild war nur noch das Weiße in ihren Augen zu sehen, auf dem letzten hing ihr Kopf kraftlos nach unten, so als läge sie bereits im Koma.

Ann Kathrin hob den Computer vorsichtig hoch und stellte ihn auf den Wohnzimmertisch. Sie wischte sich über ihre Oberschenkel, als müsse sie die Energie, die der Laptop dort hinterlassen hatte, von ihrem Körper entfernen.

Wer hatte diese Frau so sehr gehasst, dass er ihren langsamen Tod dokumentierte? Der Täter wollte offensichtlich, dass die Bilder gefunden wurden, sonst hätte er sie nicht auf dem Computer hinterlassen. Oder hatte Bastian Kühlberg den Laptop gestohlen, damit niemand die Fotos fand? Warum hatte er sie nicht sofort gelöscht, wenn er von ihnen wusste?

War der Täter die ganze Zeit zusammen mit Frau Orthner in der Wohnung gewesen und hatte sie alle paar Stunden geknipst? Oder war er immer wieder zurückgekommen, um ein neues Bild zu machen? Wie waren die Bilder überhaupt auf den Computer gekommen? Hatte er sie von Ferne überspielt oder sie mit einem USB-Stick einfach aufgeladen? Wem wollte der Täter was damit beweisen? War das Ganze eine Machtdemonstration?

Ann Kathrin lief ins Schlafzimmer und weckte Weller. Sie sagte nichts. Sie schüttelte ihn nur. Er schien das misszuverstehen, denn er sagte mit trockenem Mund: »Ich kann nicht mehr, Ann Kathrin. Du hast mich geschafft. Ich bin keine siebzehn mehr.«

»Komm einfach mit. Ich muss dir was zeigen. Schnell.«

Sie fragte sich, warum sie ihn zur Eile trieb. Es war mitten in der Nacht, und die Bilder liefen schließlich nicht weg. Trotzdem wollte sie ihm die Fotos sofort zeigen und keine Sekunde Zeit verlieren. Es war, als müsse er ihr bestätigen, dass es diese Dinger wirklich gab. Das alles war so ungeheuerlich, sie musste den Anblick mit jemandem teilen, um ihn verarbeiten zu können.

Ann Kathrin zerrte Weller aus dem Bett und zog ihn am Arm hinter sich her ins Wohnzimmer. Er versuchte sie zu bremsen, stolperte über den Teppich und ließ sich dann in den Sessel fallen, in dem sie vorher gesessen hatte, mit Frau Orthners Laptop auf den Beinen.

Der Bildschirm war schwarz. Sie drückte auf die Leertaste, um das Display wieder zu beleuchten. Doch nichts geschah. Sie tippte noch zweimal schnell hintereinander, dann wurde ihr klar, was passiert war.

Weller, noch ganz verschlafen, kapierte nicht, was sie ihm zeigen wollte.

Sie sprudelte los wie zu warmer Sekt, wenn der Korken den Flaschenhals verlässt: »Die ist fotografiert worden! Die Bilder sind hier drauf, ich hab sie gesehen! Mindestens ein Dutzend. Der Täter hat ihr langsames Sterben dokumentiert!«

Es waren nicht so sehr die Worte, die sie sagte, sondern mehr die Aufgeregtheit, mit der sie es tat, die Weller restlos wach machte und sofort zur Aktion brachte. Er versuchte nun seinerseits, den Laptop in Gang zu setzen.

Er schaute auf den schwarzen Bildschirm. »Beruhig dich erst mal, Ann.«

Sie schüttelte den Kopf und deutete auf ihre Kaffeetasse. »Nein. Ich … ich fürchte … ich glaube, ich hab's versaut.«

»Wie meinst du das?«

»Ich hab aus Versehen Kaffee über die Tastatur geschüttet.«

Er blickte sie fassungslos an. Sollte das ein Scherz sein?

»Ich hab noch alles weggetupft, aber es müssen wohl Tropfen zwischen den Tasten gewesen sein, und jetzt ist alles …«

»Bist du dir sicher, dass du gesehen hast, was du gesehen hast?«

»Natürlich.«

»Wenn die Fotos auf der Festplatte gespeichert sind, können wir sie uns auch ansehen.«

Ann Kathrin stampfte zornig mit dem Fuß auf. Sie war sich lange nicht mehr so dämlich vorgekommen.

Ich habe alles falsch gemacht, dachte sie. Erst nehme ich ein wichtiges Beweismittel mit nach Hause, statt es abzuliefern, dann hantiere ich stümperhaft daran herum und gieße auch noch Kaffee darüber. Die Kollegen werden sich kaputtlachen.

»So was kann jedem mal passieren«, sagte Weller.

»Wir müssen Charlie wecken.«

Weller atmete tief durch. »Nein, Ann Kathrin, das müssen wir nicht. Ich mach dir mal einen Vorschlag: Wir pennen uns jetzt aus, und morgen früh gibst du den Laptop einfach bei Charlie ab und sagst ihm, er soll die Festplatte für uns knacken. Wir brauchen die Fotos.«

»Ich hab das Ding einfach angefasst.«

»Ich auch«, sagte Weller, und ihm wurde klar, dass sie damit möglicherweise die Fingerabdrücke des Mörders verwischt hatten. Eine schlimmere Situation war für ihn als Kriminalbeamten kaum denkbar. Wer so etwas machte, blamierte die ganze Innung. Er wurde jetzt schon wütend, wenn er an Ruperts Gesicht dachte.

Ann Kathrin spürte, dass Weller sie schützen wollte, und das rührte sie an. Sie konnten nichts machen, doch sie waren beide so wach und voller Adrenalin. Da sie nicht wussten, wohin mit ihrer Energie, begaben sie sich beide in die Küche. Zunächst begannen sie, von den Resten zu naschen. Dann räumten sie die Spülmaschine aus, und Weller schrubbte den Wok mit einer Bürste sauber.

Dann war Willi plötzlich in der Küche, die Katze von Sylvia Kleine.

Weller mochte eigentlich keine Katzen, doch er hob Willi mit seinen nassen Händen hoch und kraulte ihn. Das ist typisch Ann Kathrin, dachte er. Sie überführt die Mörderin und kümmert sich dann um deren Haustiere.

Es war nicht einfach nur Sex. Nein, er liebte diese Frau, weil sie sich in all diesem Chaos und Wahnsinn den Luxus einer Menschlichkeit bewahrt hatte, die andere höchstens zum Grinsen fanden.

Es war fast drei Uhr, als sie schlafen gingen. Sie knutschten nicht mehr. Sie kuschelten sich einfach aneinander und schliefen ein.

Damit es für die Kollegen nicht so auffällig wurde, fuhren sie mit zwei Autos nach Aurich zur Polizeiinspektion am Fischteichweg. Ann Kathrin nahm den direkten Weg, Weller kam eine halbe Stunde später, denn er musste erst zu sich nach Hause. Er brauchte ein paar frische Sachen.

Zu Hause packte er sich einen kleinen Koffer. Drei Hemden, ein bisschen Unterwäsche. Zahnbürste und sein eigenes Shampoo. Er wollte gerüstet sein für weitere Übernachtungen bei Ann Kathrin. Er beschloss, es so dezent wie möglich anzugehen. Er konnte jetzt schlecht mit dem Koffer bei ihr auftauchen, aber er wollte frische Wäsche zum Wechseln im Kofferraum haben.

Ann Kathrin hatte den Laptop bereits bei Charlie Thieketter abgegeben und fühlte sich im Büro von Rupert kritisch beobachtet. Am liebsten hätte sie ihn gefragt, ob er so dämlich guckte, weil er riechen konnte, dass sie eine Affäre mit Weller hatte, oder ob es was mit ihrem Sohn zu tun hatte. Aber sie fragte nicht.

Hero ging mal wieder nicht ran, weil er eine Klientin hatte. Stattdessen hob Susanne Möninghoff ab. Ihre Stimme war zunächst verbindlich-freundlich. Spielte sie jetzt die Sekretärin für ihn?

Als Susanne Möninghoff hörte, wer am Apparat war, verlor ihre Stimme alle Wärme und bekam einen eisigen, distanzierten Unterton. »Er kann jetzt nicht. Sie rufen innerhalb der Sprechstunde an. Ich werde ihm sagen, dass er Sie zurückrufen soll, sobald er Zeit hat.«

O nein, so ließ sie sich nicht abspeisen. Hier wurden ja Wertigkeiten festgelegt. Seine Termine waren wichtiger als ihre. Sie musste zur Verfügung stehen, wenn der Herr mal Zeit hatte.

»Bitte geben Sie mir meinen Mann. Es geht um unseren Sohn«, sagte Ann Kathrin Klaasen hart.

»Hero weiß Bescheid. Wir haben alles schon gestern Abend besprochen.«

Ann Kathrin wurde jetzt doch lauter, obwohl sie sich so sehr vorgenommen hatte, die Ruhe zu bewahren: »Na, das ist ja reizend! Sie haben schon alles gestern Abend besprochen?! Aber *ich* möchte es gerne mit ihm besprechen! Ich bin die Mutter, und er ist mein Mann.«

»Er war Ihr Mann. Jetzt wohnt er bei mir. Wir sind ein Paar, Frau Klaasen. Finden Sie sich doch bitte damit ab. Das hier ist nicht irgend so eine kleine, schmutzige Affäre. Er wird nicht eines Tages reumütig zu Ihnen zurückkommen. Er hat sich für mich entschieden. Je eher Sie das akzeptieren, umso besser für alle Beteiligten.«

»Schön. Sind Sie fertig? Kann ich dann jetzt meinen Mann sprechen?«

»Ich sagte Ihnen doch, er hat eine Klientin. Wenn Sie als Ehefrau auch so wenig Verständnis für seine Arbeit und seine Bedürfnisse hatten, ist es ja kein Wunder, dass er …«

Es reichte Ann Kathrin. Das musste sie sich nicht sagen lassen. Sie legte auf und schrieb Hero stattdessen eine E-Mail.

Von: **Ann Kathrin**
An: **Hero**
Betreff: **Eike**

Lieber Exmann,
Deine Vorstopperin lässt mich nicht zu Dir durch. Wenn wir uns auch nicht mehr lieben, so haben wir doch wenigstens noch ein gemeinsames Problem, das uns verbindet: Unser Sohn braucht einen Anwalt, und zwar einen guten, sonst sind wir alle ruiniert. Ich möchte ein Gespräch mit Dir führen, und zwar auf neutralem Boden, am besten direkt beim Anwalt.

Ich schlage die Anwaltskanzlei Kirsch & Hinrichs vor.

Ann Kathrin

Die Antwort von Hero kam umgehend. Sie musste keine gewiefte Kriminalkommissarin sein, um daraus zu folgern, dass er überhaupt keine Klientin bei sich hatte.

Von: **Hero**
An: **Ann Kathrin**
Betreff: **AW: Eike**

Liebe Ann Kathrin,
ich habe mit Frau Flöckner bereits gesprochen. Wir müssen uns keine Sorgen darum machen. Sie wird ihn nicht anzeigen und die Sache auf sich beruhen lassen.

LG, Hero

Ann Kathrin tippte die Antwort so schnell und heftig ein, dass Rupert den Kopf schüttelte. »Die Tastatur kann doch nichts dafür.«

Von: **Ann Kathrin**
An: **Hero**
Betreff: **Eike**

Schöne Grüße an Deine Klientin. Ich finde es toll, dass sie nichts dagegen hat, wenn Du während der Sitzungen Deine Mails beantwortest.

Die Lehrerin ist nicht das Problem, sondern die Bahn. Falls Du vorhast, nach unserer Scheidung Dein Busenwunder zu heiraten, kann ich nur für sie hoffen, dass Euer Gütertrennungsvertrag niet- und nagelfest ist, denn in solchen Fällen haften Eltern für ihre Kinder. Und wir wollen doch nicht, dass ihr schönes Häuschen unter den Hammer kommt.

Sauer,
Ann

Ann Kathrin telefonierte kurz mit der Kanzlei Kirsch & Hinrichs. Sie machte es dringend und bekam tatsächlich noch einen Termin. Es sei etwas geplatzt, heute um 12 hätte Herr Kirsch eine halbe Stunde Zeit für Ann Kathrins Probleme.

Ann Kathrin mailte das an Hero, verbunden mit der Hoffnung, dass keine seiner Klientinnen genau zu dem Zeitpunkt eine tiefe Beziehungskrise habe. Sie schlug vor, er solle Eike mitbringen.

Hero antwortete darauf augenblicklich, Eike habe zu dem Zeitpunkt noch Schule.

Ann Kathrin konterte:

Es gibt Prioritäten.
Die wichtigsten Dinge zuerst.
Bring ihn bitte mit!

Es klopfte an die Tür, und noch bevor sie »Herein« sagen konnte, wurde die Tür von einem hageren Mann aufgerissen. Er hatte braunes, welliges Haar mit einigen silbernen Strähnchen darin. Etwas an ihm sagte ihr, dass er Vegetarier war. Er hatte lange, feine Finger, fast Frauenhände, und gestikulierte damit. Er war aufgeregt und wollte sofort etwas loswerden.

Ann Kathrin hatte niemanden zu sich bestellt und heute Morgen keinen offiziellen Termin, also fragte sie zunächst. »Wer hat Sie hereingelassen?«

Er winkte ab, als sei das völlig unwichtig. »Ich bin Dr. Blankenheim. Ein Freund von Ihrem Kollegen Weller. Er hat mir erzählt, dass Sie …«

Ann Kathrin Klaasen setzte sich anders hin. »Ach, Sie sind Dr. Blankenheim, der Therapeut von Frau Orthner?«

Er nickte erfreut, als hätte sie ihm gerade einen Orden verliehen, nur dadurch, dass sie von seiner Arbeit wusste.

»Sie müssen aufpassen. Die Frau ist eine tickende Bombe.

Ich habe sie jedenfalls nicht mehr im Griff und lehne jede Verantwortung dafür ab.«

Ann Kathrin verstand sofort, was ihn hierhertrieb. Psychologen waren in der letzten Zeit durch einige Gerichtsgutachten, in denen sie dazu beigetragen hatten, dass gefährliche Gewalttäter als geheilt entlassen worden waren, in der Öffentlichkeit in ein schlechtes Licht geraten. Er wollte jetzt auf keinen Fall dastehen wie einer, der die Gefährlichkeit seiner Patientin unterschätzt hatte.

»Ihre Mitarbeit bieten Sie uns leider ein bisschen spät an. Das Kind ist schon in den Brunnen gefallen, wenn ich es mal so ausdrücken darf. Der GAU ist eingetreten. Also, was haben Sie mir jetzt zu sagen? Wenn Sie vor ein paar Tagen gekommen wären, hätten wir es vielleicht noch verhindern können ...«

»Sie hat ihre Medikamente abgesetzt. Ich garantiere Ihnen, dass sie ihre Medikamente abgesetzt hat. Sie war eigentlich sehr gut eingestellt, aber sie wollte sich nicht eingestehen, dass sie Psychopharmaka braucht. Immer und immer wieder hat sie das Zeug abgesetzt, und dann kommen ihre Schübe. Erst autoaggressiv und dann ...«

»Es ist sehr freundlich von Ihnen, dass Sie herkommen, Dr. Blankenheim, aber ich glaube kaum, dass Sie mir im Moment weiterhelfen können. Es sei denn, sie hätte Ihnen gegenüber die Tat gestanden. Ist das so?«

Er schwieg und drückte die Fingerspitzen gegeneinander, als ob er daraus die Antwort saugen könnte. Ann Kathrin verglich ihn mit Wellers Beschreibung. Aus dem kleinen, dicken Jungen hatte sich ein völlig anderer Mensch entwickelt. Sie konnte sich vorstellen, dass die Frauen auf ihn flogen. Er war ihr ein bisschen zu hektisch, aber viele Menschen waren aufgeregt, wenn sie eine Polizeiinspektion betraten. Einige im Leben sonst eher ruhige und besonnene Typen machten sich manchmal durch blödsinnige Bemerkungen verdächtig oder wirkten viel unsympathischer, als sie in Wirklichkeit waren. Fachleute, die die Fälle schneller lösten als die Polizei, waren ihr im Grunde zuwider. Sie sahen die Dinge nur aus einem einzigen Blickwinkel, nämlich dem eigenen, aber so monokausal waren die Dinge meistens nicht. Dem Versuch, in einem Kriminalfall der bessere Ermittler zu sein, konnten nur die wenigsten widerstehen. Es war doch eine große narzisstische Befriedigung, an der Aufklärung eines Falles beteiligt zu sein. Man konnte sich schlauer fühlen als die Polizei, und wenn auch sonst im Leben vieles schieflief, konnte man doch wenigstens seinen Freunden erzählen, wie man der ostfriesischen Polizei auf die Sprünge geholfen hatte. Sie kannte dieses Spiel. Früher war sie oft auf Fachleute hereingefallen. Nein, in diese Falle tappte sie nicht mehr.

Rupert schlug vor, die Dame im Krankenhaus unter Polizeiaufsicht zu stellen, »damit sie nicht türmt«.

Ann Kathrin zögerte.

»Was willst du noch?«, fragte Rupert. »Die Sache ist doch völlig klar. Sie hat ihre Mutter umgebracht, und jetzt macht sie im Krankenhaus einen auf schweren Schock. In Wirklichkeit ist die doch nicht vor Trauer zusammengeklappt, als ihre Mutter tot war, sondern erst, als ihr Sohnemann die Leiche vor deine Haustür gelegt hat. Die weiß genau, dass er weiß, was sie gemacht hat. Und die weiß, dass alles herauskommen wird.«

Jetzt kam Weller herein. Sie registrierte sofort, dass er ein frisches Hemd angezogen hatte. Er begrüßte seinen alten Freund.

Rupert wurde das jetzt alles zu viel. Mit Blicken gab er Weller zu verstehen, er solle diesen Typen endlich nach draußen befördern. Dann schlug Rupert Ann Kathrin vor, den Fall abzugeben: »Du bist nicht mehr professionell, Ann. Vielleicht liegt es daran, dass sie die Leiche vor deiner Tür abgeladen haben. Ich schlage vor, dass du dich in dieser Geschichte für befangen erklärst und sie einfach an mich abgibst.« Gleichzeitig hob er abwehrend die Hände. »Glaub ja nicht, ich hätte sonst nichts zu tun. Ich reiß mich hier nicht um Arbeit. Aber ich will auch nicht dabei zugucken, wie du ...« Er sprach nicht weiter.

»Was – wie ich ...? Wie ich den guten Ruf der ostfriesischen Kripo ruiniere, oder was willst du sagen?«

Im Grunde verstand sie Rupert. Aber sie wusste etwas, das er nicht wusste: Sie hatte die Bilder auf dem Laptop gesehen. Und das passte für sie nicht zur Tochter. Ann Kathrin konnte sich gut vorstellen, dass die Tochter ihre Mutter gefesselt hatte und sie langsam verhungern ließ. Vielleicht war es ein Akt der Wut, der Rache, der Hilflosigkeit, vielleicht hatte es ungeplant begonnen und konnte nicht mehr rückgängig gemacht werden. Manchmal eskalierten solche Situationen, und es gab für den Täter keinen Ausweg mehr. Viele Morde waren am Ende nur Vertuschungsmorde. Der Täter versuchte, eine kleinere, weniger schlimme Tat zu verdecken, indem er einen Mord beging. Das war bei fast allen Vergewaltigungen so. Richtige Lustmörder waren selten. Für viele Täter gab es nur eine Möglichkeit: Der einzige Zeuge – das Opfer – musste sterben.

Vielleicht war es hier genauso. Vielleicht sollte alles nur eine Bestrafung der Mutter werden.

Wie würde die Welt aussehen, wenn alle ihren Eltern das Gleiche antäten, was ihre Eltern ihnen angetan haben, dachte Ann Kathrin. Wer weiß, wie viele Menschen manchmal mit solchen Gedanken spielten. Es lag in der menschlichen Natur, zurückgeben zu wollen, was man erhalten hatte. Im Guten wie im Bösen. Das eine nannte man Dankbarkeit, das andere Rache. Aber machte eine Tochter Fotos von ihrer langsam sterbenden Mutter? Warum? Um sich hinterher daran zu erfreuen?

Ein Gedanke durchzuckte Ann Kathrin. Vielleicht hatte gar nicht der Peiniger diese Fotos gemacht, sondern Bastian, das Enkelkind. Waren die Fotos ein ähnlicher Versuch, auf die Tat aufmerksam zu machen, wie die Leiche vor ihre Haustür zu legen?

Warum hatte der Zeuge die Tat nicht verhindert, statt sie zu fotografieren? Er hätte die alte Dame losbinden und die Polizei rufen können. Vermutlich wollte er, dass genau das geschah, was geschehen war. Aber er wollte es dokumentieren, und die Polizei sollte dahinterkommen.

Außer Bastian Kühlberg kannte sie niemanden, der für so etwas ein Motiv hatte. Ihm sicherte es eine Erbschaft von mehr als 800 000 Euro. Und gleichzeitig war er damit seine Eltern los. Er konnte mit seinen barbusigen Fotomodellen jetzt endlose Orgien feiern, dachte Ann Kathrin grimmig.

Charlie Thiekötter rief an: »Ich habe die Festplatte ausgebaut. Überhaupt kein Problem. Du kannst alle Daten abrufen.«

Ann Kathrin atmete erleichtert auf. Offensichtlich hatten ihre Kaffeetropfen keinen Schaden angerichtet. Sie lief gleich runter zu Charlie.

Niemand, der diesen Raum betrat, vermutete, dass dort ein Kriminalkommissar arbeitete. Es sah eher aus wie eine Müllhalde für Computerschrott. Ein großer Teil der Ermittlungsarbeit erstreckte sich heutzutage auf Computer, Festplatten, Laptops und die Rückverfolgung von Nachrichten.

Sie fragte sich, wie Charlie hier noch zurechtkam. Ausgeweidete Computer lagen vor ihm, und wenn sie sich nicht täuschte, wurden seine Brillengläser immer dicker.

Er machte einen entnervten Eindruck: »Suchst du was Bestimmtes auf der Festplatte? Soll ich dir was überspielen? Es sind im Grunde alles ungesicherte Daten. Jeder Zwölfjährige kann darauf zugreifen, wenn er das Passwort hat, und das zu knacken ist nun auch kein Problem. Es gibt inzwischen Programme, die so was für einen machen«, grinste er.

»Kann es sein«, fragte Ann Kathrin ihn, »dass jemand von außen in meinen Computer hineinhackt und dann meine Videoüberwachungsanlage steuert?«

Charlie sah sie an, als hätte sie ihm eine sehr dumme Frage gestellt. Er antwortete nicht, sondern schob sich ein paar Schokonüsse zwischen die Lippen. Er bot ihr auch welche an. Sie griff zu.

»Jetzt guck nicht so, als hätte ich dich gefragt, ob die Erde eine Scheibe ist. Ich weiß es einfach nicht. Und jemand macht mit meinem Computer, was er will.«

»Und jetzt fragst du dich, ob es einer aus deiner näheren Umgebung ist, der das direkt am PC macht oder ob es auch vom anderen Ende der Welt möglich ist.«

Sie nickte erleichtert. »Ja, genau darum geht es.«

Er lutschte die Schokolade nicht von den Nüssen ab, sondern ließ sie zwischen den Zähnen zerkrachen. Er mochte das Geräusch, wenn etwas in seinem Mund zerplatzte. Alles Weiche, Wabbelige, war ihm widerwärtig. Er verstand nicht, wie Menschen Muscheln essen konnten. Es war nicht der Geschmack, sondern die Konsistenz, die in ihm ein Ekelgefühl aufsteigen ließ. Er war der geborene Rohkostesser. Möhren, die krachten, oder Äpfel. Schon wenn etwas eingekocht war und weich aus der Dose kam, mochte er es nicht mehr. Für Chips ließ er alles stehen. Trotzdem war er ein durchtrainierter, drahtiger Mann. Manchmal sprang er während der Arbeit auf, machte vierzig, fünfzig Liegestütze, dann setzte er sich wieder und machte weiter, als ob nichts geschehen wäre.

Er holte zu einer längeren Erklärung aus. »Ann Kathrin, die Vorstellung, dass man an einem Computer sitzen muss, um ihn zu beeinflussen, kommt aus einem sehr mechanistischen Abschnitt der Zeitgeschichte.«

O Gott, dachte sie, jetzt fängt er große Philosophien an. Das ist nicht das, was ich jetzt gerade brauche.

Aber dann wurde er sehr konkret. Er stieß mit dem Finger gegen ein Laptopgehäuse und sagte: »Das hier ist nur eine leere Hülle. Sobald das Ding mit dem Netz verbunden wird, kannst du überall rein, aber es kann auch jeder zu dir rein – also, vereinfacht gesprochen. Du musst dir das vorstellen wie den Wasserkreislauf. Jeder kann irgendwo den Hahn aufdrehen, und es läuft Wasser raus. Aber jeder kann auch irgendwo was ins Wasser leiten und uns damit alle vergiften, sofern unsere Abwehrsysteme versagen, unsere Kläranlagen und …«

»Ja, und was heißt das jetzt genau?«

»Ich wette, dir hat einer einen Trojaner reingesetzt, und damit hat er Zugriff, erstens auf all deine Daten, und zweitens, wenn er geschickt genug ist, kann er dein Gerät steuern. Von jedem Ort der Welt aus. Und zwar besser als du, wenn du dransitzt.«

»Was kann der alles genau?«

»Alles. Er kann alles lesen. Kann deine Daten vernichten, verändern, neue hinzufügen. Er kann in deinem Namen irgendwo auftreten und Geschäfte machen. Kann sich alle Leute aus deinem Adressbuch fischen und ihnen unter deinem Absender Briefe schreiben – ach, was du willst.«

»Und er kann auch die Videoaufnahmen meiner Überwachungsanlage ein- und ausschalten?«

Jetzt stopfte Charlie eine ganze Hand voll Schokonüsse in den Mund und ließ sie genüsslich krachen. »Klar kann er das. Sofern das Zeug an deinen Computer angeschlossen ist und du im Netz bist.«

»Das heißt, wenn ich den Computer ausschalte, kann auch nichts passieren?«

Er grinste. »Ja. Es sei denn, er kann ihn von Ferne wieder hochfahren. Ich vermute mal, er kann ihn ein- und ausschalten, wie er Lust hat. Wenn ich mir das Gerät mal angucken kann – er hat mit Sicherheit Administratorrechte. Er kann sich immer mehr Rechte übertragen und dir immer mehr Rechte wegnehmen. Wenn er will, fliegst du ganz raus.«

Ann Kathrin merkte, dass es ihr eng um die Brust wurde. Sie atmete schwer, gleichzeitig spürte sie eine Erleichterung. Wenn das von außen möglich war, dann hatte Eike vermutlich nichts damit zu tun. Sie konnte sich kaum vorstellen, dass ihr Sohn irgendwo mit seinen Freunden saß und sich einen Spaß daraus machte, in Mamis Computer zu hacken. Ganz ausgeschlossen war es aber nicht. Sie musste sich eingestehen, dass sie seine Freunde nicht mal kannte.

Es gefiel ihr zwar nicht, einen von außen ferngesteuerten Computer in ihrer Wohnung zu haben, aber das war immer noch besser als die Vorstellung, ein Typ sei bei ihr eingestiegen, um die Anlage abzuschalten.

»Wie bin ich denn an diesen Trojaner gekommen?«

»Sofern es ein Trojaner ist«, sagte Charlie und spülte mit einem Schluck Cola Light den Nussschokoladebrei in seinem Mund hinunter. »Vielleicht hat er dir eine E-Mail geschickt, und das Ding war im Anhang, oder du hast Spiele gespielt, dir Software runtergezogen und bekamst den Trojaner sozusagen kostenlos mit dazu.«

»Kann man sich denn dagegen nicht wehren?«, fragte sie empört.

»Klar kann man das. Es gibt da ganz einfache Tricks. Aber man muss sie immer wieder verändern, denn die bösen Jungs lernen von den guten Jungs.«

Er gab ihr ein spezielles Schutzprogramm gegen Viren und Trojaner. Er wollte ihr die Anwendung erklären, doch sie hörte schon gar nicht mehr richtig zu. Auf seinem Bildschirm waren inzwischen die verschiedenen Speicher der Festplatte erschienen. Er klickte sie wie mechanisch einmal alle durch, und bei *Fotos* blieb er genauso stutzig hängen wie sie letzte Nacht.

»Mein Gott, schau dir das an! Ist das die tote Frau, die bei dir vor der Haustür lag?«

Ann Kathrin Klaasen nickte.

Charlie Thiekötter wusste, warum er sich in die Computerabteilung gemeldet hatte. Er war den Umgang mit Leichen und Blut leid. Auf dem Bildschirm war alles leichter. Er brauchte diesen Schutz für sich selbst. Er hatte genug von all diesem Dreck.

»Können wir das ausdrucken?«, fragte Ann Kathrin.

Er nickte, und es geschah augenblicklich.

Ann Kathrin lief mit den Fotos die Treppe hoch zu Weller und Rupert. Jedes Bild war Din-A4-groß und in geradezu leuchtenden prächtigen Farben.

Weller und Rupert hängten die Fotos sofort auf und versuchten, sie in die richtige Reihenfolge zu bringen. Es waren zwölf Bilder von einer an einen Stuhl gefesselten Frau, die langsam starb.

Angesichts der Fotos reagierte Rupert heftig. »Es ist mir egal, was du jetzt von mir denkst, Ann Kathrin, aber wenn du gegen diese Frau Kühlberg keinen Haftbefehl erlässt, bin ich gezwungen, beim Chef zu beantragen, dass er dich aus dieser Sache rausnimmt.«

»Geh ruhig zu Ubbo Heide, wenn du willst«, sagte sie. Fast wäre es ihr lieb gewesen, diesen Fall zu verlieren. Doch dann entdeckte sie auf den Fotos etwas Schreckliches. Auf den letzten zwei Bildern war gar nicht Frau Orthner, sondern eine andere Frau zu sehen. Sie saß in der gleichen Haltung da. Auch mit Klebestreifen angebunden. Hinter ihr war ebenfalls ein Buchregal. Ihr Kopf hing nach unten, so dass man ihr Gesicht nicht sehen konnte. Aber sie trug eine andere Oberbekleidung als Frau Orthner, und hinter ihr im Buchregal war deutlich eine Lexikonreihe zu erkennen, die es in dem anderen Buchregal an dieser Stelle nicht gab. Außerdem waren die Haare der Frau länger und viel dunkler als die von Frau Orthner. Die Figur wirkte kräftiger, und der Stuhl hatte ein helleres Holz.

Es waren viele solch kleiner Details, die Ann Kathrin klarmachten, dass sie auf etwas Ungeheuerliches gestoßen war.

»Er hat ein weiteres Opfer in seiner Gewalt. Und er hat es bereits fotografiert.« Ann Kathrin spürte, dass eine Welle von Energie sie durchschoss. »Vielleicht lebt die Frau ja noch. Vielleicht können wir sie noch retten!«

»Was soll das?«, fragte Rupert. »Wie kommst du darauf? Vielleicht sind die Aufnahmen hier nur ein bisschen verschwommen oder …«

Ann Kathrin brüllte ihn an: »Rupert! Guck hin! Benutz deinen Verstand! Das ist eine andere Frau! Deshalb hat er die Bilder auf dem Laptop gelassen.«

»Warum tut der das? Will der hier eine Schnitzeljagd mit uns veranstalten oder was?«, fragte Rupert empört.

»Ja«, nickte Weller. »So was Ähnliches befürchte ich auch. Vor allen Dingen will er uns zeigen, für wie blöd er uns hält. Er will uns austesten. Und er will, dass wir ihn jagen.«

Ann Kathrin rannte die Treppen hinunter. Die beiden Männer hatten keine Ahnung, wohin sie wollte, folgten ihr aber. Auf der Treppe rief sie: »Er spielt mit uns, genauso wie mit seinen Opfern!«

Sie stürmte in Charlies Zimmer. »Kannst du das vergrößern?«, fragte sie. »Kannst du einzelne Ausschnitte auf dem Bildschirm rausholen? Ich brauch alles. So groß, wie es nur geht. Wir müssen herausfinden, wie die Frau heißt und wo er sie gefangen hält. Vielleicht können wir sie retten.«

Rupert sah nicht den Hauch einer Chance. »Wie denn, bitte schön? Was willst du auf den Bildern erkennen? Da ist kein Fenster zu sehen, gar nichts. Das kann überall sein. Von Ostfriesland bis zu den Alpen. Das ist ein Scheißstuhl mit einem Scheißbuchregal.«

Wenn Rupert nicht weiterwusste, verfiel er gern in so eine Fäkalsprache. Er hatte noch ganz andere Sachen drauf, und Ann Kathrin wusste, wie steigerungsfähig seine Ausdrucksweise war, wenn er an seine Grenzen kam und die ganze Welt für sein Unglück verantwortlich machte. Sie wollte sich das jetzt auf keinen Fall anhören. Sie brauchte jetzt nichts, was sie runterzog, sondern sie suchte einen Strohhalm, einen Pack-An, irgendetwas. Sie wusste selbst nicht, was sie suchte, aber wenn es etwas gab, dann war es auf dem Bild.

Sie fuhr Rupert an: »Dann geh du doch Ulrike Kühlberg im Krankenhaus verhaften und lass uns hier in Ruhe arbeiten!«

»Noch niemand von uns hat diese Frau vernommen, aber wir scheinen ja alle schon davon auszugehen, dass sie völlig unschuldig ist!«, keifte Rupert zurück.

»Wer das hier gemacht hat«, konterte Ann Kathrin, »flüchtet sich nicht ins Krankenhaus, Rupert. Das hier ist unvergleichlich viel grundsätzlicher. Geplanter. Durchdachter. Ja, bösartiger, als du auch nur ahnst.«

Ein Schauer lief Weller den Rücken herunter. Er bekam eine Gänsehaut, wenn er Ann Kathrin so reden hörte. Ihre Augen sagten ihm, dass sie jetzt die Spur aufgenommen hatte. Niemand konnte sie mehr daran hindern, diesen Fall zu Ende zu bringen.

Sie tippte auf das Bild und sagte: »Da hat uns jemand den Krieg erklärt, Rupert.«

Rupert schlug vor, eine Sonderkommission zu bilden, Psychologen hinzuzuziehen und andere Fachleute. Profiler vom BKA. Aber Ann Kathrin hörte seine Worte schon gar nicht mehr. Sie waren nur Geräusche für sie.

Wie mit einem Tunnelblick konzentrierte sie sich ganz auf die Bilder. Nichts anderes um sie herum nahm sie mehr wahr.

Rupert wollte weiter auf sie einreden, aber Weller zog ihn zur Seite. »Brüll ihr nicht ins Ohr. Die kriegt jetzt sowieso nichts mit. Schau sie dir doch an.«

Rupert drehte sich um und zischte: »Ja, der könntest du jetzt vermutlich …«

Er wollte sagen »ein Kind machen und sie würde es nicht mal merken«, aber er schluckte den Satz hinunter, denn er sah, dass Weller die Faust ballte.

Rupert grinste Weller wissend an. Sein geschiedener Kollege, der gute Frank Weller, der sich noch vor kurzem lang und breit darüber ausgelassen hatte, was für räuberische Tiere Frauen waren, wie sehr sie Männer ausnahmen und dass die Gesetze in Deutschland geradezu dazu einluden, einen Ehemann auf ewig zu versklaven, der war bereit, sich für die Ehre seiner Chefin zu prügeln.

»Es gibt nur ein wirkliches Verbrechen, das hier in Deutschland keiner verzeiht«, hatte Weller vor gar nicht langer Zeit gesagt. »Du musst heiraten und Kinder kriegen. Dann machen sie dich fertig. Da ist nichts mit Bewährung, auch nichts mit Gnadengesuchen, vorzeitiger Haftentlassung oder Resozialisierung. Für einen Mord sitzt du in Deutschland selten länger als zehn Jahre. Als Exmann kriegst du dreißig Jahre und länger aufgebrummt.«

Rupert fragte sich, was Ann Kathrin zu den Ansichten ihres neuen Liebhabers sagen würde, da sie sich doch selber gerade von ihrem Mann getrennt hatte. Dann schmunzelte Rupert in sich hinein. Vielleicht, dachte er, versteht sie Weller ja sogar und ist mit ihm einer Meinung. Vermutlich muss Ann Kathrin ja jetzt Unterhalt für ihren Sohn zahlen und wahrscheinlich auch für ihren Mann.

Rupert stellte sich vor, wie die beiden abends zusammensaßen und bei einem Glas billigem Rotwein über ihre Expartner herzogen. Er fühlte sich irgendwie gut dabei und wusste selbst nicht, warum er plötzlich so einen Hass auf Weller und Ann Kathrin hatte. Lag es nur daran, dass die beiden sich verliebt hatten? Konnte er nicht aushalten, dass so etwas in seiner Nähe geschah?

Ann Kathrin hielt den Kopf schräg. »Zeig mir das größer. Mach das größer. Das. Ja. Genau. Da!«

»Das Buch?«

»Das da unten. Am Buchrücken. – Na bitte«, rief sie. »Bingo!« Sie klatschte mit der rechten Faust in die offene Handfläche der Linken. »Das ist ein Büchereibuch!«

Weller und Rupert sahen es sich genau an. Es war ein Angelique-Roman. *Angelique und der König.*

»Ja, gut«, sagte Rupert, »sie hat sich das Ding in einer Bibliothek ausgeliehen und wahrscheinlich nicht zurückgegeben. Aber deswegen wird sie ja nicht gerade in der Verbrecherkartei gelandet sein. Wie sollen wir sie bitte mit dem Hinweis finden? Sie hat ein Buch aus irgendeiner Bücherei im Regal.«

Ohne auf Rupert einzugehen, fragte Ann Kathrin Charlie: »Kann ich das als E-Mail-Anhang verschicken?«

»Na klar. Jederzeit.«

Dann drehte sie sich zu Rupert und Weller um. »Alle Bibliotheken haben heutzutage E-Mail-Anschluss. Das verschicken wir. Mit höchster Dringlichkeit. In irgendeiner Bibliothek werden sie erkennen, dass sie genau solche Aufkleber hinten auf ihre Angeliquen heften. Und dann sind wir nur noch so ein Stückchen von der guten alten Dame entfernt.«

»Siehst du, das meine ich«, sagte Weller mit unverhohlener Bewunderung. »Sie sieht Dinge, die uns einfach nicht auffallen, und zieht daraus Schlussfolgerungen, auf die wir nicht kommen würden.«

»Ja, und soll das jetzt an alle Bibliotheken in Ostfriesland oder auch in Niedersachsen oder in ganz Deutschland oder was?«

»O nein«, sagte Ann Kathrin. » Natürlich auch in Österreich, in der Schweiz und auch in Dänemark gibt es deutsche Bibliotheken. Luxemburg und …«

Rupert hob die Arme. »Schon gut. Schon gut.«

Rupert und Weller verließen Charlies computervermülltes Büro.

»Beeilung, Jungs!«, rief Ann Kathrin Klaasen hinter ihnen her. »Es ist früh am Tag! Die Bibliotheken haben alle geöffnet. Wenn wir jetzt gut arbeiten, wissen wir in einer halben Stunde, wo sie ist, und können sofort ein Einsatzkommando zu ihrer Wohnung schicken.«

Es dauerte keine halbe Stunde. Bereits nach zwölf Minuten meldete sich auf Ruperts Computer Jana Dreyer, eine Bibliothekarin aus Jever. Sie hatte heute eigentlich Geburtstag und wollte sich einen Tag frei nehmen, um die Feier am Abend vorzubereiten. Aber weil eine Kollegin krank geworden war, sprang sie ein.

Zunächst zögerte sie, ob sie die Mail öffnen sollte. Sie hielt das Ganze für Spam und wollte die Nachricht schon löschen, doch dann folgte sie einem inneren Impuls und ließ sich auf das Risiko ein.

Sie hatte die Angelique-Romane selbst vor einem halben Jahr aussortiert. Sie waren zerlesen und wurden auch nicht mehr so oft ausgeliehen wie früher. Sekunden, nachdem ihre Antwortmail auf Ruperts Bildschirm erschienen war, klingelte in der Bibliothek auch schon das Telefon.

Doch Jana Dreyer musste die aufkeimende Freude am Ende der Leitung zunächst dämpfen: »Nein, ich kann nicht einfach nachgucken, wer das Buch ausgeliehen hat. Es gehört zu unseren ausrangierten Beständen. Wir haben die verkauft. Für 50 Cent das Stück. Hier steht immer so eine Kiste mit Büchern herum, die nicht mehr so gefragt sind. Aber unter Sammlern finden Sie immer …«

Rupert hatte auf laut gestellt. Ann Kathrin und Weller hörten mit.

»Junge Frau«, mischte Ann Kathrin sich ein. »Es geht um Leben und Tod. Wir müssen herausfinden, wer das Buch gekauft hat. Und zwar sofort. Glauben Sie mir. Dies ist kein Scherz. Ich heiße Ann Kathrin Klaasen und bin Hauptkommissarin der Kriminalpolizei in Aurich. Sie können mich zurückrufen, wenn Sie mir nicht trauen. Aber was immer Sie tun – tun Sie es um Himmels willen sofort.«

»Ich vertraue Ihnen«, sagte Jana Dreyer.

»Wenn die Frau das Buch auf einem Flohmarkt gekauft hat, sind wir aufgeschmissen«, sagte Rupert.

Ann Kathrin Klaasen bestand darauf, dass sie jetzt ein Stück weiter waren. »Wir wissen jetzt immerhin, dass diese Wohnung in Jever ist. Und wenn wir Glück haben, hat diese Frau das Buch nicht auf einem Flohmarkt gekauft, sondern aus Ihrer Kiste. Kann das sein?«

»Natürlich kann das sein«, antwortete Jana Dreyer.

»Dann heißt es, dass sie Büchereibenutzerin ist. Dann hat sie einen Büchereiausweis.«

»Ja, aber ich weiß doch trotzdem nicht, wer die Frau ist.« Jana Dreyer brach am Telefon der Schweiß aus. Ihre Knie zitterten. Sie hatte Angst schlappzumachen, doch sie wollte das jetzt durchstehen. Sie spürte, dass mit ihr kein Schabernack getrieben wurde. Das hier war todernst, und sie würde ihren dreißigsten Geburtstag nie mehr im Leben vergessen.

»Haben Sie Zugriff auf die Leserkarteien?«

»Natürlich.«

»Alle Männer scheiden aus. Auch alle Kinder und Frauen unter sechzig.«

Jana Dreyer fasste zusammen: »Sie suchen also eine Leserin aus unserer Bibliothek, die mindestens sechzig Jahre alt ist.«

Ruperts Rücken schmerzte. Er bog sich durch. Etwas an

Ann Kathrins forscher Art machte ihn fertig. Immer, wenn sein Rücken sich meldete, passte ihm etwas nicht. Er war dann entweder beruflich überlastet oder hatte privaten Stress. Meistens beides gleichzeitig.

Weller dagegen ging es blendend. Er saß ein bisschen wie ein kleiner Junge da und drückte die Daumen.

»Können Sie an diese Daten herankommen?«

»Das sind viele. Ein paar hundert.«

Ann Kathrin gab Weller einen Wink. »Ans Telefon. Ruf die Kollegen in Jever an. Wir haben Arbeit für sie.«

»Na«, lachte Rupert zynisch, »da werden sie sich aber freuen. Die haben ja sonst nichts zu tun.«

Weller saß schon am Telefon und fühlte plötzlich, wie sehr er diesen Job liebte.

Wir schaffen es, dachte er. Wir schaffen es.

Er nickte Ann Kathrin zu. »Dank dir hat sie eine Chance zu überleben.«

Vielleicht war es Ann Kathrins Stimme. Vielleicht saß auch nur der richtige Mann zum richtigen Zeitpunkt in Jever an der richtigen Stelle. Jedenfalls rückten mehr als hundert Polizeibeamte, die eigentlich zu einer Sonderübung zusammengezogen worden waren, augenblicklich aus. Terroristen, die einen Bus gekapert hatten, sollten in Jever gestoppt und überwältigt werden. Das sah der Übungsplan vor. Stattdessen besuchten jetzt Polizeibeamten alle Damen über sechzig, die einen Büchereiausweis besaßen.

Einige von ihnen genossen gerade das zweite Frühstück. Andere das erste. Ein paar freuten sich im betreuten Wohnen über die Abwechslung, andere erschraken und fürchteten, dass etwas mit ihren Enkeln nicht stimmte. Viele waren gar nicht zu Hause, sondern spazierten bei diesem schönen Wetter bereits durch den Park am Schloss Jever.

Ann Kathrin saß schon im Wagen nach Jever, als sie die Meldung erreichte, einige Türen seien verschlossen geblieben, weil die Damen nicht aufgemacht hätten oder auch einfach nicht zu Hause waren.

Damit gab Ann Kathrin sich natürlich nicht zufrieden: »Wenn euch eine Tür nicht geöffnet wird, zieht dort sofort massive Kräfte zusammen, brecht die Tür auf.«

Ann Kathrin ließ keine Einwände gelten: »Nein, Vorschriften hin, Vorschriften her, ruft um Himmels willen keinen Schlüsseldienst! Einfach die Türen aufbrechen und rein. Die erste Pflicht von uns ist es, Menschenleben zu schützen. Vermutlich befindet sich hinter einer dieser geschlossenen Türen eine gefangene Frau, die sich zu Tode hungern soll. Vielleicht ist der Täter bei ihr. Vielleicht ist sie allein. Seid vorsichtig. Der ist garantiert nicht zimperlich.«

Die Polizeikräfte in Jever waren es nicht gerade gewöhnt, Anweisungen aus Aurich entgegenzunehmen, aber niemand stellte Ann Kathrin Klaasens Autorität in Frage. Hier wurden keine Dienstwege eingehalten. Hier wurde entschlossen gehandelt.

Fast zeitgleich wurden sechs leerstehende Wohnungen aufgebrochen und durchsucht. Eine 82-jährige Dame bekam einen Schreikrampf, als die Polizeibeamten ihre Wohnung stürmten. Sie hatte mit einem Kopfhörer vor dem Fernsehgerät gesessen und das Türklingeln nicht gehört. Zwei andere Damen wurden aus ihren Betten aufgeschreckt. Eine kam vom Einkauf zurück und hielt das alles für einen Überfall. Sie rief die Polizei an und stellte sich dann mutig den »Einbrechern« entgegen. Eine alte Dame, die man auffand, war tot.

Schon im Flur schlug Ann Kathrin Klaasen der Verwesungsgeruch entgegen. Sie fragte sich, wie es möglich war, dass niemand etwas davon bemerkt hatte.

Heiko Reuters, dem jungen Kollegen von der Spurensicherung, wurde augenblicklich schlecht. Sein Kollege Abel, der von den meisten *Kain* genannt wurde, war da abgebrühter.

Schon im Flur zog Weller sein japanisches Heilöl aus der Tasche und träufelte sich zwei Tropfen in den Schnurrbart. Die Dämpfe stiegen in seine Nase. Sofort hatte er Tränen in den Augen, aber er wusste, dass er so alles besser überstehen konnte.

Er bot Ann Kathrin das Fläschchen an, doch sie schüttelte den Kopf. Er ahnte, warum. Sie wollte ihre Sinneseindrücke durch nichts täuschen lassen. Auch der Geruch an einem Tatort spiele für sie eine Rolle.

Sehen und Hören sind nur zwei wichtige Sinne, hatte sie von ihrem Vater gelernt. *Wenn wir die anderen Wahrnehmungsformen vernachlässigen, werden wir am Ende auch taub und blind. Stell dir ein schönes Essen vor, Ann Kathrin. Doch es riecht nach Aas. Oder ein verdorbenes Essen, das aber noch gut riecht. Du weißt sofort, hier stimmt was nicht.*

Maria Landsknecht war seit mehreren Tagen tot. Sie hing, mit Teppichklebeband fixiert, auf dem Stuhl vor dem Buchregal. Genau so, wie sie fotografiert worden war.

Der Arzt schätzte, sie sei seit mindestens vierzehn Tagen tot. Weller glaubte an höchstens zehn Tage, denn man musste die Schwüle hinzurechnen.

In der Tat war es stickig heiß in der Wohnung, und das kam Ann Kathrin Klaasen merkwürdig vor. Zwar stand die Sonne auf den Fenstern, doch das erklärte nicht die Hitze.

Sie sah sich die Klimaanlage an und staunte. Sie stand auf Winterbetrieb. Die Heizkörper waren warm.

»Fasst die Heizung nicht an«, warnte Ann Kathrin. »Da muss der Mörder dran herumgespielt haben.«

Abel von der Spurensicherung wunderte sich. Er war schon an vielen Leichenfundorten gewesen, aber dass ein Mörder sich an der Heizungsanlage zu schaffen machte, war ihm neu.

»Ich glaube kaum, dass sie bei dem Wetter die Heizung auf fünf gestellt hat.«

»Und warum sollte der Täter das tun?«

Ann Kathrin antwortete nicht mit Worten. Sie guckte nur, und sowohl Abel als auch Weller wurde ganz anders. Natürlich. Er wollte die Frau quälen. Sie sollte in einer überhitzten Wohnung langsam austrocknen.

Abel und Reuters stellten sofort Fingerabdrücke sicher. Reuters fotografierte die Leiche von allen Seiten. Wieder und wieder die mit Teppichklebeband gefesselten Beine und Arme. Auch ihren Mund hatte der Täter mit Klebestreifen verschlossen.

Als sie losgeschnitten wurde, fotografierte er ihre Handinnenflächen. An einigen Stellen hing das Fleisch in Fetzen herunter. Die Finger waren verkrampft und in so einer merkwürdigen Haltung, als seien sie vorher mehrfach gebrochen worden.

»Wie hat der das gemacht?«, fragte der Fotograf.

Ann Kathrin Klaasen stellte sich vor, welche Qualen diese Frau gelitten haben musste. In dieser Hitze, ohne jede Lüftung, konnte sie nur durch die Nase atmen. Wie schwer musste ihr das gefallen sein.

»Er hat es ihr wirklich nicht leicht gemacht«, sagte sie.

»Wer immer das getan hat«, sagte Rupert, »ist ein sadistisches Schwein. Da werden einem ja Mörder, die ihre Opfer einfach abknallen, richtig sympathisch.«

Hier waren Ann Kathrin Klaasen jetzt zu viele Leute. Sie ging mit Weller nach draußen und resümierte auf der Straße, was sie bereits wussten.

»Dieser Mord ist geschehen, bevor er mir die tote Frau Orthner vor die Tür gelegt hat. Warum? Wir müssen feststellen, ob es zwischen den beiden Frauen irgendwelche Gemeinsamkeiten gibt. Kannten sie sich?«

Weller nickte diensteifrig. Er konnte jetzt nicht anders, er musste sich eine Zigarette anzünden. Ann Kathrin sah verständnisvoll darüber hinweg, beschloss aber gleichzeitig, ihn heute nicht mehr zu küssen.

»Er wollte, dass wir sie finden. Deswegen hat er zwei Fotos von ihr zu seiner Fotogalerie von der toten Frau Orthner auf den Computer gespielt.«

»Ich würde sogar noch weiter gehen«, sinnierte sie. »Es hat ihn wütend gemacht, dass wir sie noch nicht gefunden haben ...«

»Wie meinst du das?«, fragte Weller.

»Natürlich«, sagte Ann Kathrin, froh über ihren eigenen Einfall. »Der Mörder war sauer! Stell dir das doch mal vor, Weller. Er tötet auf diese demütigende Weise eine Frau, und dann geschieht vierzehn Tage lang gar nichts. Die Frau wird nicht gefunden. Er hat so eine tolle Tat vollbracht, und niemand nimmt sie zur Kenntnis. Er geht also in die Wohnung zurück und schaltet die Heizung auf volle Pulle.«

»Wieso?«

»Na, damit der Leichengeruch schlimmer wird. Damit irgendjemand merkt, dass die Frau tot ist. Er hat inzwischen schon einen zweiten Mord begangen. Doch auch der fällt niemandem auf. Herr Kühlberg glaubt, dass seine Frau es war, bindet die zu Tode gefolterte Schwiegermutter los und legt sie ins Bett. Dr. Wahl stellt einen normalen Totenschein aus. Jetzt steht er ganz schön blöd da, unser Mörder. Er hat zwei Frauen umgebracht, und anscheinend interessiert das niemanden. Das kratzt an seinem Selbstbewusstsein. Jetzt muss er aktiv werden. Er stiehlt die tote Frau Orthner aus der Leichenhalle und legt sie mir vor die Tür, bevor sie beerdigt werden kann. Er lädt Fotos von seiner zweiten Tat auf den Laptop von Frau Orthner und dreht dort die Heizung hoch. Eins ist ganz klar: Er will, dass wir wissen, was er tut! Er fühlt sich nicht gesehen, nicht beachtet, und schreit mit den Morden nach Aufmerksamkeit. Und was tun wir? Wir bemerken es nicht mal …«

Weller fand ihre Theorie absolut einleuchtend. So machte alles einen Sinn, und die Ereignisse hatten endlich ihren roten Faden.

»Selbst wenn er die Heizung schon vorher aufgedreht hat, um Frau Landsknecht zu quälen, kann alles so gewesen sein, wie du sagst, Ann.«

Sie fühlte sich erleichtert, endlich eine Erklärung zu haben, etwas, an das sie sich halten konnte. Und sie mochte die Art, wie er gerade *Ann* gesagt hatte. Sie warf ihm einen Blick zu. Vielleicht nicht verliebt, aber doch voller Sympathie.

»Nein, Frank. Er hat es erst nach ihrem Tod getan. Wahrscheinlich eine Woche später. Oder er ließ noch mehr Zeit verstreichen.«

Weller atmete den Rauch auf so sinnliche Art und Weise aus, dass Ann Kathrin fast Lust darauf bekam, auch eine Zigarette zu rauchen. Er könnte Werbung dafür machen, dachte sie.

»Woher willst du das wissen?«, fragte Weller.

»Erstens«, sagte sie, »wäre der Verwesungszustand dann viel weiter, und zweitens hat er es bei Frau Orthner schließlich auch nicht getan.«

»Na und?«

»Er verhält sich in Mustern. Er tut immer wieder das Gleiche. Und ich garantiere dir: Er wird weitermachen.«

Weller warf seine Zigarette auf den Boden und trat sie aus.

Ann Kathrin zählte an den Fingern auf: »Erstens: Er sucht sich alte, alleine lebende Frauen, die einsam genug sind, dass ihr Verschwinden nicht sofort auffällt. Zweitens: Er fesselt sie mit Teppichklebeband an einen Stuhl vor dem Buchregal. Er lässt sie verhungern und verdursten und fotografiert sie dabei. Er muss sie lange vorher beobachten, um zu wissen, ob er seine Tat gefahrlos durchführen kann oder nicht.«

»Weißt du, was ich mich frage, Ann?«

Weller ging ein paar Schritte voran, und Ann Kathrin folgte ihm.

»Nein. Was fragst du dich?«

Weller nestelte an seinem Hemd herum. »Wenn Frau Orthner kein Buchregal gehabt hätte, meinst du, er hätte dann den Mord nicht begangen, sondern sich eine andere ausgesucht? Ist das so einer? Bringt der belesene alte Damen um? Ich hab schon von vielen Spinnern gehört, aber das ist, glaube ich, ein bisschen weit hergeholt.«

Ann Kathrin fand seine Gedanken gar nicht so abwegig. »Immerhin dürfen wir nicht ignorieren, dass beide vor einem Buchregal saßen. Vielleicht spielen auch die Stühle eine Rolle«, mutmaßte sie.

»Wir sollten uns unsere Karten genau ansehen und keinen Trumpf außer Acht lassen. Hier zockt einer ganz abgebrüht sein Blatt runter. Und er lacht sich kaputt über uns Idioten.«

In dem Moment vibrierte Ann Kathrins Handy an ihrem Gürtel. Sie hatte eine SMS von Hero. Sie musste sie sich nicht anschauen. Ihr fiel siedend heiß ein, was er von ihr wollte: Der Termin bei den Rechtsanwälten Kirsch & Hinrichs …

Danke für die Unterstützung beim Anwalt,
liebe Ann Kathrin. Es war mal wieder
ganz hilfreich von Dir.
H & E.

Die Leiche wurde in einem Blechsarg aus dem Haus getragen. Der Pathologe ging hinterher. Ann Kathrin Klaasen sprach ihn an, wann sie die Ergebnisse haben könne. Natürlich würde noch heute eine Obduktion angeordnet werden.

»Genaues kann ich Ihnen erst mitteilen, wenn ich sie gründlich untersucht habe. Aber ich verspreche Ihnen, dass ich damit beginne, sobald der richterliche Beschluss auf meinem Tisch liegt.«

Ann Kathrin schüttelte den Kopf. »Nein. Sie beginnen jetzt. Sofort. Wer sagt uns, dass er nicht bereits ein weiteres Opfer in seiner Gewalt hat? Wir brauchen alle Informationen, um ihn zu fassen. Und wir brauchen sie jetzt.«

Heinrich Jansen saß voller Angst da und starrte seinen Peiniger an. Er ging auf und ab und wippte dabei mit dem Rohrstock. Er dozierte: »Das Problem ist dein Wille. Dein eigener Wille ist dein größter Feind. Nur durch Gehorsam wird man stark, und du ...«, er zeigte jetzt mit der Spitze des Rohrstocks auf Heinrich Jansen, »und du, du bist ein Schwächling!«

Dann hob er demonstrativ seine rechte Hand und ballte sie zur Faust. Als sei der Wille darin, so fest presste er die Faust zusammen. Die Knöchel traten weiß hervor. Er knirschte mit den Zähnen dabei.

Heute, dachte Heinrich Jansen, heute wird er mich umbringen. Dann ist es endlich vorbei.

Doch dann begann er wieder auf und ab zu laufen und sich zu erklären: »Wir müssen deinen Willen vernichten. Nur so wird ein ordentlicher Kerl aus dir. Das ganze Onanieren macht dich wahnsinnig. Jedes Mal geht ein bisschen deiner Gehirnflüssigkeit dabei verloren. Wusstest du das? Nein! Das haben dir deine Erziehungsberechtigten nicht beigebracht. Deshalb bist du ja jetzt hier! Dies ist deine Rettung, ist dir das eigentlich klar?«

Der alte Mann nickte. Natürlich gab er seinem Peiniger recht. Er fand die Worte klug. Er hatte sie selber oft gebraucht. Nur passten sie nicht hierhin. Jetzt, da er erkannte, dass diese Sätze falsch waren, nickte er aus Angst vor weiterer Prügel.

Der Mann legte den Rohrstock auf den Tisch und zückte sein finnisches Jagdmesser.

Jetzt, dachte Jansen, jetzt ist es vorbei. Er schloss die Augen und erwartete den erlösenden Stich. Er rechnete damit, dass er sein Herz durchbohren würde.

Dann spürte Heinrich Jansen, dass die Klinge nicht in sein Herz eindrang, sondern stattdessen mal wieder das Teppichklebeband zerfetzte.

Nein, dachte er. Bitte nicht.

Er spürte seine Hände schon gar nicht mehr. Die Finger waren zigmal gebrochen.

Sein Handgelenk wurde gepackt und sein Arm mit einem Ruck ausgestreckt.

»So. Und jetzt will ich deine Finger sehen. Mach sie schön gerade.«

Heinrich Jansen biss auf seine Unterlippe.

Die Stimme seines Peinigers säuselte: »Der Schmerz hilft dir, dein verfluchtes Ego zu vernichten.«

Dann sauste der Rohrstock mit diesem grässlichen Geräusch durch die Luft.

Heinrich Jansen schrie schon, bevor seine Finger getroffen wurden. Der Schmerz ging wie ein Blitz durch seinen ganzen Körper. Ein Feuer breitete sich von den Fingern aus bis unter die Fußsohlen.

»Glaub mir, jeder Schlag tut mir viel weher als dir. Ja, viel weher als dir.«

Ann Kathrin Klaasen konnte nicht anders. Sie musste jetzt ihre Mutter anrufen. Vermutlich ging es vielen ihrer Kollegen so. Sie sah Abel in der Ecke stehen, das Handy mit einer Hand abschirmend. Er flüsterte, wie mit einer Geliebten. Auch Ubbo Heide hatte plötzlich ein dringendes privates Telefongespräch zu erledigen.

Es wird wohl für immer ein Geheimnis bleiben, wie viele Mütter und Schwiegermütter, Omis und Tanten an diesem

Tag in Ostfriesland wieder von ihren Kindern, Enkelkindern, Nichten und Neffen hörten oder Besuch bekamen. Irgendwie machte dieser Fall jedem, der damit in Kontakt geriet, ein schlechtes Gewissen, sich um einen Angehörigen nicht genügend gekümmert zu haben. Wer wollte schon gern aus der Zeitung vom Tod einer Familienangehörigen erfahren, die gefesselt in ihrer Wohnung verhungerte, weil sich niemand um sie gekümmert hatte?

Ann Kathrin Klaasens Mutter wusste noch nichts von den ostfriesischen Morden. Der Artikel von Holger Bloem im *Kurier* über ihre Tochter hing eingerahmt an der Wand über dem Sofa. Sie mochte das Foto von Stromann. Sie konnte den Artikel fast auswendig, und die Art, wie Holger Bloem über ihre Tochter schrieb, gefiel ihr. Ja, das war sie wirklich – ihre Ann. Sie hatte so viel von ihrem Vater, dass die Mutter manchmal erschrak, wenn es ihr im vollen Umfang bewusst wurde. Nein, sie sah zum Glück nicht aus wie er, aber sie war so etwas wie seine weibliche Ausgabe.

Jetzt, während sie mit Ann Kathrin telefonierte, streichelte Helga Heidrich das Foto von ihrer Tochter an der Wand, das Stromann gemacht hatte. Für sie war er ein Meisterfotograf. Sie besaß mehrere Bildbände von ihm über das Meer und die Küste: *Borkum. Nordseeinsel unter weitem Himmel, Juist. Töwerland – Zauberland und Norden-Norddeich – eine ostfriesische Küstenstadt stellt sich vor.*

Sie empfand es als Auszeichnung, dass er ihre Tochter fotografiert hatte und nicht irgendwer. Es war wie ein Preis, den sie gewonnen hatte. Und jetzt liebte sie seine Bildbände noch mehr.

Helga Heidrich kannte ihre Tochter viel besser, als Ann Kathrin dachte. Sie spürte, dass etwas nicht stimmte. Da war ein Beben in ihrer Stimme. Eine Aufregung, die nicht in dieses Gespräch gehörte. So, als hätte sie vom Arzt eine schlimme Diagnose bekommen. Sie wusste, dass Hero ausgezogen war.

»Was ist, Ann Kathrin? Warum redest du so merkwürdig? Raus mit der Sprache. Ich bin deine Mutter.«

Ann Kathrin lachte gekünstelt. »Mit mir ist alles in Ordnung«, sagte Ann Kathrin. Ich bin deine Tochter, und ich rufe meine Mutter an. Ich finde das völlig normal.«

»Was ist los, Ann Kathrin? Fegt gerade ein Tsunami auf die Nordseeküste zu? Willst du mich noch einmal sprechen, bevor hier alles in den Fluten versinkt?«

»Wie kommst du denn auf einen Tsunami?«

»Ich lese gerade den *Schwarm* von Frank Schätzing.«

Ann Kathrin war froh, ein Thema gefunden zu haben, über das sie unverfänglich mit ihrer Mutter sprechen konnte. »Ich glaube, dass unsere Deiche halten, Ma. Die Ostfriesen verstehen was vom Deichbau.«

Doch ihre Mutter, noch ganz unter dem Eindruck des Buches, fragte zurück: »Kannst du dir vorstellen, was eine Dreißig-Meter-Tsunami-Welle mit diesem Küstenstreifen macht?«

»Ja, klar, mit irgendwelchen Monsterwellen werden unsere Deiche garantiert fertig. Allein die vorgelagerten Inseln dienen uns ja als Deichschutz.«

»Wusstest du, Ann Kathrin, dass in so gewöhnlichen, winderzeugten Brechern schon zwölf Tonnen Druck pro Quadratmeter gemessen worden sind? Aber gegen Tsunamiwellen von gleicher Größe sind das Kleinigkeiten.«

Ann Kathrin stöhnte. »Mama, bitte.«

Ihre Mutter liebte das Meer, aber sie fürchtete es auch. Sie sammelte leidenschaftlich Bildbände über die Küste, hatte Bilder von Leuchttürmen und Unterwasseraufnahmen an der Wand, aber eine ebensolche Faszination empfand sie auch bei allen Meeresunglücken und Katastrophenszenarien. Ihr Lieblingsthema in letzter Zeit war die Klimaerwärmung und das Schmelzen der Pole.

Ann Kathrin konnte sich jetzt keinen Vortrag anhören. Ihre

Mutter lebte. Sie war nicht an einen Stuhl gefesselt, und sie hatte in den letzten Tagen auch garantiert genug zu essen und zu trinken bekommen.

»Ich hätte Lust, mal wieder auf ein Stückchen Kuchen vorbeizukommen, Mama. Was hältst du davon?«

»Oh, du isst wieder Kuchen? Ist deine Diät vorbei? Wie viel wiegst du denn jetzt? Ich hab in den letzten zwei Wochen zwei Kilo abgenommen. Trennkost, sag ich nur. Man kann essen, so viel man will, es kommt nur darauf an, was zu welcher Zeit.«

Ubbo Heide hatte das Telefongespräch mit seiner Mutter beendet. Er sah Ann Kathrin Klaasen an und wusste genau, was in ihr vorging. Er selbst hatte seine Mutter zum letzten Mal an Heiligabend gesehen.

Heinrich Jansens Gesicht flog, getroffen vom Schlag, nach hinten. Er riss die Augen auf und sah ihm ins Gesicht.

»Komm, nicht einschlafen, Opa. Schau mich an. Wir werden jetzt ein paar schöne Vorher-Nachher-Fotos machen. Fein lächeln! Weißt du, du könntest längst frei sein, wenn die Kommissarin nicht so eine trübe Tasse wäre. Angeblich versteht sie ja so viel von der menschlichen Seele. Aber ich frage mich, wo sie bleibt.«

Er richtete seine Digitalkamera aus. »Mach die Augen nicht zu. Reiß sie schön weit auf. Du musst keine Angst haben, den Rote-Augen-Blitz-Effekt mach ich hinterher weg. Ja, ein richtiges Fotomodell wird aus dir nicht mehr, das sehe ich schon. Komm, lächle mal für unsere Kommissarin. Oder streck ihr wenigstens die Zunge raus. Zeig ihr, dass du sie magst. Fleh sie um Hilfe an. Wenn sie nicht bald kommt, bist du erledigt, alter Mann. Lange hältst du das nicht mehr durch, das weißt du doch. Ich werd dir jetzt noch was zu essen machen, damit du uns nicht abkratzt, bevor die Party zu Ende ist. Und dann muss ich dich leider alleine lassen. Ich hab noch was zu tun. Unsere Kommissarin wartet auf mich.«

Er machte im Internet alle paar Stunden eine Handyortung, um herauszufinden, wo sie sich befand. Ihre neue Position in Jever befriedigte ihn sehr. Sie versetzte ihn in einen Zustand von Aufgeregtheit. Endlich hatten sie die Hexe in Jever gefunden! Ann Kathrin Klaasen befand sich in der Straße, direkt vor dem Haus, und sie benutzte gerade ihr Handy.

Jetzt würde das Spiel erst richtig beginnen. Auch der letzte Idiot bei der Mordkommission Aurich hatte jetzt kapiert, mit wem sie es hier zu tun hatten.

»Ab jetzt«, sagte er zu sich selbst, »wirst du Zeit für mich haben, Ann Kathrin. Immer. Jede Menge. Komm! Such mich.«

Sie roch zunächst Ruperts Atem, dann erst hörte sie seine Worte.

»Ich weiß, dass ich dir damit auf den Keks gehe, Ann Kathrin, aber wir können nicht ignorieren, dass die Hauptverdächtige noch immer im Krankenhaus liegt und von uns nicht mal vernommen worden ist. Sie kann diesen Mord hier vor vierzehn Tagen begangen haben. Lange vorher. Als so eine Art Probelauf.«

»Sofern sie die Tote überhaupt kennt«, konterte Ann Kathrin.

»Ich weiß nicht, warum du diese Frau so sehr in Schutz nimmst. Ich finde das schrecklich unprofessionell.«

»Wir haben es mit einer Serie zu tun, Rupert. Nicht mit einer Familientragödie.«

»Ann Kathrin, deine Verdienste in allen Ehren, aber was ist denn, wenn die Dame im Krankenhaus viel cleverer ist, als wir alle ahnen? Vielleicht hat sie erst einen Mord begangen, damit das alles aussieht wie eine Serie. Vielleicht wird sie sogar noch einen dritten begehen, nur damit die Kripo glaubt, ihre Mutter sei einem Verrückten zum Opfer gefallen.«

Ann Kathrin überlegte, was dagegen sprach, Rupert einfach das Verhör machen zu lassen. Sie konnte Weller mitschicken. Sie musste ja nicht unbedingt selbst dabei sein. Ab jetzt standen ihnen ohnehin unbegrenzte personelle Möglichkeiten zur Verfügung.

»Okay«, sagte sie. »Nehmt sie euch vor, sobald sie vernehmungsfähig ist.«

Rupert atmete erleichtert durch. Wie um ihm den Triumph zu nehmen, betonte Ann Kathrin: »Ich sagte, wenn sie wieder vernehmungsfähig ist. Ich will keinen Ärger, Rupert. Ist das klar?«

»Ja«, sagte er. »Wir sind alle Idioten, und du bist der weibliche Sherlock Holmes. Ich weiß.« Er versuchte es runterzuschlucken, aber er konnte es nicht. Etwas in seinem Naturell sprach dagegen. Es platzte aus ihm heraus: »Ist das alles eine PMS-Nummer, oder was?«

Ann Kathrin sah ihn empört an.

»Ich meine, kriegst du deine Tage, oder sind das schon die Wechseljahre?«

»Es reicht, Rupert«, keifte sie, und er freute sich tierisch, sie so auf die Palme gebracht zu haben.

Die große Dienstbesprechung in Aurich empfand Ann Kathrin Klaasen als deprimierend. Sie konnten keine Verbindung zwischen den beiden Frauen herstellen. Im überprüfbaren Zeitraum gab es keine Telefongespräche zwischen ihnen. Obwohl die Kollegen in Jever ein beeindruckendes Potenzial an Beamten bereitgestellt hatten, um die Nachbarn nach Frau Orthner zu befragen, hatte niemand sie je in der Nähe von Frau Landsknecht gesehen. Auch in Frau Orthners Umgebung war Maria Landsknecht völlig unbekannt.

Über den Suchbegriff *Maria Landsknecht* in Frau Orthners Word-Dokumenten suchte Ann Kathrin nach Verbindungen zur zweiten Leiche, aber ihr Name kam in all den Dokumenten nicht vor.

Staatsanwalt Scherer war an diesem Tag besonders schlecht gelaunt. Man hatte ihn aus dem Urlaub geholt, und eine innere Stimme sagte ihm, dass seine Frau diese Nacht mit dem italienischen Kellner verbringen würde, der ihr schon die ganze Zeit über schöne Augen gemacht hatte.

Ann Kathrin referierte: »Er muss Maria Landsknecht mit einer Art Bambusstock oder Reitgerte geschlagen haben. Vielleicht auch einer Peitsche. In der Wohnung haben wir so einen Gegenstand aber nicht gefunden. Er hat ihn vermutlich mitgebracht und auch wieder mitgenommen. Überhaupt ist der Täter bestens vorbereitet. Er muss die Opfer lange vorher ausspioniert haben. Er wusste zum Beispiel genau, wann sie Besuch bekommen. Er brachte sich alles mit, was er brauchte: Schere, Klebeband, einen Fotoapparat. Er versuchte, sehr genau das Setting zu bestimmen. Stuhl, Buchregal …«

»Das wissen wir doch alles«, stöhnte Scherer. Er hatte das Gefühl, beim letzten Fall hätte Ann Kathrin Klaasen ihm die Show gestohlen. Die ganze gute Presse galt ihr. Am liebsten hätte er den *Ostfriesischen Kurier* abbestellt. Er wurde nicht ein einziges Mal erwähnt. Alles drehte sich um sie: Kommissarin Ann Kathrin Klaasen.

Seine Mundwinkel neigten sich nach unten, doch Ann Kathrin fuhr fort: »Wir müssen uns fragen, ob er bei seinem zweiten Opfer, das wir als erstes gefunden haben, auch schon die Reitgerte mitgehabt, aber nicht benutzt hat. Wenn ja, warum hat er beim zweiten Mal die Reitgerte nicht benutzt? Weil das Opfer tat, was er wollte? Was aber will er von den Frauen? Und hat Frau Landsknecht sich geweigert, irgendetwas zu tun, das er von ihr verlangt hat? Er muss die ganze Zeit über Handschuhe tragen, denn wir haben, zum Beispiel an der Heizung, keine Fingerabdrücke von ihm gefunden, obwohl er sie garantiert angefasst hat. Abgewischt wurde da nichts, denn es sind genügend Fingerabdrücke von der Toten darauf. Vermutlich ist er eine unauffällige Person. Keinem Nachbarn ist jemand aufgefallen.«

Scherer schlug mit der Faust auf den Tisch. Er hatte die Ärmel aufgekrempelt und wirkte jetzt ein bisschen wie ein Biertischpolitiker. »Was soll das denn bedeuten? Was sind das denn für Sätze? Eine unauffällige Person! Sollen wir so eine Fahndung herausgeben?«

»Ich sage nur, was wir wissen. Vielleicht maskiert er sich auch nur besonders klug. Verändert ständig sein Aussehen.«

»Ja, oder er kommt nur nachts!«, wetterte Staatsanwalt Scherer.

Ann Kathrin Klaasen schüttelte den Kopf. »Nein. Er ist auch tagsüber gekommen. Einige der Fotos sind ohne Blitzlicht gemacht worden.«

In dem Moment fiel ihr glühend heiß etwas ein. Vielleicht gab es eine Übereinstimmung der beiden in den Buchregalen. Natürlich! Sie musste die Buchregale überprüfen! Vielleicht fanden sich da Hinweise. Sie wusste nicht genau, wonach sie suchte, doch Bücher sagten viel über die Menschen aus, die sie lasen. Vielleicht war der Kontakt der beiden Frauen ja schon sehr lange her. Vielleicht hatten sie mal Bücher getauscht. Vielleicht besaß Maria Landsknecht nicht nur einen Angelique-Roman aus der Bibliothek, vielleicht auch ein Buch, das Regina Orthner ihr geschenkt hatte.

Sie konnte das jetzt unmöglich sagen. Es hätte sehr unprofessionell ausgesehen, wenn sie jetzt plötzlich Einfälle hatte und die auftischte. Wie sollte jemand wie Scherer das nachvollziehen können? Er war Systematiker. Zumindest behauptete er das von sich. Für Ann Kathrin Klaasen war er ein Systematiker ohne System.

Es war noch hell, doch Ann Kathrin hatte bereits zehn Stunden Dienst hinter sich. Sie fühlte sich wie gerädert, doch sie wusste, sie konnte auf keinen Fall ins Bett gehen, ohne vorher mit ihrem Sohn gesprochen zu haben. Wie eine drohende Lawinengefahr schwebte die Zivilklage der Bundesbahn über ihr. Außerdem wollte sie wissen, was Eike getrieben hatte, solchen Blödsinn anzustellen.

Am liebsten hätte sie ihn wieder zu sich geholt. Ein Kind gehörte zu seiner Mutter, nicht zu seinem Vater und dessen Geliebter, fand sie. Vielleicht war das eine spießige Ansicht, und noch vor kurzem hätte sie theoretisch auch das Gegenteil vertreten. Sie war doch locker und frei. Sie fand es in Ordnung, wenn Schwule heirateten, und jeder sollte nach seiner eigenen Fasson glücklich werden. Aber hier ging es um ihr Kind, und ihr Kind gehörte zu ihr und nicht zu ihrem Mann und dieser ... Susanne Möninghoff.

Um weder sich noch ihrem Mann irgendwelche Ausweichmanöver möglich zu machen, fuhr sie einfach hin. Es war kurz nach 22 Uhr und noch angenehm warm. Vom Meer her kam ein frischer Wind. Es war schönstes Nordseewetter für einen Spätsommer.

Als Ann Kathrin im Nordholz in Hage aus dem Wagen stieg, machten Möwen über ihr ein irres Geschrei in der Luft. Sie bezog das auf sich. Passte es den Möwen nicht, dass sie in dieser Straße parkte? Sie fühlte sich abgelehnt und unerwünscht.

Sie sah noch einmal zu den Möwen hoch. »Ich weiß«, sagte sie, mehr zu sich selbst als zu den Möwen, »ihr könnt nichts dafür.«

Sie roch es, bevor sie es sah. Natürlich, auch das noch. Sie grillten im Garten. Es waren junge Leute, Ende zwanzig, Anfang dreißig. Ann Kathrin kam sich sofort schrecklich alt vor. Außerdem ein paar Teenies in Eikes Alter. Die beiden wussten, wie man so einen Jungen gar kochte.

Eike stand am Grill und wendete die Steaks. Neben sich zwei dreizehn- oder vierzehnjährige Mädchen, die ihn anhimmelten. Gab er vor ihnen etwa damit an, wie er seine Deutschlehrerin fertiggemacht hatte?

Ann Kathrin wusste gleich, dass ihr Besuch jetzt keinen Sinn hatte. Sie konnten das unmöglich vor all diesen Leuten verhandeln, und sie zweifelte auch daran, dass Hero bereit war, sich mit ihr und Eike still in ein Zimmer zurückzuziehen, um unbeobachtet zu reden.

Eike hatte sie natürlich längst bemerkt, aber ihr Sohn tat so, als würde er seine Mutter nicht sehen. Ich bin ihm peinlich, dachte Ann Kathrin. Ich verderbe ihm den Spaß mit seinen neuen Freundinnen. Ich mache alles falsch …

Hero winkte ihr, so als fände er es ganz schön, wenn sie jetzt dazukäme. Wie gut er mich kennt, dachte sie. Er weiß genau, dass ich keine Lust habe, mich zu seinen Freunden zu gesellen. *Darf ich vorstellen – das ist meine Frau. Sie war leider im Bett nicht ganz so gut wie meine neue Geliebte, hahaha!* Nein, sie wollte ihm keine Gelegenheit geben, sie in irgendeiner Weise vorzuführen. Der Tag war hart gewesen, und sie fühlte sich kaum noch in der Lage, vor Publikum zu streiten.

Jetzt tat es ihr leid, Frank Weller nicht mitgenommen zu haben. Der Gute hatte ihr angeboten, sie zu begleiten. »Manchmal wird alles einfacher, wenn ein Dritter dabei ist. Ich will mich nicht als Mediator aufspielen, dazu bin ich bestimmt eine ungeeignete Person, aber ich kenne das von meiner Renate und mir. Wir haben uns einfach mehr zusammengerissen, wenn eine dritte Person dabei war.«

Sie wünschte sich ihn jetzt einfach als Verstärkung herbei.

Sie fühlte sich merkwürdig einsam, obwohl ihr Sohn und ihr Mann da waren.

Natürlich – da war sie: Susanne Möninghoff. Sie stolzierte direkt auf Ann Kathrin zu. Sie lächelte und hatte diesen Hüftschwung, der aller Welt sagen sollte: *Ich habe ein schönes Sexualleben. Mit mir macht es Spaß im Bett.*

Komm nur, dachte Ann Kathrin Klaasen, und sie bereitete sich jetzt innerlich auf alles vor. Vielleicht würde Heros Busenwunder ihr gleich eine reinhauen und hier, vor all den Gästen, eine Schlägerei mit ihr anfangen. – Nun, sollte sie nur. Die konnte sie nicht gewinnen.

Vielleicht hätte eine solche Rauferei Ann Kathrin jetzt sehr gutgetan. Sie fragte sich, was Eike in dieser Situation tun würde. Würde er zu seiner Mutter halten? Oder zur neuen Geliebten von Papa? Würde er bei seinen Freundinnen stehen bleiben? Versuchen, den Streit zu schlichten? Oder sich einfach nur schämen?

Ann Kathrin rechnete mit vielen Bösartigkeiten, nur nicht damit, dass Susanne Möninghoff in ihrem hellblauen, arschkurzen, tief ausgeschnittenen Sommerfähnchen mit strahlend falschem Lächeln sagte: »You are welcome. Ich find's klasse, dass du kommst.«

Sie tat, als sei sie schon so oft in Amerika gewesen, dass ihr manchmal diese Sätze einfach so rausrutschten, schüttelte den Kopf und übersetzte, als ob Ann Kathrin es nicht verstanden hätte: »Herzlich willkommen. Fühl dich wie zu Hause. Ich find's schön, dass du kommst. Wer weiß, wenn sich die Wellen ein bisschen geglättet haben und die Emotionen gelegt, vielleicht können wir ja Freundinnen werden. Ich wüsste nichts, was dagegen spräche. Für Eike und Hero wäre es bestimmt das Beste.«

Es war wie ein Tiefschlag in die Gedärme. Du falsche Schlange, dachte Ann Kathrin, du willst mich mit deiner Umarmung erdrosseln. Warte nur, so einfach werde ich es dir nicht machen.

Da flötete Susanne Möninghoff schon Hero herbei. War das Ganze ein abgekartetes Spiel? Hatten die beiden sich abgesprochen? Wieso war der plötzlich so freundlich? Seine SMS hatte sich doch noch ganz anders gelesen.

So laut, dass es auch wirklich jeder hören musste, lachte Susanne Möninghoff: »Nun gib deiner Ex schon einen Kuss! Du weißt doch, dass ich nicht eifersüchtig bin, hahaha.«

Hero umarmte sie und gab ihr einen feuchten Schmatz auf die Wangen. Sie versuchte, sich aus seinen Armen zu befreien. Zum ersten Mal waren seine Berührungen ihr widerlich.

»Ich wollte mit dir über Eike sprechen«, sagte sie halbherzig und ärgerte sich über ihre eigene Tolpatschigkeit.

»Können wir dir was anbieten? Ein schönes Steak vom Gallowayrind oder ein paar Würstchen vom Biobauernhof? Wir haben auch Deichlamm. Man schmeckt die Salzwiesen. Das ist ganz erstaunlich!«

»Wir verwenden nur wirklich gutes Fleisch, weißt du, dafür geben wir gerne etwas mehr aus«, posaunte Susanne Möninghoff. »Komm, ich stell dir meine Freunde vor. Das hier ist ein wunderbarer Musiker, der ...«

Wieso duzt die mich eigentlich, fragte sich Ann Kathrin. Ist das neuerdings gesellschaftlich anerkannt? Irgendeine Regel, die ich nicht kenne? Etwa so: Jede, die mit dem Ehemann einer anderen ins Bett steigt, wird dadurch zu ihrer Duzfreundin. Praktisch per Geschlechtsverkehr ...

Ann Kathrin Klaasen warf nur einen hilflosen Blick zu Eike, aber der schien sich immer noch mehr für seine beiden neuen Freundinnen zu interessieren als für seine Mutter.

Ann Kathrin trat den Fluchtweg an. Sie wusste, dass sie damit alles nur noch schlimmer machte. Im Auto hasste sie sich dafür, weggelaufen zu sein. Vielleicht wäre es besser gewesen, das Spiel einfach mitzuspielen. Gute Miene zum bösen Spiel zu machen. Ein sicherlich biodynamisch völlig korrektes Filet zu essen, um dann den Abflug zu machen. So hatte sie sich nur selbst eine Niederlage beigebracht.

Sie raste nach Hause, dabei rollten ihr Tränen über die Wangen. Sie überlegte einen Moment, ob es klug sei, nach Nessmersiel zu Aggis Huus zu fahren, um dort noch ein bisschen aufs Meer zu schauen und etwas zu trinken. Die Wohnzimmeratmosphäre dort hatte ihr in aufgeregten Situationen immer gutgetan, aber vielleicht war schon geschlossen, oder sie stieß auf eine Touristengruppe – nein, Menschen konnte sie auf keinen Fall mehr ertragen und noch schlimmer, keine Niederlage mehr. Auch nicht die kleinste. Sie spürte, dass sie ganz nah am Rand war, als könnte schon ein geschlossenes Lokal einen Suizidversuch in ihr auslösen.

Sie wusste, dass Weller zu Hause auf sie wartete. Sie hatte ihm den Schlüssel gegeben. Er wollte es »für uns ein bisschen gemütlich machen«. Als sie das Haus im Distelkamp 13 in Norden betrat, war jede elektrische Beleuchtung ausgeschaltet. Weller hatte alle Kerzen und Teelichter angezündet, die er im Haus gefunden hatte. Es waren viele. Es roch nach Arnika, und die Teelichter auf den Steinfliesen wiesen ihr den Weg.

Er wusste, dass das eine Niederlage für mich wird, dachte sie. Er wusste es. Er hat das hier vorbereitet, um mich aufzufangen. Er will mir etwas Gutes tun. Doch sogleich keimte wieder Misstrauen in ihr auf. Oder ist das nur ein erneuter Versuch von ihm, mich zu verführen? Ist er so ausgehungert und unersättlich? Wer weiß, wie lange er keine Frau mehr hatte. Will er sich nur austoben mit mir?

Wieder traten Tränen in ihre Augen. Warum bin ich so, dachte sie. Muss ich alles kaputt machen? Kann ich überhaupt niemandem mehr vertrauen? Gar nicht mehr genießen? Was ist mit mir los?

Er hatte eine Flasche sizilianischen Rotwein entkorkt. Auch er kaufte in Norden inzwischen im Kontor ein, weil er wusste, dass es kaum irgendwo erlesenere Weine gab. Er verstand nicht wirklich etwas von Wein und ließ sich im Kontor gern beraten. Allein schon die Art, wie Matthias Fuchs über Wein sprach, war das Geld wert, fand Weller. Er hatte sich seine Worte gemerkt und wollte den Wein genauso für Ann Kathrin anpreisen, doch als er sie jetzt sah, waren die Sätze in seinem Kopf wie ausgelöscht.

Weller nahm sie in den Arm und hielt ihr einfach ein Glas Wein nah ans Gesicht. Er roch daran. Sie tat es ihm gleich, dann kuschelte sie sich in seine Arme, ohne einen Schluck genommen zu haben. Er trank ein bisschen aus dem bauchigen Glas.

»Es war schrecklich«, sagte sie. »Ganz schrecklich.«

»Ich weiß«, sagte er. »Ich weiß.«

Dann legte er seine kühlenden Finger in ihren Nacken und begann sie dort zu streicheln. Sie spürte, dass sie verschwitzt war, aber das machte ihm nichts aus.

»Woher kommt der Duft?«, fragte sie.

»Ich habe uns Arnika-Massageöl besorgt. Ich denke, das brauchst du jetzt, Ann.«

»Frank …«, sagte sie. »Frank … Ich weiß nicht, was ich sagen soll. Du bist so …«

»Sag einfach gar nichts.«

Entlang der Straße der brennenden Teelichter ging sie mit Frank Weller zurück ins Schlafzimmer. Sie spürte, dass er sie ausziehen wollte, aber das war ihr jetzt zu viel. Sie befreite sich nur von ihrem Oberteil und warf sich dann bäuchlings aufs Bett und drückte ihr nasses Gesicht ins Kissen.

Der Arnikageruch wurde stärker. Sie hörte, dass er seine Hände gegeneinanderrieb, dann legte er sie sanft auf ihren Rücken. Er massierte ihre Haut zunächst vorsichtig zwischen ihren Schulterblättern, dann ihren Nacken. Schließlich öffnete er ihren BH. Sie ließ es einfach zu. Seine Hände strichen mit kreisenden Bewegungen über ihren Rücken, und etwas in ihr löste sich. Sie begann zu weinen wie ein kleines Kind.

»Lass dich ruhig gehen«, sagte er. »Lass dich einfach gehen. Man kann nicht alles runterschlucken, Ann. Glaub mir, ich hab das selbst viel zu lange gemacht. Ich war sozusagen Fachmann darin.«

»Sie hat mich so gedemütigt ... Sie ist so eine fiese Schlange ... so eine schreckliche, intrigante Person. Und es ärgert mich so, dass ich den ganzen Tag an sie denken muss. Ich kann an gar nichts anderes denken, verstehst du? Egal, was ich tue, immer wieder denke ich an dieses Weib. Was sie mir weggenommen hat und wie sie meinen Mann und meinen Sohn umgarnt.«

Weller setzte jetzt die Daumen links und rechts neben ihrer Wirbelsäule an und drückte fester. »Du bist wirklich verspannt«, sagte er. »Dein Rücken ist hart wie ein Brett.«

Er war keine hundert Meter von den beiden entfernt. Am liebsten wäre er wieder zu ihnen ins Haus geklettert, aber er hatte hier in seinem blauen Passat einen super Empfang. Das Objektiv stand jetzt endlich wieder richtig im Koffer.

Das schummrige Kerzenlicht gab den Aufnahmen etwas Irreales, Mystisches. Er konnte im Halbdunkel nur Bewegungen erkennen. Dafür waren die Stimmen jetzt umso deutlicher.

Zunächst hatte er nur Wut auf Weller. Der Kretin sollte sich endlich verziehen! Doch dann begriff er, dass nicht Weller die eigentliche Ablenkung war, sondern Susanne Möninghoff.

Ann Kathrins Worte hallten in seinem Ohr: *Sie hat mich so gedemütigt ... Sie ist so eine fiese Schlange ... so eine schreckliche, intrigante Person. Und es ärgert mich so, dass ich den ganzen Tag an sie denken muss. Ich kann an gar nichts anderes denken, verstehst du? Egal, was ich tue, immer wieder denke ich an dieses Weib. Was sie mir weggenommen hat und wie sie meinen Mann und meinen Sohn umgarnt.*

Na klar, Ann Kathrin. Das kann ich verstehen. Dieses Weib macht dich fertig. Sie raubt dir alle Energie. Deshalb kannst du dich nicht wirklich mit mir und meinem Fall beschäftigen. Vielleicht sollte ich sie dir vom Leib halten. Ist es das, was du willst? Soll ich Susanne Möninghoff erziehen?

Er atmete tief durch und fühlte sich zu allem entschlossen. Ja, das war es! So konnte er sie auf seine Seite bringen. Wie dankbar müsste sie sein, wenn er diese Frau aus dem Verkehr zog. Außerdem wäre das auch ein Schlag für Weller.

Er streichelte über den Bildschirm und fühlte sich ein bisschen, als ob er Ann Kathrins Körper massieren würde.

»Ich werde dir helfen, Ann«, flüsterte er. »Du kannst dich auf mich verlassen. Ich steh dir bei. Es wird mir eine Freude sein.«

Plötzlich gab es eine schnelle Bewegung. Ann Kathrin setzte sich auf. Die Körbchen vom BH baumelten nur noch lose an ihren Brüsten und fielen dann runter. Sie schien das gar nicht zu beachten. Das Kerzenlicht beleuchtete die Vorhöfe ihrer Brustwarzen wie einen Heiligenschein.

Bei dem Anblick spürte er sein Glied augenblicklich steif werden.

Ann Kathrin stieß Weller abrupt zurück: »Und weißt du, was das Schlimmste ist? Ich trau niemandem mehr! Nicht mal dir. Nein, schlimmer noch, nicht mal mir selber. Weißt du, was ich mich frage? Ich frage mich, ob ich vielleicht nur ins Bett mit dir gehe, um mich an ihm zu rächen. Ich komme mir so schäbig vor dabei, weißt du.«

Weller versuchte sie wieder zu berühren, doch sie stieß seine Hand weg. Sie hielt sich beide Hände vors Gesicht und weinte hinein. »Ich bin eine schlechte Mutter, und ich war ihm eine schlechte Ehefrau. Ich bin nicht mal dir eine gute Geliebte! Und als Kommissarin hab ich auch versagt.«

»Aber Ann, du weißt, dass das nicht stimmt! Ohne dich wären wir noch lange nicht so weit. Wir hätten sie längst noch nicht gefunden …«

»Was nutzt das denn? Sie war tot! Er gibt uns Hinweise, verstehst du, Frank, er will von uns gefasst werden. Wir sind nur zu dämlich, seine Zeichen zu lesen. Wir sind zu langsam!«

Er versuchte, sein steifes Glied zu ignorieren. Er wollte nicht zum Sklaven seiner eigenen Lust werden.

»Du bist nur ein gefallener Engel, Ann Kathrin«, sagte er und streichelte ihr Gesicht auf dem Bildschirm. »Du weißt, was richtig ist. Diese Möninghoff bringt dich dazu, das Falsche zu tun. Sie hat dich verwirrt. Ich werde sie mir schnappen, diese Hure.«

Weller schlief schon längst und atmete beruhigend regelmäßig neben Ann Kathrin. Aber sie lag wach, starrte die Decke an, und ihr Blick blieb besonders lange an dem Koffer hängen, der oben auf dem Kleiderschrank lag. Eine silberne Schnalle daran spiegelte das Mondlicht wider, das zwischen den Lamellen des Rollladens ins Schlafzimmer fiel. Sie hatten die Fenster auf Kipp und die Rollläden so, dass ein wenig Luft hereinkam und sie das Meer in ihrem Schlafzimmer riechen konnte.

Dabei wälzte sie im Kopf die ganze Zeit zwei Probleme: Erstens, was will der Mörder mir mitteilen? Wahrscheinlich weiß ich längst genug, um ihn zu fassen. Ich kann es nur noch nicht deuten. Und zweitens, wie mache ich weiter mit Eike? Ich muss Kontakt zu meinem Sohn bekommen, ohne dass diese blöde Ziege mir dazwischenpfuscht.

Vielleicht wäre es schön, zusammen mit Eike in Urlaub zu fahren. In irgend so eine Anlage mit Sport und Animation für die Jugend. Sie selbst wäre am liebsten am einsamen Juister Strand mit ihm spazieren gegangen, aber sie wusste, dass er darauf nicht stand.

Sie musste ihm schon etwas bieten, um ihn zu sich zu locken. Gleichzeitig beleidigte es sie. Was war das für eine Situation, dass sie sich als Mutter ein Amüsement ausdenken musste, um mitzuhalten mit den Dingen, die der Papa und seine Geliebte ihrem Kind boten?

Je weniger sie in der Sache mit Eike weiterkam, umso mehr verbiss sie sich in ihren Fall. Es musste Gemeinsamkeiten zwischen den beiden ermordeten Frauen geben.

Ann Kathrin ging hoch in ihr Arbeitszimmer. Hier oben hatte sie keine Rollläden, daher schien der Mond so hell herein, dass sie kein Licht anknipsen musste. Sie setzte sich in ihren Bürosessel aus schwarzem Leder. Er war schön kühl auf der Haut.

Ihr Laptop kam ihr merkwürdig fremd vor. Ein bisschen unheimlich, seitdem sie wusste, dass jemand ihn von außen beherrschte, ihre Daten ausspioniert hatte und von hier aus ihre Überwachungsanlage bzw. die Videokameras ein- und ausschalten konnte. Sie musste sich innerlich überwinden, online zu gehen. Sie berührte die Tastatur mit spitzen Fingern, als ob sie ein wildes Tier wäre, das jeden Moment nach ihr schnappen konnte. Sie verstand dieses Ding nicht, und alles, was sie nicht verstand, machte ihr Angst.

Natürlich wäre es professionell gewesen, Charlie den Computer ganz zu überlassen. Vielleicht konnte er zurückverfolgen, wer von wo aus in ihren Computer hineingehackt hatte. Aber irgendwie zog sie sich damit völlig aus, fand sie. Ihr Computer mit all den Mails würde plötzlich zum Objekt der Fahndung, ein Gegenstand für Laborberichte und kriminaltechnische Auswertungen.

Sie legte die Antiviren- und Trojanerprogramme ein, die

Charlie Thiekötter ihr gegeben hatte. Schon nach wenigen Sekunden wurde das Programm fündig. Mit einem Mausklick bestätigte sie, dass der Trojaner gekillt werden sollte.

Sie fühlte sich gut damit, das alleine erledigt zu haben. Sie wollte nicht, dass alle alles über sie wussten. Sie hatte keine schlimmen Geheimnisse, nichts, was sie ins Gefängnis bringen konnte. Aber etwas in ihr beharrte trotzdem darauf, eine Privatsphäre zu haben. Mussten die wissen, was sie sich wo bestellt hatte? Bei ihren krausen Dienstzeiten hatte sie längst das Internet als Kaufhaus für sich entdeckt. Sie konnte nachts in Ruhe aussuchen und bestellen, die Post lieferte alles. Da die Postbotin sie gut kannte, stellte sie die Pakete einfach in die Garage, wenn Ann Kathrin nicht da war. Die Garagentür ließ sie für solche Zwecke immer offen.

Plötzlich wurde ihr ganz heiß. Sie hatte die Garagentür in den letzten Monaten wirklich nie verschlossen. Früher hatte Hero die Pakete angenommen. Er war ja fast immer zu Hause, aber seit er ausgezogen war, hatte sie mit der Norder Post eine andere Vereinbarung getroffen.

Die offene Garagentür … Das große Tor blieb natürlich immer geschlossen, aber die Tür daneben, die war offen. War der Täter dadurch in ihre Wohnung gekommen?

Sie ging runter in die Garage und sah sich den Zugang zu ihrem Haus an. Es gab eine Tür, die von der Garage direkt in ein Gästezimmer führte.

Hier hatten schon lange keine Gäste mehr geschlafen. Inzwischen war alles vollgestellt mit Schuhen, Wintersachen und all den Dingen, die sie nicht ständig brauchte. Sie benutzte diese Tür eigentlich nie, sondern betrat ihr Haus meistens durch den Vordereingang.

Ann Kathrin knipste die Neonröhren in der Garage an und sah sich die Tür an. Das Licht flackerte kurz über ihr, als würde die Beleuchtung nicht mehr funktionieren.

Es gab ein paar kleine Kratzer ums Schloss. Hatte hier jemand versucht, das Schloss zu knacken? Es war eine Stahltür, wie sie benutzt wurde, um Ölkeller abzusichern. Es gab auch ein Sicherheitsschloss. Aber wer in einen Computer kam, der konnte vermutlich auch so eine Tür öffnen.

Sie musste an Weller denken, für den jedes Schloss sowieso nur ein Witz war und keine ernste Sicherungsmaßnahme.

Ich muss mir mit der Post was Neues ausdenken, dachte sie. So geht es nicht weiter.

Sie beschloss, wieder hochzugehen und alles auf ihrem Computer zu löschen, was ihr unangenehm war, wenn andere Menschen es sahen.

Schon nach wenigen Minuten schien es ihr aussichtslos. Sie hatte schon sämtliche Mails gelöscht, die sie nach der Trennung von Hero mit ihrer Freundin Ulrike gewechselt hatte. Sie konnte sich zwar nicht vorstellen, dass sich Charlie dafür interessierte, wie sie sich als betrogene Ehefrau fühlte, aber Charlie war nicht der einzige Kollege in der Polizeiinspektion. Rupert las solche Dinge wahrscheinlich brüllend vor Lachen abends am Biertisch vor, dachte sie.

In diesem Moment erhielt Ann Kathrin eine Mail. Sie kannte den Absender nicht. Es war ein Anhang dran mit 153 KB. Doch im Betreff stand: *Liebe Grüße an die Frau Kommissarin.*

Sie öffnete den Anhang und sah zwei Fotos von einem alten Mann.

Sie lief nicht runter zu Weller, um ihn zu wecken. Sie blieb einfach sitzen, hob die Hände vom Computer weg, als sei er ein Tatwerkzeug, das nicht berührt werden durfte, damit keine Spuren verwischt werden konnten.

Ann Kathrin kreischte: »Frank! Frank! Frank!«

Er hechtete unten aus dem Bett und war Sekunden später bei ihr. Ihre Schreie ließen ihn an eine lebensbedrohliche Situation glauben. Er wunderte sich, sie in dem Bürosessel kniend anzutreffen.

Weller hielt seine Dienstwaffe in der Hand.

»Ich bin allein«, sagte sie. »Er ist nicht hier. Aber er hat mir eine Nachricht geschickt.« Dann zeigte sie auf den Bildschirm.

Weller sah die Fotos von Heinrich Jansen. »Er ist also nicht auf Frauen festgelegt«, sagte er trocken.

Ann Kathrin schlang ihre Arme um seine Brust und drückte sich ganz fest an ihn. Weller streichelte sie, doch sein Blick war dabei starr auf den Computer gerichtet.

»Auch Buchregale sind ihm nicht besonders wichtig, Ann. Das da hat einen dunklen Hintergrund. Irgendein Keller oder so was. Ansonsten die gleiche Methode.«

»Der Mann lebt noch.«

»Ja, das hab ich auch gesehen.«

Ann Kathrin drückte sich noch fester an Weller. »Diese Augen«, sagte sie. »Ich kann diese Augen nicht ertragen.«

Für einen Moment spürte sie, dass es ihr fast lieber gewesen wäre, die Fotos von einer Leiche zu sehen. Aber dieser Mann, der dort leidend angebunden war und um Hilfe zu flehen schien, machte Ann Kathrin völlig fertig.

»Was jetzt?«, fragte sie. »Was jetzt? Sag mir doch, was ich tun soll, Frank. Sag es mir!«

Ihm wurde bewusst, dass seine Chefin mit ihren Fäusten auf seiner Brust herumtrommelte und ihn fragte, was zu tun sei, so als hätten sich die Autoritätsverhältnisse umgedreht.

Sie fragt mich das gar nicht als ihren Kollegen, dachte er. Sie fragt es mich als ihren Freund. Ihren Vertrauten. Ihren Mann.

Er fühlte sich geehrt und spürte, wie sehr sie von ihm erwartete, dass er in irgendeiner Form die Initiative ergriff. Dabei war er selber genauso ratlos wie sie.

Jedes Bild hatte eine Unterschrift: *Während ihr vögelt, sterbe ich* stand unter dem ersten und unter dem zweiten: *Tu was, Ann Kathrin!*

»Er will mich in den Wahnsinn treiben«, sagte Ann Kathrin.

Weller ging nicht darauf ein. »Er duzt dich«, sagte er und streichelte ihre Haare. »Er glaubt, er hat eine Nähe zu dir. Oder er will sie zumindest aufbauen.« Dann stellte er klar: »Wir werden jetzt ein paar Kollegen wecken müssen. Wir brauchen das ganz große Besteck. Jede Laborratte, jeden Computerfachmann. Der Typ hat es auf dich abgesehen.«

»Was will er von mir?«

»Wahrscheinlich kennst du ihn, Ann.« Er griff zur Telefonstation, die neben ihrem Computer auf dem Schreibtisch stand, und hob das Handgerät heraus.

»Bitte, gib mir zwei Minuten«, flehte sie. »Ich will mich anziehen. Ich kann jetzt unmöglich so … Außerdem werden alle merken, dass du hier geschlafen hast. Wir müssen sagen, dass du …«

Er schüttelte den Kopf. »Was denn? Dass ich zufällig hier vorbeigekommen bin? Morgens um 2 Uhr zwanzig? Du am Computer gesessen und deine E-Mails gecheckt hast?«

»Frank! Wenn die Kollegen in dieser Situation hereinkommen, dann weiß jeder …«

»Das spielt jetzt überhaupt keine Rolle mehr, Ann. Außerdem weiß es sowieso jeder. Was denkst du? Die sind bei der Kripo. Rupert ist doch nicht blöd! Die zerreißen sich längst das Maul über uns. Was glaubst du denn, warum Rupert in letzter Zeit so ekelhaft ist?« Weller beantwortete seine Frage selbst: »Weil *er* dich eigentlich flachlegen wollte, und jetzt sind *wir* beide ein Paar. Das wurmt ihn, ist doch klar.«

»Na, danke«, fauchte Ann Kathrin. »Das ist genau das, was ich jetzt im Moment gebraucht hab!«

Sie lief runter ins Schlafzimmer und zog sich eine Jeans

an und ein T-Shirt. Als sei das Ganze ein offizieller Anlass, schlüpfte sie auch noch in ein schwarzes Jackett.

Charlie Thiekötter und Ubbo Heide hatten beide keinen Dienst, doch sie waren noch vor den anderen Kollegen aus Aurich da. Charlie hatte sich seinen blauen Freizeitpullover, den seine Mutter vor vielen Jahren für ihn gestrickt hatte, über seinen Schlafanzug geworfen und war dann in die Jeans gestiegen. In seinen braunen Slippern war er barfuß, und unterm Pullover konnte Ann Kathrin den zerknautschten Kragen seines Schlafanzugs sehen.

»Können wir das zurückverfolgen?«, fragte Ubbo Heide.

Charlie schüttelte den Kopf. »Klar können wir das. Aber wenn er nur halb so gut ist, wie ich denke, endet es garantiert in einer Sackgasse.«

Weller hatte die Fotos inzwischen mit Ann Kathrins Laserdrucker mehrfach kopiert. Ubbo Heide sah sich die Bilder mit einer Lupe an. Er winkte Ann Kathrin zu sich: »Erkennst du etwas darauf, das wir nicht sehen, Ann Kathrin? Jetzt brauchen wir genau so eine gute Idee wie die von der Bibliothek in Jever. Der Mann da lebt garantiert noch.«

Jetzt kam Rupert. Er schlich so merkwürdig durchs Haus, sah neugierig in jede Ecke und machte Ann Kathrin damit wütend.

»Der Mörder hat sich bestimmt nicht in meinem Kleiderschrank versteckt«, zischte sie ungehalten.

»Wir könnten das Foto morgen früh schon im Frühstücksfernsehen haben. Irgendeiner wird den alten Mann sicherlich kennen.«

Das Wort *Fernsehen* schnürte Ann Kathrin sofort den Hals zu. Ihr waren jetzt schon zu viele Leute in ihrem Haus. Sie stellte sich vor, wie das alles ausgebreitet werden würde. Der irre Mörder, der der Kommissarin eine Leiche vor die Tür legte und ihr Fotos vom nächsten Opfer schickte. Überall waren Hinweise für die Lösung des Falles, aber weil sie nicht klug genug waren, die Hinweise zu sehen, mussten immer mehr Leute sterben. Es war eine Art Kreuzworträtsel oder Sudoku. In jedem Mord lag bereits der Hinweis auf den nächsten.

»Wir sollten das genau überlegen«, sagte Ubbo Heide. »Das sind nicht irgendwelche Passfotos. Der Mann da hat panische Angst. Wollt ihr, dass morgen jedes Kind diese Bilder sieht? Der Druck auf uns wird irrwitzig steigen, wenn wir das veröffentlichen.«

Scharf fuhr Weller seinem Chef in die Parade: »Und wenn wir das nicht tun, werden nachher Typen Schlange stehen, die behaupten: *Wir hätten ihn auf den Fotos sofort erkannt. Er hätte gerettet werden können. Warum hat die Polizei uns nicht richtig informiert? Typisch Bullen. Stur. Blöd. Unbelehrbar. Echte Ostfriesen.*«

Weller wollte die Flucht in die Öffentlichkeit, und auch Rupert lästerte: »Also, ich würde jetzt auch den Publikums-Joker spielen. Vielleicht weiß da draußen jemand mehr als wir?«

So unangenehm Ann Kathrin das alles war – vielleicht hatten die zwei recht.

»Er führt uns an der Nase herum. Er weiß, dass wir die Fotos veröffentlichen. Er will es sogar.«

»Na und?«, empörte Rupert sich.

Weller schwenkte sofort um und stellte sich hinter Ann Kathrin. Er atmete tief durch und sagte so sachlich wie möglich: »Wenn wir ihn über die Veröffentlichung der Fotos finden könnten, hätte er sie uns nicht geschickt.«

»Was soll das heißen?«

»Keine Ahnung. Ich glaube einfach nicht, dass er so dämlich ist. Er will, dass wir die Bilder veröffentlichen und dass es dann zu einer Panik kommt. Alle werden über ihn reden. Er wird überall auf Seite eins stehen. Vielleicht will er das. Es schmeichelt seiner Eitelkeit.«

Ann Kathrin nickte. Ihre Stimme krächzte. Sie brauchte dringend ein Glas Wasser. »Ja, da kann etwas dran sein. Er will uns benutzen.«

Rupert gestikulierte hilflos. »Ja, was soll das jetzt hier? Wird nun jede kriminalistische Arbeit auf den Kopf gestellt? Werden wir in Zukunft keine Fahndungsfotos mehr veröffentlichen, weil das ja nur die Popularität des Täters steigert und seinem Ego schmeichelt?«

Rupert steckte die rechte Hand tief in die Hosentasche und zog ungeniert am Gummiband von seinem Slip. Er machte eine Verrenkung mit dem Bein, aber auch dadurch wurde es nicht besser. Ihm taten die Eier weh. In Stresssituationen wie dieser fühlten sie sich an, als würden sie von innen aufgepumpt und könnten jeden Moment platzen. Jede kleine Berührung des Stoffes war dann schmerzhaft. Er wusste gar nicht, wie er sich hinsetzen sollte. Am liebsten stand er dann breitbeinig und ließ die Eier baumeln. Aber seine viel zu eng geschnittenen Retroshorts erlaubten das nicht. Wenigstens tat sein Rücken im Moment nicht weh. Das bedeutete, er segelte im Aufwind. Er lächelte grimmig.

»Ich glaube«, sagte Weller, »während wir unsere Karten ordnen, könnten wir alle einen Espresso vertragen.«

»Hat jemand Scherer angerufen?«, fragte Ubbo Heide. Im gleichen Moment klingelte es, und der Staatsanwalt war da.

Er sah nicht aus wie ein Mann, der aus dem Bett geholt worden war. Er trug einen cremefarbenen Sommeranzug, ein eidotterfarbenes Hemd und eine schwarze Krawatte mit kleinen, zum Hemd passenden gelben Punkten und cremefarbenen Schrägstreifen, die ein bisschen aussahen wie Salzstangen. Der Anzug war neu. Der Kniff in den Hosenbeinen war scharf, und in den Kniebeugen gab es noch keine Falten.

Weller fragte sich, was für eine Schuhcreme er benutzte, denn seine Lackschuhe glänzten, als seien sie von innen beleuchtet. Weller kam sich neben ihm plötzlich mickrig und unattraktiv vor.

Rupert ging es genauso, nur im Gegensatz zu Weller schluckte Rupert das nicht hinunter, sondern fragte: »Klasse Anzug, Herr Scherer. Vom Flohmarkt?«

Scherers Nase war gerötet. Der Heuschnupfen machte ihn fertig. Er hatte vom Niesen schon blutunterlaufene Augen. Er nahm in Ann Kathrins Bürosessel Platz und sah sich auf dem Bildschirm die Fotos an. Augenblicklich schwitzte er sein Hemd durch. Am liebsten hätte er sich die Krawatte vom Hals gerissen und die Knöpfe an seinem Hemd geöffnet. Doch er wollte sich jetzt keine Blöße geben.

Der Kater Willi, der sich vor den vielen Menschen unterm Schreibtisch verkrochen hatte, mochte die Farbe von Scherers Anzug. Er stürzte sich auf sein Hosenbein und begann loszurammeln. Scherer stieß mit dem Fuß nach der Katze und strampelte, aber Willi ließ nicht locker.

»Herrje, können Sie denn Ihre Katze nicht rausschmeißen? Bitte! Das geht doch wirklich nicht!«

Ann Kathrin packte Willi am Nackenfell und zog ihn von Scherer weg. »Das ist keine Katze«, sagte sie. »Das ist ein Kater.«

Scherer sprach nicht mit Ann Kathrin, sondern wandte sich gleich an Ubbo Heide: »Herr Heide, haben Sie eine Erklärung dafür, was das alles mit Ihrer Kommissarin zu tun hat? Er legt ihr eine Leiche vor die Tür, er schickt ihr Fotos. Und Sie wollen mir weismachen, dass sie keine Ahnung hat, wer er ist?«

Ann Kathrin brachte Willi nach draußen, dann sah sie in den klaren Sternenhimmel hoch. Sie ging nicht direkt zurück nach oben, sondern nahm den Umweg über die Küche. Sie fischte die Doornkaatflasche aus dem Eisfach und ein von der Kälte beschlagenes Glas. Sie goss es randvoll und sagte gedanklich: Prost, Papa. Dann spürte sie endlich das entkrampfende Brennen in der Speiseröhre.

Sie hielt es in ihrem eigenen Haus nicht mehr aus. Es war, als würde sie einfach nicht mehr da hingehören. Bevor sie die Treppe hochstieg, ging sie ins Badezimmer und putzte sich die Zähne. Die anderen mussten ja nicht riechen, dass sie gerade einen Schnaps getrunken hatte. Sie wollte nicht auch noch als Alkoholikerin dastehen.

»Ich will mir beide Wohnungen ansehen«, sagte sie. »Allein.«

Scherer schüttelte den Kopf. »Ich mag diese Alleingänge nicht.«

Ubbo Heide verteidigte Ann Kathrin sofort. »Das hat schon oft sehr viel gebracht. Ich darf Sie nur an Jever erinnern.«

Scherer hatte dafür nur einen spöttischen Blick übrig.

»Du kannst doch jetzt nicht alle Kollegen alleine in deinem Haus lassen«, wandte Weller ein.

»Bleib du hier«, sagte sie. »Ich fahr sowieso lieber allein.«

Er verstand sie nicht, aber er ließ sie gehen, wenn auch mit unguten Gefühlen.

Die Tür im Distelkamp 13 war noch nicht ganz hinter Ann Kathrin Klaasen ins Schloss gefallen, da zog Rupert Weller schon auf: »Du wohnst doch praktisch hier. Kannst du dann nicht ein bisschen für Verpflegung sorgen? Ein paar Schnittchen und einen Kaffee … du hast doch bestimmt schon eine gute Espressomaschine hier aufgebaut, oder nicht?«

Er beobachtete das Haus jetzt seit knapp zwei Stunden. Von der Nordsee wehte ein angenehmer Wind. An keiner Ecke des Landes wäre er jetzt lieber gewesen als hier.

Er war dieses Wetter gewöhnt. Er fand, er gehörte hierhin. Hier war es im Sommer meist fünf oder zehn Grad kühler als in Süddeutschland. Das machte alles erträglich. Und selbst wenn die Sonne noch so vom Himmel ballerte, brachte der Wind, der ungehindert durch die flache Landschaft pfiff, frische Atemluft.

Da wohnte sie also – Susanne Möninghoff. Die Frau, die Ann Kathrin Klaasen solche Probleme bereitete.

Ja, er würde sie erziehen, so, wie er erzogen worden war. Mit Strenge und mit Schmerzen. Schon sehr bald würde er ihren Willen brechen.

Vor einer halben Stunde war sie aufgestanden und mit zerwühlten Haaren in die Küche gegangen. Sie hatte überall Licht gemacht, wie eine Schauspielerin, die die Scheinwerfer braucht. Selbst jetzt, verpennt, wie sie war, schritt sie majestätisch daher.

Eingebildete Kuh, dachte er. Eitelkeit war eine Todsünde, die nur mit Demut bekämpft werden konnte.

Sie war zur Toilette gegangen und hatte sich aus dem Kühlschrank einen Orangensaft geholt. Sie trug keinen Schlafanzug wie normale Menschen, sondern ein fliederfarbenes, kurzes Nachthemd mit schwarzen Spitzen und dünnen Spaghettiträgern. Ach was, das war kein Nachthemd. So ging niemand schlafen. So verführten Frauen Männer. Huren! Das war Nuttenkram.

Du wirst Ann Kathrin keine Schwierigkeiten mehr machen, dachte er. Bald wird sie Zeit haben für mich. Nur für mich.

Am liebsten hätte er Susanne Möninghoff gleich mitgenommen, doch er war noch nicht gut genug vorbereitet, und es bestand die Chance, dass sie Theater machte. Ann Kathrins Mann und ihr Sohn schliefen hier im Haus. Auch rundherum wohnten überall Leute. Man hätte ihre Schreie sofort gehört. Es war eine ruhige Gegend.

Er stand jetzt in ihrem Garten und ging auf die Terrasse. Er sah sich den Holzkohlegrill an.

Was bist du nur für eine miese Schlampe, dachte er. Du hast das Ding benutzt, aber hinterher nicht saubergemacht.

Bratfett klebte am Rost. In der Asche lag eine verkokelte Wurst. Auf dem Boden standen Ketchupflaschen. Eine hatte sie nicht mal zugedreht.

Ja, sie war ein böses Mädchen. Sie brauchte eine strenge Erziehung.

Er fragte sich, was Heinrich Jansen dazu sagen würde. Vielleicht würde es ihm Spaß machen, sie zu erziehen. Vielleicht konnte er von dem großen Meister noch etwas lernen. Oder sollte er Heinrich Jansen erst umbringen und die Leiche in Ann Kathrins schönen Twingo legen, damit sie sich mit dem Suchen nicht so viel Mühe machen musste?

Ann Kathrin fuhr zwischen den beiden Windmühlen und an der großen Doornkaatflasche vorbei, die sie am Ortseingang Norden daran erinnerte, dass es vielleicht nicht so klug war, auf nüchternen Magen einen Schnaps zu trinken und dann loszufahren.

Der alte Bahnhof war endlich abgerissen worden, und im neuen gab es sogar einen Burger King. Angeblich hatte der Laden bis drei Uhr morgens auf. Für einen Moment geriet sie in die Versuchung, anzuhalten und schnell einen doppelten Cheeseburger zu essen, aber dann entschied sie, dass dafür jetzt keine Zeit war.

Sie fuhr über die B 72 bis Georgsheil und bog dann auf die B 210 ab Richtung Wittmund/Jever. Es war praktisch kein Verkehr. Sie hätte genauso gut auf der linken Spur fahren können, was sie natürlich nicht tat. Aber sie gab ordentlich Gas.

Es war ein gutes Gefühl, endlich allein in der Wohnung von Frau Landsknecht zu sein. Es roch immer noch nach Verwesung. Der Tod schien sich in den Wänden festgeklammert zu haben.

Ganz in Ruhe studierte sie das Buchregal. Nahm jeden einzelnen Band in die Hand, sah nach, ob darin Stempel waren, Unterschriften oder sonstige Hinweise.

Sie fand sieben Angelique-Romane, einige Konsalik-Bücher. Da war kaum etwas, wofür Ann Kathrin sich interessiert hätte. Die alte *Struwwelpeter*-Ausgabe von 1950 vielleicht. Sie ließ sie kurz durch ihre Finger gleiten. Das war nicht die Art Kinderbücher, die sie mochte. Wie viel Kinderbücher doch über die Zeit aussagten, in der sie entstanden sind, dachte Ann Kathrin. Die Geschichte von Hans-guck-in-die-Luft. Als könne man durch Folter bessere Menschen schaffen.

Noch sah sie keinen Zusammenhang zu dem Fall. Natürlich wusste sie, dass es richtig gewesen wäre, systematisch zu arbeiten. Sich eine Liste aller Bücher zu machen und sie dann zu vergleichen. Doch Systematik war nicht ihre Sache. Sie ließ etwas auf sich wirken, sog es auf, machte es sich zu eigen, ließ es in sich arbeiten und hoffte dann auf die richtige Intuition.

Da war eine Biographie von Heinz Rühmann, ein Bildband über sein Leben, Romane von Luis Trenker. Dann fand Ann Kathrin ein schmales, schmucklos eingebundenes Buch mit Pappeinband. Mehr ein Heftchen als ein Buch. Es sah ein bisschen selbstgemacht aus, als hätte es keinen richtigen Verlag gefunden. Es war ein Buch über Pädagogik. Normalerweise hätte Ann Kathrin diesem Text keine Aufmerksamkeit gewidmet, doch es gab eine Signatur des Autors: *Heinrich Jansen, für Maria Landsknecht mit den besten Wünschen.* Es war eine alte Schrift, mit spitzer Füllfeder hingekratzt.

Was war das für eine Dame, dachte Ann Kathrin. Besuchte sie Autorenlesungen? Oder Volkshochschulkurse über Erziehungsfragen? Oder war dieser Heinrich Jansen nur ein Nachbar, ein Arbeitskollege, ein alter Klassenkamerad?

Sie las im Vorwort einen Satz von J. Sulzer aus dem Buch *Versuche von der Erziehung und Unterweisung der Kinder, (1748).*

»Diese ersten Jahre haben unter anderem auch den Vorteil, dass man da Gewalt und Zwang brauchen kann. Die Kinder vergessen mit den Jahren alles, was ihnen in der ersten Kindheit begegnet ist. Kann man da den Kindern den Willen benehmen, so erinnern sie sich hernach niemals mehr, dass sie einen Willen gehabt haben.«

Ann Kathrin stellte kopfschüttelnd das Buch ins Regal zurück und zog ein anderes über heimische Pflanzen heraus. Es lagen einige getrocknete Blätter darin.

Doch dann durchlief ein Schauer Ann Kathrins Körper. In ihrem Magen wurde es heiß, als sei der Doornkaat erst jetzt angekommen. Sie ging, wie so oft, nicht den Dienstweg, sondern wählte einfach Weller an.

»Können die anderen mithören? Geh mal eben raus. Du, ich hab da einen Verdacht.«

»Einen Verdacht?«

»Hast du das Foto von Frau Orthner?«

»Ja.«

»Kann es sein, dass bei ihr im Regal ein schmales, rotes Büchlein steht?«

»Wie soll das denn heißen?«

»Der Buchrücken hat keinen Aufdruck.«

»Na, du bist gut! Ich kann nicht das ganze Regal sehen. Außerdem, wenn es so schmal ist, dann …«

»Wir müssen sofort jemanden in die Wohnung von Frau Orthner schicken. Ich muss wissen, ob sie auch so ein Buch hat.«

»Sag mir nochmal genau, wonach wir suchen sollen.«

»Ein Heftchen zu Erziehungsfragen. *Konsequenz in der Erziehung* von Heinrich Jansen.«

»Ich rufe die Kollegen in Oldenburg an und informiere dich in ein paar Minuten.«

Er hatte den Ernst der Lage begriffen. Ihm musste sie nichts lang und breit erklären. Er musste auch nicht mehr motiviert werden. Bei ihm brauchte sie keine Überzeugungsarbeit zu leisten. Vielleicht lag es daran, dass er in sie verliebt war. Vielleicht schätzte er auch einfach ihre Kompetenz …

Ann Kathrin kniete auf dem Boden vor dem Buchregal und las sich in Heinrich Jansens Machwerk fest. Das hier war

Schwarze Pädagogik in Reinkultur. Ein strenges Regelwerk mit üblen Konsequenzen. Eine Art Leitfaden, Kinder richtig zu bestrafen, mit Härte zu erziehen und ihren Willen zu brechen.

Ihr Handy klingelte schneller, als sie erwartet hatte. Weller hielt sich nicht mit Vorreden auf: »Ja, das Buch steht bei Frau Orthner im Regal, und der Kollege sagt, es sei sogar eine Widmung drin von Herrn Jansen persönlich.«

»Wir haben ihn, Frank! Das ist er!«

»Wer?«

»Der Zusammenhang zwischen den beiden Frauen. Sie kannten ihn beide. Er hat jeder von ihnen ein Buch signiert.«

»Das ist heiß, Ann. Ganz heiß. Hinten drin steht, dass er 1920 geboren wurde, sagt der Kollege aus Oldenburg. Er kann also schlecht unser Mörder sein. Er muss jetzt auf die neunzig zugehen. Er hat als Offizier am Zweiten Weltkrieg teilgenommen, ist zweimal verwundet worden.«

Weller wollte aufzählen, was er sonst noch gehört hatte, doch er merkte sofort, wie sinnlos das war. Schließlich hielt Ann Kathrin das Buch ja selbst in der Hand.

»Er ist natürlich nicht der Mörder. Aber ich wette, er ist …«

Weller fiel ihr ins Wort: »Der Mann auf den Fotos!«

Die Nacht hatte deutliche Spuren in den Gesichtern hinterlassen. Zwei Kollegen aus Oldenburg waren dabei, zwei aus Jever. Zwei hervorragende Profiler vom BKA aus Wiesbaden waren nach Aurich unterwegs, bereit, die SOKO als Fallanalytiker zu beraten und nach den neuesten Methoden den Mörder aufzuspüren. Michael Baurmann hatte sie ausgebildet.

Neuerdings wurden die SOKOs BAOs genannt. Besondere Aufbauorganisationen. Aber daran würde sich hier in Ostfriesland nie jemand gewöhnen. Hier sprach weiterhin jeder von der SOKO.

Ann Kathrin Klaasen hoffte, den Fall noch vor dem Eintreffen der Kollegen aus Wiesbaden gelöst zu haben.

Rupert sah merkwürdig aufgekratzt aus, als hätte er Speed genommen.

Staatsanwalt Scherer wirkte immer noch zerknirscht, wie jemand, der eigentlich keine Zeit für den Kinderkram hier hatte, weil wichtige, dringendere Termine auf ihn warteten. Er war nicht wirklich in diesen Laden integriert, und er hätte seine Arbeit am liebsten vom Schreibtisch aus gemacht. Er mochte Akten und Ruhe beim Lesen. Ein gutes Kännchen Ostfriesentee. Kluntje, richtige Sahne, keine Milch. Am liebsten eine Pfeife dabei. Er rauchte leichte, parfümierte Virginia-Tabake. Aber das ging im Büro schon lange nicht mehr. Aus seiner Pfeife konnte er Ruhe saugen. Woher sollte die Ruhe jetzt kommen, wenn alle so aufgeregt waren?

Ubbo Heide sah zombiehaft aus, ein bisschen wie ferngesteuert. Er war im Grunde schon zu alt für so etwas, fand er. Er brauchte seinen regelmäßigen Schlaf und feste Essenszeiten. Er trank schon die dritte Dose Red Bull. Seit ihm klar war, dass die vielen aufputschenden Espressi ihn im Grunde nur fertigmachten, war Red Bull seine neue Droge.

Es war inzwischen kurz vor vier Uhr morgens. Ubbo Heide fand, Ann Kathrin Klaasens Theorie, Heinrich Jansen sei das neue Opfer, ziemlich weit hergeholt. Trotzdem wollte er ihr nicht widersprechen. Noch hatten sie keine andere, schlüssige Annahme. Auf keinen Fall wollte er derjenige sein, der ihre Theorie in Zweifel zog, bevor eine bessere da war. Wie würde er dastehen, wenn sie am Ende recht behielt? Nein, sie mussten jeder Spur folgen, da kam es darauf auch schon nicht mehr an.

»Er hat ein Buch über Schwarze Pädagogik geschrieben. Er ist sozusagen ein prominenter Verfechter dieser Linie – gewesen«, erklärte Ann Kathrin.

Rupert verzog die Mundwinkel nach unten. »Prominent?! Sein Gesicht ist nicht gerade auf jeder Briefmarke. Prominent war er vielleicht bei seinen fünf Freunden.«

»Nach dem Krieg gab es viele elternlose Kinder. Viele waren ausgebombt. Hatten kein Elternhaus mehr und niemanden, der sich um sie kümmerte. Damals hatte die Schwarze Pädagogik viele Anhänger. Sie gründeten Heime und nahmen Kinder auf. Es gab staatliche Hilfsmittel. Auch in Ostfriesland sind damals viele solcher Heime entstanden. Der Einfluss der Schwarzen Pädagogen ging noch bis Ende der sechziger, Anfang der siebziger Jahre. Viele, die von den Nazis zu Demokraten erzogen worden waren, fühlten sich dort sehr wohl. Lehrer, Erzieherinnen, Offiziere, die nach langen Fronteinsätzen jetzt zurück in den Schuldienst kamen …«

Weller überlegte, ob sie das ironisch gemeint hatte: »Die von Nazis zu Demokraten erzogen worden waren«, oder ob es ein Versprecher war. Manchmal sagte Ann Kathrin solche Sachen. Sätze mit Widerhaken. Wollte sie damit die Situation von damals karikieren? Plötzlich sollte eine Demokratie da sein, und alle wollten entnazifiziert werden und als Demokraten durchgehen?

Staatsanwalt Scherer raschelte so sehr mit seinen Papieren, dass Weller ein paar Worte von Ann Kathrin nicht mehr verstand. Er warf Scherer einen missbilligenden Blick zu, was der zur Kenntnis nahm.

Der Raum, in dem sie tagten, war für einen Krisenstab eingerichtet. Von hier aus konnte für ganz Ostfriesland ein Einsatz geleitet werden. Jeder Tisch hatte ein integriertes Telefon, Sprechfunk und Computeranschlüsse.

»Wir wissen inzwischen schon mehr über Herrn Jansen. Wir haben bei Google seine Biographie gefunden. Er war bis 1987 Heimleiter. Wir wissen noch nicht genau, wo, aber irgendwo in Ostfriesland.«

»Was soll das heißen?«, fuhr Scherer dazwischen. »Was sind das für vage Angaben?«

»Es ist nur das, was bei Google steht«, antwortete Ann Kathrin Klaasen. »Mehr haben wir noch nicht. Heimleiter in Ostfriesland. Hielt Vorträge über Schwarze Pädagogik, galt als einer der führenden Vertreter dieser Richtung. 1986 wurde er pensioniert. Sein letzter Wohnort war Wittmund.«

»Er muss sich doch irgendwohin umgemeldet haben.«

»Natürlich. Das überprüfen wir gerade. Ich glaube allerdings nicht, dass er in seiner eigenen Wohnung gefangen gehalten wird. Die Bilder sind untypisch. Es ist in einem Keller. Vielleicht ein alter Bunker oder so etwas.«

Scherer beschwerte sich: »Es kann doch wohl nicht so ein Problem sein, seinen letzten Aufenthaltsort zu bestimmen. Der Mann hat doch Kinder, Enkel, irgendwas.«

»Klar«, grinste Rupert, »und Jansen ist in Ostfriesland ja auch ein sehr seltener Name.«

Ubbo Heide massierte sich die Schläfen.

»Wir recherchieren mit Hochdruck seinen Lebenslauf und die mögliche Verbindung zu den beiden ersten Opfern.«

»Haben wir eine Theorie?«

Weller hoffte, dass Ann Kathrin jetzt nein sagen würde, doch sie tat es nicht. Häng dich nicht zu sehr aus dem Fenster, dachte er. Aber sie sprach ganz ruhig, wie jemand, der gewohnt war, über dünnes Eis zu gehen, und dabei eben manchmal riskierte, einzubrechen.

»Ich könnte mir vorstellen, dass einer seiner ehemaligen Zöglinge sich rächt.«

»Das ist doch jetzt reines Spekulatius«, schimpfte Staatsanwalt Scherer.

»Die Schwarzen Pädagogen«, sagte Ann Kathrin Klaasen, »arbeiteten gerne mit dem Rohrstock. Bitte denken Sie an die Verletzungen in der Hand von Frau Landsknecht. Mit dem Rohrstock auf die Finger zu schlagen war eine ganz übliche Methode. Die Kinder mussten die Hände ausstrecken und abwarten, bis der Schlag kam. Wer sie wegzog, bekam ein paar Schläge mehr. Heinrich Jansen hat das ausdrücklich empfohlen. Auch das Fixieren von Kindern an Stühlen oder Bänken gehörte dazu.«

»So sind die damals mit hyperaktiven Kids umgegangen«, lästerte Rupert und sah ganz so aus, als wüsste er ein paar Kinder, mit denen er das am liebsten genauso machen würde.

»Wenn der Täter früher eines von Jansens Heimkindern war, dann könnte er jetzt zwischen dreißig und vierzig Jahre alt sein. Wenn wir das Heim ausfindig gemacht haben, dürften wir den Täter dort in der Ehemaligenkartei finden.«

»Ja«, lachte Scherer bitter, »und wenn wir Glück haben, liegt an Weihnachten auch Schnee. Ich finde das alles wenig professionell.«

Da bekam Weller die Information aus Oldenburg, die er brauchte, per SMS auf sein Handy. Er räusperte sich: »Wir haben heute Morgen schon eine Menge Leute aus den Betten gescheucht. Ratet mal, was Frau Orthner für einen Beruf gelernt hat … Genau. Sie war Kindergärtnerin. Während ihrer ersten Ehe hat sie in einem Heim gearbeitet. Etwas für schwererziehbare oder halbkriminelle Jugendliche.«

Ann Kathrin sprang auf. »Das ist es!«, rief sie. »Das ist die Verbindung! Lasst uns zu dem Heim fahren! Sofort!«

Ubbo Heide hatte Magenschmerzen bei all diesen Geschichten. Es gab gute Gründe, warum Polizeiaktionen, Verhaftungen und Verhöre nicht mehr im Morgengrauen stattfanden, sondern immer zu zivilisierten Zeiten. Nach sechs oder sieben Uhr morgens. Aber hier war Gefahr im Verzug, und da konnte es kein Zögern geben.

Susanne Möninghoff küsste ihren Hero auf die Nase und verließ das körperwarme Bett.

»Nicht doch … Willst du jetzt wirklich laufen?«, fragte er.

»Ja. Ich brauche das für den Kreislauf, und später wird es mir zu heiß. Du glaubst gar nicht, wie toll das ist am Deich, wenn die Sonne aufgeht. Willst du nicht doch mitkommen?«

Er reckte sich. »O nein. Ganz bestimmt nicht.«

Susanne Möninghoff zog ihren Jogginganzug an und schlüpfte dann in die Pumas mit den silbernen Streifen. Sie nahm ein Stirnband mit, um ihre Ohren gegen den Wind zu schützen. Sie freute sich aufs Laufen.

Sie fuhr nach Norddeich zum Hafen. Die Frisia IV lag still an der Landungsbrücke. Einige Krabbenkutter schaukelten verlassen im Wind.

Susanne Möninghoff merkte nicht, dass ihr ein blauer Passat Kombi folgte.

Sie warf kein Geld in die Parkuhr. Hier wurde eigentlich besonders streng kontrolliert, denn die Touristen stellten ihre Fahrzeuge einfach ab und machten dann Tagesfahrten mit der Frisia IV nach Norderney. Die meisten kamen mit der letzten Fähre zurück, aber längst nicht alle lösten für so lange den Parkschein.

Um diese Zeit gab es jedoch garantiert noch keine Kontrollen. Es war 6.02 Uhr, als sie ihren Polo verriegelte. Der Wind riss die dunklen Wolken auseinander.

Gab es etwas Schöneres, als noch vor Sonnenaufgang auf dem Deichkamm in Richtung Diekster Köken zu laufen, vorbei am Utkiek. Rechts flutete die Nordsee gegen die Deichbefestigung, und links lag verschlafen Norddeich.

Noch hatten die Fischbuden nicht geöffnet, noch schliefen die meisten Touristen. Aber ganz alleine war sie trotzdem nicht. Da unten am Drachenstrand führte eine Lehrerin aus Nordrhein-Westfalen ihre beiden Pudel aus. Sie traute sich mit ihnen nicht zum Hundestrand. Er war ganz nah, aber dort tobten sich ein Irish Setter und ein Schäferhund aus. Sie hatte Angst um ihre beiden kleinen Schoßhündchen.

Ein Nordic-Walker kam Susanne Möninghoff entgegen. Er sah ein bisschen so aus, als würde er Ski laufen.

Der Nebel auf dem Meer gefiel Susanne. Sie wusste, dass sie jetzt Energie sammelte für den ganzen Tag. Dies hier war für sie kein einfaches Kalorienverbrennen. Sie machte es nicht wirklich, um ihre Bein- und Pomuskulatur zu trainieren. Nein, hier passierte noch etwas anderes für sie. Sie fühlte sich frei und gut durchblutet und lebendig und eins mit sich. Hier sammelte sie gute Laune für den ganzen Tag. Diese Weite machte den Kopf frei.

Auf der Deichwiese saßen dicke Möwen. Sie ließen sich durch Susanne Möninghoff nicht stören. Nur zwei kreisten über ihrem Kopf.

Nicht weit von Susanne Möninghoff entfernt schrie eine Möwe jämmerlich wie ein Kind, das geprügelt wurde.

Er konnte hier keinen Zugriff riskieren, aber er genoss es, ihr zuzusehen. Er folgte ihr mit knapp zwanzig Meter Abstand. Trotzdem fiel er ihr nicht auf, denn er lief nicht oben auf dem Deichkamm, sondern unten, und nicht auf der Meeresseite, sondern auf der dem Land zugewandten Seite. Er befand sich praktisch in ihrem toten Winkel. Trotzdem blieb er vorsichtshalber noch ein bisschen mehr zurück. Hier konnte er sie nicht verlieren. Ihr kreischend bunter Jogginganzug war unübersehbar. Außerdem würde sie garantiert wieder zu ihrem Polo zurücklaufen, und er wettete alles, was er besaß, dass sie nicht irgendwo unten her zurücklief, sondern gleich einfach umdrehen würde, um auf der Deichspitze zurückzulaufen. Sie war eine Genießerin. Sie wollte diesen Ausblick.

Er kam schon aus der Puste. Sauer stellte er fest, dass er

längst nicht mehr so durchtrainiert war, wie er hätte sein sollen.

So ein Mist, dachte er, ich verweichliche.

Er musste grinsen bei dem Gedanken daran, was Herr Jansen dazu sagen würde. Er hatte sie Runden laufen lassen, bis sie ihre Beine nicht mehr spürten. Einmal, bei einem der endlosen Dauerläufe, hatte Jansen von ihm verlangt, einem Kameraden von hinten Sand in die Hose zu streuen. Es sah aus wie ein harmloser Witz unter Jugendlichen, war aber in Wirklichkeit eine unglaubliche Gemeinheit. Der Kamerad lief sich wund, bis die Haut in Fetzen von Hintern und Oberschenkel hing.

Wen Jansen auf dem Kieker hatte, den machte er fertig. Und er benutzte zu gerne andere Jungs dazu. Immer wieder ernannte er Hilfssheriffs. Die anderen nannten diese Hilfssheriffs Kapos. Er hatte nie verstanden, woher das Wort kam.

Lange Zeit war er Jansens Lieblingshilfssheriff gewesen. Am Anfang hatte er es aus Angst getan. O ja. Doch später hatte er es genossen. Sie hatten alle Angst vor ihm und Respekt. Er ließ sie strammstehen, er überwachte den Morgenappell, er übernahm einzelne Bestrafungen selbst, und natürlich klagte er jede noch so kleine Ordnungswidrigkeit von ihnen an.

Jansen schickte ihn zum Zimmerappell herum. Wenn die Betten nicht richtig gemacht worden waren, hatte er die Laken heruntergerissen. Wie oft hatte er einen Spind umgekippt und verlangt, dass die Ordnung sofort wiederhergestellt werden sollte. Einmal, als er aus Sympathie für einen anderen Jungen ein paar Nachlässigkeiten im Zimmer übersehen hatte, war Heinrich Jansen bei der Nachkontrolle völlig ausgeflippt.

Die Hemden im Schrank mussten so gefaltet sein wie mit einem Lineal. Die Bettdecke war nicht richtig eingeschlagen. Die Schuhe standen an der falschen Seite vom Bett. Ein paar nasse Socken hingen zum Trocknen über der Heizung.

Am nächsten Morgen, noch vor Sonnenaufgang, stand Jansen plötzlich neben seinem Bett und riss ihm die Bettdecke weg.

»Dachte ich's mir doch!«, hatte er gebrüllt und auf sein erigiertes Glied gezeigt. »Du wichst dir den Saft aus dem Leib! Hab ich euch denn gar nichts beigebracht? Kein Wunder, dass du nachlässig wirst!«

Beim Morgenappell degradierte er ihn vor allen Kameraden. Jetzt war er kein Hilfssheriff mehr, sondern einfach wieder einer von ihnen. Schütze Arsch in der letzten Reihe, wie Jansen es gerne witzig nannte.

Bis dahin war das Leben in diesem ostfriesischen Heim sicherlich kein Honigschlecken für ihn gewesen. Ab dann wurde es der blanke Horror.

Nein, es war nicht mehr Jansen persönlich, der ihn terrorisierte. Das hatte der gar nicht nötig. Er sah einfach nur zu. Viele Jungs hatten noch ein Hühnchen mit ihm zu rupfen, aus seiner Zeit, als er für Jansen den Hilfssheriff gespielt hatte. Da waren noch eine Menge Rechnungen offen, und jetzt wurden sie alle beglichen. Keiner wollte mehr etwas mit ihm zu tun haben.

Er hatte nicht mitgezählt, wie oft sie seinen Kopf in die Kloschüssel gesteckt hatten. Wie oft er Mannschaftskeile bekommen hatte oder sein Essen zufällig vom Tisch gefallen war. Sie zwangen ihn, Suppe zu essen, in die alle vorher gespuckt hatten. In der Küche beim Abwasch wurden die Reste zusammengerührt und er als menschlicher Müllschlucker missbraucht.

Er fragte sich, wie es Susanne Möninghoff gefallen würde, wenn er Sand in ihre schöne Jogginghose rieseln ließ. Jansen hatte ihm die Stellen gezeigt, an denen es besonders weh tat: »In die Arschritze muss das Zeug. In die schöne, schweißnasse Arschritze.«

Er ging zurück in Richtung Parkplatz Mole. Ein Radfahrer kam ihm entgegengefahren. Er konnte den Blick nicht von Susanne Möninghoff wenden.

Der Radfahrer drehte sich auf seinem Rad noch einmal nach Susanne Möninghoff um. Sie gefiel ihm. Ein schöner Anblick.

Fast wäre der Radfahrer mit ihm zusammengestoßen, doch im letzten Moment riss der sein Lenkrad herum, und er sprang zur Seite.

»Pass doch auf, du Depp!«, fauchte er. Dann ärgerte er sich. Er durfte hier nicht auffallen.

Besser, ich krieg hier keinen Ärger, dachte er. Wenn ich dem jetzt eine reinhaue, wird er sich später an mich erinnern.

Beim Haus des Gastes blieb er stehen, setzte sich auf eine Bank und atmete die salzige Luft tief ein. Er befühlte das finnische Jagdmesser. Wenn sie schreit, dachte er, werde ich ihr wohl oder übel den Hals durchschneiden müssen. Er glaubte, dass es Ann Kathrin Klaasen völlig egal war, was er mit Susanne Möninghoff tat. Hauptsache, sie verschwand aus ihrem Leben.

Wenn sie sie morgen tot auffindet, wird sie als Kommissarin die Ermittlungen aufnehmen, aber als Frau wird sie sehr glücklich sein, grinste er.

Er selbst musste sich allerdings eingestehen, dass er es schade gefunden hätte, sie einfach zu töten. War es nicht besser, sie umzuerziehen?

Susanne Möninghoff hatte inzwischen die Hälfte ihres Laufs hinter sich. Er sah sie als bunten Punkt, langsam größer werdend, auf sich zulaufen.

Komm nur, dachte er. Komm.

Er ging zum Parkplatz zurück. Er wollte vor ihr dort sein.

Ubbo Heide atmete erleichtert auf. Na bitte. Die Meldebehörden in Ostfriesland funktionierten doch wirklich prächtig.

Heinrich Jansen war ordentlich umgemeldet worden. Er fristete seinen Lebensabend in einem Seniorenheim bei Greetsiel.

»Wir müssen vorsichtig sein, Kollegen«, sagte Ubbo Heide und setzte zu einer kleinen Rede an. »Möglicherweise treffen wir dort auf einen alten Mann, der keine Ahnung hat, in welche Aufregung er uns versetzt hat. Es sollten zwei sensible Kollegen dahin fahren.«

Bei dem Wort *sensibel* meldete Rupert sich erst gar nicht. Das geht gegen mich, dachte er. Aber er hatte ohnehin keine Lust, sich um diesen Einsatz zu reißen.

Ann Kathrin stand auf und packte ihre Sachen zusammen. Sie sah Weller an und nickte ihm zu. Natürlich ging er mit.

»Unser Pärchen macht das schon«, grinste Rupert.

»Sollen wir nicht lieber im Seniorenheim anrufen und einfach fragen?«, schlug ein Kollege aus Oldenburg vor.

Ubbo Heide schüttelte den Kopf. Er begründete es nicht weiter. Es war für ihn eine Selbstverständlichkeit. Die beiden mussten sich per Augenschein überzeugen. Außerdem war es sehr unwahrscheinlich, dass dort jetzt jemand im Büro saß und auf einen Anruf wartete. Aber selbst wenn es ihnen gelänge, jetzt einen Verantwortlichen herauszuklingeln, hätten sie am Ende doch nur Zeit verloren. Wenn Heinrich Jansen das neue Opfer war, dann konnten unter Umständen wichtige Spuren in seinem Zimmer gefunden werden. Das sollte auf keinen Fall jemand vor der Spurensicherung betreten.

Völlig verpennt und mit dem Gefühl, gleich einzuschlafen, trottete Abel von der Spusi hinter Ann Kathrin und Weller her.

Susanne Möninghoff behielt ihren Laufrhythmus bei. Die dicken Eisenketten, die den Parkplatz begrenzten, übersprang sie als letzte Hürde vor ihrem Auto. Sie fragte sich, ob diese Ketten nur wie Ankerketten wirken sollten oder wirklich welche waren, die man hier eingebaut hatte, um dem Ort ein besonderes Flair zu geben.

Sie öffnete ihre Autotür und setzte sich auf den Fahrersitz. Beide Beine hielt sie noch auf der Straße. Sie dampfte. Sie öffnete den Reißverschluss ihrer Joggingjacke und freute sich auf die Dusche zu Hause.

Sie konnte jetzt nicht sofort losfahren. Sie musste noch ein paar Minuten so sitzen und verschnaufen. Dass jetzt ein blauer Passat Kombi neben ihrem Wagen stand, interessierte sie nicht. Sie nickte dem Mann, als er die Kofferraumtür öffnete, sogar freundlich zu. Er nickte zurück.

Dann sah sie zum Kiosk rüber. Dort hatte sie sich schon so manches Fischbrötchen geholt. Jetzt war dort noch geschlossen.

Da stöhnte der Mann neben dem Kofferraum. Er war umgeknickt und hingefallen.

»Ich glaube«, sagte er, »ich hab mir mein Bein gebrochen.«

Später würde ihr dieser Satz noch oft in den Ohren klingeln.

Es hörte sich nicht wirklich so an, als sei ihm etwas geschehen. Sie hätte stutzig werden müssen. Da hätte sie noch eine Chance gehabt wegzukommen. Sie hätte die Autotür zuschlagen und den Wagen starten können.

In den nächsten Stunden würde sie sich noch oft wünschen, sie hätte das getan. Dann wäre ihr Leben anders verlaufen. Aber das brave, hilfsbereite Mädchen in ihr, das sie früher mal gewesen war, tappte in die Falle.

Sie ging zu ihm hin. Er krümmte sich auf dem Boden. Sie bückte sich und reichte ihm eine Hand. Er packte ihre Hand, und im gleichen Moment machte eine Handschelle *Klick*. Dann sah sie das Messer.

»Ein Wort von dir und du bist tot. Ich schlitz dich auf. Ehrenwort. Dreh dich um.«

Sie tat es. Jetzt sah sie in die offene Ladefläche von seinem Passat. Es kam ihr vor, als würde sie in das geöffnete Maul eines Ungeheuers blicken.

Die Spitze des Jagdmessers drückte sich in ihren Rücken.

»Beide Hände nach hinten!«

Sie tat fast mechanisch, was er wollte, und obwohl sie alles um sich herum mit besonderer Klarheit wahrnahm, weigerte sich etwas in ihr zu glauben, dass ihr gerade ein Unbekannter Handschellen anlegte. Das war ein Erlebnis außerhalb jeder bekannten Erfahrung. So etwas gab es in Filmen, aber doch nicht hier in Norddeich-Mole, mit dem Blick aufs Meer, auf die Krabbenkutter, die im Hafen schaukelten, und den Möwen, die zwischen den Autos herstolzierten wie Aushilfsparkwächter.

Er durchsuchte ihre Taschen und fand das Handy. Es war ein Blackberry mit E-Mail-Funktion. Es war so schmal, er suchte die Batterien vergeblich, und weil er auch den Akku nicht herausnehmen konnte, warf er das Handy auf den Boden und trat mehrfach darauf.

»Was wollen Sie von mir?«

»Halt die Schnauze und steig in den Kofferraum!«

Sie kam seiner Aufforderung diesmal nicht schnell genug nach und spürte sofort die Klinge. Dann lag sie mit angezogenen Knien auf der rechten Seite. Ihr Arm schmerzte sofort.

Er klebte ihr den Mund zu und umwickelte mit dem gleichen Teppichband ihre Fußgelenke.

Jetzt wurde Susanne Möninghoff panisch. Sie war noch abgehetzt vom Dauerlauf. Sie brauchte Luft. Sie hatte Angst, nicht genügend durch die Nase einatmen zu können. Sie atmete schwer ein und aus.

Er warf eine Wolldecke über Susanne Möninghoff und knallte den Kofferraum zu. Dann trat er die Tür ihres blauen Polo zu, stieg in seinen Passat und startete den Wagen.

Es war ein altes Auto, und der Motor klang nicht mehr sehr gesund. Er fuhr den Wagen viel zu hochtourig. Erst wenn der Motor gequält aufheulte, schaltete er in den nächsthöheren Gang.

Mit der Wolldecke über sich fiel ihr das Atmen noch schwerer. Sie versuchte sich freizustrampeln. Es gelang ihr, den Kopf aus der Decke hochzurecken. Sie brüllte aus Leibeskräften, obwohl kaum ein Ton aus dem zugeklebten Mund nach draußen klang. Außerdem waren da noch die lauten Motorgeräusche.

Nein, so konnte niemand sie hören. Aber sie begriff, dass sie nur eine Chance hatte: Sie musste jetzt randalieren und jemanden auf sich aufmerksam machen.

Er nahm vom Hafen aus die Norddeicher Straße Richtung Norden. Sie sah das VW-Autohaus. Dort hatte sie ihren Polo gekauft. Da arbeiteten ein paar starke Männer. Die werden mir helfen, dachte sie und versuchte, sich zu befreien. Aber um diese Zeit arbeitete im Autohaus noch niemand.

An der Ampel hielt er brav an. Das war ihre Chance. Neben ihnen hielt ein VW-Bus, der links abbiegen wollte. Sie zog die Füße an und trat gegen die Fensterscheibe.

»Hör auf!«, zischte er. »Hör auf! Leg dich ruhig hin. Ich warne dich! Leg dich ganz ruhig hin.«

Aber sie trat noch einmal zu.

»Hier bin ich!«, brüllte sie. »Hier! Seht ihr mich nicht?«

Aber heraus drangen nur Laute wie: »Hmmm mmm«.

Der VW-Bus bog links ab. Etwas in ihr zerbrach.

Er bog rechts ab, als ob er zu MacDonald's wollte, doch natürlich kaufte er sich jetzt kein Sparmenü, sondern lenkte den Wagen auf den Parkplatz vom Combi-Markt. Obwohl der Parkplatz völlig leer war, fuhr er bis ans äußerste Ende durch, dahin, wo die Glasflaschencontainer standen. Dann stieg er aus, öffnete den Kofferraum und schlug sofort zu.

Susanne Möninghoff hatte noch nie in ihrem Leben einen

Faustschlag ins Gesicht bekommen. Es war wie eine dumpfe Explosion in ihrem Gehirn, dann sah sie wirklich Sterne. Es war ein fast leichtes Gefühl, so als würde sie hinaufschweben ins Universum, Planeten sehen und durch die Zeit reisen zur Entstehung der Erde.

Von sehr weit weg hörte sie seine Stimme: »Ich hab dir gesagt, du sollst dich hinlegen! Hinlegen, hab ich gesagt! Warum hörst du nicht, du blöde Kuh? Ich werde dir Manieren beibringen!«

Sie hatte die Augen geschlossen, und ein Trommelfeuer von Schlägen prasselte auf ihr Gesicht nieder. Sie wunderte sich, warum es nicht weh tat. Dann lag sie wieder auf ihrem rechten Arm, und er warf die Decke über sie.

»Beim nächsten Mal mach ich dich kalt.«

Er knallte die Kofferraumklappe zu, hatte aber nicht bedacht, dass ihre Füße noch nicht ganz verstaut waren. Wie ein Schwerthieb traf die Kante der Tür ihren linken Fußknöchel. Jetzt jagte der Schmerz durch ihren Körper. Sie wand sich wimmernd unter der Decke und zog die Knie ganz dicht an den Körper. Sie machte sich so klein wie nur möglich.

Er nimmt nicht die geringste Rücksicht auf mich, dachte sie. Ich bin ihm völlig egal.

Jetzt begann auch ihr Gesicht weh zu tun. Ihre Nase schwoll an, weil er sie mehrfach getroffen hatte, und aus dem rechten Nasenloch tropfte Blut. Sie war nicht in der Lage, durch den zugeklebten Mund zu atmen. Wenn jetzt auch noch die Nase zuschwoll, dann … Noch nie in ihrem Leben hatte sie solche Angst gehabt.

Sie wagte nicht mehr, sich zu bewegen. Als er mit ihr den Combi-Parkplatz verließ, fragte sie sich, warum gerade ihr das geschah. Sie kannte den Mann nicht. Sie hatte ihn noch nie in ihrem Leben gesehen, da war sie sich völlig sicher. War das irgendein krimineller Schläger, den Ann Kathrin ihr auf den

Leib geschickt hatte, um ihr eine Lektion zu verpassen? War es die Rache der Hauptkommissarin an der Geliebten ihres Mannes?

Im Grunde hoffte sie, dass es genau so war, denn das würde bedeuten, dass die Kommissarin ihre Kontakte ins kriminelle Milieu hätte spielen lassen, um ihrer Konkurrentin eins auszuwischen. Er würde ihr mächtig weh tun und Angst machen, sie dann aber wieder freilassen. Auf keinen Fall würde er sie umbringen.

Die Seniorenresidenz Meeresblume in der Nähe von Greetsiel hatte wenig Ostfriesisches an sich. Sie wirkte wie eine alte wilhelminische Villa, war jetzt aber in Gelb gestrichen, umgeben von einem parkähnlichen Gelände mit altem Baumbestand. Sie lag ganz nah am Meer, doch nur von den oberen Balkonen aus konnte man das Meer sehen.

Die ersten bettlägerigen Pflegefälle wurden bereits gewaschen und zum Frühstück fertig gemacht, als Ann Kathrin Klaasen, Weller und Abel eintrafen.

Eine knapp zwanzigjährige Frau mit mädchenhaftem Körper öffnete ihnen. Sie bezeichnete sich als FSJ-lerin, die hier ihr Freiwilliges Soziales Jahr ableiste. Sie trug einen gestärkten weißen Kittel und roch nach Apfelshampoo. In ihrer Freizeit war sie Frontsängerin in einer Punkband. Sie trug ein Lippenpiercing und eines über dem rechten Auge. Ihre Haare waren so schwarz gefärbt, dass sie bläulich schimmerten, und Ann Kathrin fragte sich sofort, wie Heinrich Jansen es wohl fand, nach so vielen Jahren streng ordentlicher Erziehung von einem Punkmädchen versorgt zu werden.

Ann Kathrin ging so behutsam wie möglich vor: »Bitte erschrecken Sie nicht. Ich bin Hauptkommissarin Ann Kathrin Klaasen vom Fachkommissariat eins der Kripo in Aurich. Das ist mein Kollege, Kommissar Frank Weller.«

Weller sah sich zu Abel um, der noch im Auto saß. Erstens war er hundemüde, und zweitens wollte Ann Kathrin die Menschen hier nicht gleich erschrecken, indem sie mit der Spurensicherung anrückte.

Abel schloss auf dem Rücksitz die Augen und hoffte, nicht gebraucht zu werden.

Die junge Punkerin zuckte so merkwürdig mit den Mundwinkeln, dass Ann Kathrin gleich ahnte, was sie dachte.

»Ich hab schon lange nichts mehr mit Robert zu tun«, sagte die junge Frau. »Bitte machen Sie mir das nicht kaputt. Das ist eine ganz neue Chance hier für mich … Ich kann vielleicht danach mein Abitur nachmachen und dann …«

Ann Kathrin lächelte. »Wir kommen nicht wegen Ihnen.«

»Ja, das dachte ich mir wohl, ich bin mit dem Typ auch schon lange nicht mehr zusammen. Ich weiß nicht, wo er jetzt ist …«

»Wir kommen auch nicht wegen Ihrem Freund. Bitte regen Sie sich nicht auf. Wir wollen einfach nur sehen, ob bei Ihnen ein Herr Heinrich Jansen wohnt. Wir müssen ihn in einer Sache als Zeugen befragen. Es ist gar nichts Schlimmes geschehen.«

Vor Erleichterung drückte die junge Frau Ann Kathrin einmal kurz an sich. Dann trat sie einen Schritt zurück, als hätte sie gerade eine Grenze überschritten, und fragte: »Soll ich den Chef rufen? Wollen Sie mit unserem Herrn …«

»Das ist nicht nötig. Zeigen Sie uns einfach das Zimmer von Herrn Jansen.«

»Ja, ich glaube, den können Sie jetzt gar nicht sprechen. Also, ich hab den schon ein paar Tage nicht gesehen. Vielleicht hole ich jetzt doch besser unseren Chef.«

Ann Kathrin sah hinter dem Empfangsraum einen langen Flur mit schweren Holztüren, an denen Messingzimmernummern angebracht waren.

»Bitte – welche Zimmernummer hat er?«

»Ja, ich weiß nicht, ob ich Sie da jetzt einfach reinführen darf. Ich möchte doch lieber den Chef fragen, verstehen Sie, ich will jetzt nichts falsch machen. Ich meine …«

»Sagen Sie uns die Zimmernummer, und dann rufen Sie Ihren Chef.«

Weller trat nervös von einem Fuß auf den anderen. Hier stimmte was nicht.

Der Chef kam dann nicht, aber eine rundliche Frau von gut fünfzig, die sich als Verantwortliche für den Heimbereich vorstellte. Ann Kathrin Klaasen vergaß den Namen der Frau sofort wieder, aber Weller notierte ihn. Monika Weidhausen. Sie schloss die Tür zu Heinrich Jansens Zimmer auf. Ann Kathrin und Weller wollten ihre Ausweise vorzeigen, doch das fand sie überhaupt nicht nötig.

»Man sieht Ihnen doch an, dass Sie von der Kripo sind«, sagte sie, und Weller fragte sich, ob sie damit recht hatte. Irgendwie wurmte ihn dieser Satz. Er wollte nicht aussehen wie einer von der Kripo.

Frau Weidhausen erklärte, Herr Jansen sei seit vielen Jahren hier. Ein ganz ruhiger Gast. Vor ein paar Tagen habe ihn ein Mann abgeholt, der gut sein Sohn hätte sein können.

»Wie heißt er? Wo wohnt er?«, fragte Ann Kathrin sofort nach.

Frau Weidhausen schüttelte den Kopf. Sie habe keine Ahnung.

Weller empörte sich: »Wie können Sie denn den alten Mann einfach die Hände von irgendjemandem übergeben, ohne sich seinen Ausweis zeigen zu lassen und ohne jede Absicherung? Sah der etwa auch so aus, als ob er von der Kripo wäre?«

Frau Weidhausen lächelte gequält. »Aber bitte, was hätte ich denn machen sollen? Herr Jansen leidet an Altersdemenz. Manchmal, wenn ich mit ihm gesprochen habe, hat er sich bei mir nach dem Verlauf der Front erkundigt. Unsere Probleme hier sind nicht, dass uns ständig alte Leute entführt werden, sondern es ist ihre Einsamkeit. Kaum einer von ihnen bekommt Besuch. Wenn wir hier Besuch haben, behandeln wir den sehr freundlich. Die bekommen eine Tasse Tee, und wenn sie einen unserer Gäste mit nach draußen nehmen und im Rollstuhl spazieren fahren, dann freut uns das sehr.«

Jetzt kam auch der Chef, Herr Kerner. Er bestätigte das mit der Altersdemenz sofort. Manchmal habe Herr Jansen ihn für einen alten Kriegskameraden gehalten. Aber dann hätte er wieder sehr lichte Momente gehabt. Er sei ein fleißiger Benutzer der Bibliothek gewesen, allerdings hätten ihm die meisten Bücher nicht wirklich zugesagt.

Herr Kerner verschränkte die Finger ineinander, und sein inneres Ringen spiegelte sich darin wider. »Natürlich ist das Ganze ein bisschen mysteriös. Aber wir hatten keinen wirklichen Grund, uns Gedanken zu machen. Herr Jansen wurde eigentlich nur zu einem Spaziergang abgeholt. Als er dann abends nicht nach Hause kam, erhielten wir einen Anruf, er sei mit seinem Neffen zu Verwandten ans Meer gefahren. Kein Grund für uns, uns Sorgen zu machen.«

»Haben Sie den Anruf selbst entgegengenommen?«, fragte Ann Kathrin Klaasen. Er schüttelte den Kopf. Frau Weidhausen sagte: »Das war ich.«

»Welche Telefonnummer ist angerufen worden?«

»Wie meinen Sie das? Natürlich die von unserer Seniorenresidenz hier.«

»Wann genau kam der Anruf?«

Frau Weidhausen zuckte mit den Schultern.

Ann Kathrin sah Weller nur an. Er hob die Hand.

»Das muss sich zurückverfolgen lassen, Ann Kathrin. Haben wir gleich.«

Weller nahm Frau Weidhausen am Arm und zog sie fast

liebevoll von Ann Kathrin und Herrn Kerner weg. »Zeigen Sie mir mal Ihre Telefonanlage. Wo genau haben Sie den Anruf entgegengenommen, und wann genau war das? Das kann man doch bestimmt in Ihren Unterlagen genau nachvollziehen.«

Ann Kathrin Klaasen zog ihr Handy, obwohl Abel draußen im Auto saß, nur ein paar Schritte von ihr entfernt, und wählte ihn an. »Abel, Arbeit für dich. Er war hier.«

Herr Kerner sagte: »Ja, wenn ich Ihnen sonst noch irgendwie … aber ich finde, also Sie sind mir jetzt auch eine Erklärung schuldig. Ich meine, worum geht es denn genau?«

»Jemand hat Ihren Herrn Jansen entführt. Wenn wir ihn nicht sehr schnell finden, wird er ihn umbringen.«

»Ja, aber warum denn? Das ist ein alter Mann und …«

Ann Kathrin machte eine Geste, dass Herr Kerner schweigen sollte.

»Ich glaube kaum, dass wir hier Fingerabdrücke finden, Abel. Aber immerhin haben die Leute ihn gesehen«, sagte sie ins Handy. »Ich brauche hier jemanden, der ein Phantombild macht. Sofort!«

Sie klappte ihr Handy wieder zusammen. »Haben Sie den Herrn auch gesehen?«, fragte sie.

Kerner wurde blass. Er musste sich setzen. »Nein. Natürlich nicht. O mein Gott, wenn das die Runde macht … Was heißt das dann für unsere Seniorenresidenz? Für unseren Ruf? Wir haben hier siebzehn Arbeitsplätze.«

Frau Weidhausen konnte sich nicht daran erinnern, dass der Mann Handschuhe getragen hatte. Das wäre ihr bei dem Wetter bestimmt aufgefallen.

Die Chance, Fingerabdrücke zu finden, war groß. Abel ging sofort akribisch an die Arbeit.

Rupert kam aus Aurich und brachte einen Laptop für die Erstellung eines Phantombildes mit. Was früher begabte Zeichner erledigt hatten, machte heute ein Computerprogramm mit Tausenden Gesichtsmerkmalen. Die Augen näher zusammen. Die Nase ein bisschen breiter. Das Kinn spitz zulaufend. Die Stirn höher. Alles kein Problem.

Ann Kathrin Klaasen durchsuchte in der Zeit den Wohnraum von Heinrich Jansen. Sie fand ein dickes Fotoalbum. Es war aus Leder, an vielen Stellen schon brüchig. Das Album konnte eine wertvolle Hilfe sein.

Heinrich Jansen als Offizier. Als Heimleiter mit seinem Personal. Stolz standen sie vor dem Haus. Neben Jansen drei Frauen und zwei Männer. Das Foto war gut dreißig Jahre alt. Ann Kathrin Klaasen erkannte es an den Frisuren der Frauen und an den Kleiderstoffen. So hatte ihre Mutter in Ann Kathrins Kindheit ausgesehen.

Sie sah sich die Gesichter der Frauen unter der Lupe an. Die eine hatte Ähnlichkeit mit Frau Orthner. Aber so etwas war schwer zu sagen. Als Ann Kathrin Frau Orthner gesehen hatte, war sie schon tot gewesen, und hier auf diesem Bild lachte das blühende Leben.

Weller sah Ann Kathrin über die Schulter. Sie hörte seinen Magen knurren. »Wenn deine Theorie stimmt, und immer mehr spricht dafür, dann könnten Frau Orthner und Frau Landsknecht da neben ihm stehen.«

»Schlimmer«, sagte Ann Kathrin. »Wir sehen hier möglicherweise sogar die nächsten Opfer.«

Weller ahnte sofort, dass sie recht hatte. »Mist, dass er die Namen nicht unter die Bilder geschrieben hat.«

»Ja, komisch«, erwiderte Ann Kathrin, »wo er doch sonst so ein ordentlicher Mensch war. Guck dich nur hier um. Alles wie mit dem Lineal gezogen.«

Weller nickte. »Er konnte nicht wissen, dass er abgeholt werden würde, und hier ist alles wie geleckt. Meinst du, hier hat jemand nachträglich aufgeräumt?«

»Nein. Ich denke, er war ordnungsliebend.«

Ann Kathrin zupfte vorsichtig das Bild aus den Fotoecken. Sie erkannte die Schrift hinten drauf sofort. Genauso gestochen scharf war die Widmung in dem Büchlein geschrieben.

Da standen die Namen:

Regina Orthner, Erzieherin.
Maria Landsknecht, Köchin.
Edeltraut Stahlmüller, Hauswirtschaft.
Erwin Rottländer, Hausmeister.
Karl Fink, Erzieher.
1975.

»Grand Hand!«, freute Weller sich. »Du bist ein Genie, Ann. Diesmal werden wir nicht zu spät kommen!« Er gab sofort die Namen an Ubbo Heide durch.

Ann Kathrin blätterte weiter im Album. Es gab auch einige Jahrgangsaufnahmen von den Heimzöglingen. Sie hatten sich alle vor dem Gebäude aufgebaut. Sie hatten gleichmäßig geschorene Köpfe und trugen eine Art einfache graue Uniform mit weißen Hemden darunter.

Die erste Reihe kniete. Rechts außen stand jeweils Heinrich Jansen. Aber die Namen der Kinder hatte Jansen nicht hinten auf die Fotos geschrieben.

»Ich wette, einer von diesen Milchbubis ist der Mörder. Einer hat diese Schwarze Pädagogik nicht verkraftet und ist zum Killer geworden.«

Ann Kathrin zeigte auf ein Bild.

»Was ist das denn?«, fragte Weller.

»Das muss in einer alten Ziegelei sein«, sagte Ann Kathrin. »So wurden früher Steine gemacht.«

Weller wollte mit Ann Kathrin das Gebäude verlassen. Er fand, sie hatten genug gearbeitet für heute. Er fühlte sich mies. Er wollte allein mit ihr reden, und er brauchte ein Frühstück.

Abel ging zur Toilette.

Ann Kathrin wollte sich eine Truhe ansehen, die mit einer Tischdecke und einer leeren Blumenvase verziert am Fenster stand. Aber Weller hielt sie ab.

»Was ist, Frank? Wir sind so nah dran, wir …«

Sie sah, dass er kurz davor war zu heulen. Er schluckte: »Das alles fasst mich irgendwie ziemlich an. Ich muss immer an diese Jungs denken. Schwarze Pädagogik … Ich kannte vorher den Begriff nicht mal. Aber ich bin ähnlich erzogen worden. Von meinem Vater. Strenge. Nur Strenge. Nie eine Ausnahme von der Regel. Alles musste immer so durchgezogen werden, wie er es bestimmt hatte. Er wollte mich immer nur klein machen.«

Er biss auf seiner Unterlippe herum. Ann Kathrin legte eine Hand auf seinen Unterarm. »Wurdest du geschlagen?«

»Hm.«

»Oft?«

»Fast täglich. Auch für Nichtigkeiten. Ich habe meinen Vater gehasst! Mein Gott, habe ich ihn gehasst, und ich habe ihm oft den Tod gewünscht. Ich war zu feige, ihn umzubringen. Aber ich habe mir oft vorgestellt, wie es wäre, wenn …«

Er machte eine Pause. Seine Augen wirkten auf Ann Kathrin, als ob er Szenen von früher sehen würde. Dann sagte er: »Der Krebs hat ihn geholt, als ich elf war. Ich habe mich jahrelang schuldig gefühlt, weil ich seinen Tod herbeigesehnt hatte.«

Abel kam wieder in den Raum zurück. Er putzte sich die feuchten Hände an der Hose ab.

»Wir gehen frühstücken«, sagte Ann Kathrin zu ihm.

Rupert hielt sie im Flur mit dem Phantombild auf. Es war fertig.

»Er dürfte Anfang vierzig sein, höchstens. Obwohl diese altmodische Frisur nicht zu ihm passt, finde ich. Vielleicht eine Perücke«, vermutete er.

Ann Kathrin Klaasen sah sich das Bild genauer an. Weller

guckte nur flüchtig hin. Er wollte einfach nur schnell weg hier. Ruperts Anwesenheit war ihm unangenehm. Er wäre am liebsten ganz alleine gewesen.

»Was ist?«, fragte Rupert. »Beziehungsstress? Geht es schon los?«

Ann Kathrin antwortete darauf nicht. Weller sah auf seine Schuhspitzen.

Ann Kathrin zeigte auf das Phantombild. »Der Bart kann falsch sein. Die Augenfarbe auch. Mit Kontaktlinsen ist das heute keine Kunst mehr.«

»Sie kann sich ohnehin nicht an seine Augenfarbe erinnern. Sie schwankt zwischen Grau, Blau und Grün.«

»Das geht vielen Menschen so. Einige können auch nach zig Ehejahren noch nicht die Augenfarbe ihres Partners benennen.«

Rupert stockte. Offensichtlich fragte er sich gerade nach der Augenfarbe seiner Frau. Hundertprozentig sicher war er sich nicht.

»Aber die krumme Nase ist echt. Sieht aus wie … ein Boxer. Die Narbe an der Wange ist markant. Möglicherweise verbirgt er eine weitere Narbe unter der Haartolle da.«

Ann Kathrin Klaasen und Weller verließen die Seniorenresidenz. Rupert guckte kopfschüttelnd hinter ihnen her. Die hielten sich an den Händen! Als ob sie erst fünfzehn wären, dachte Rupert. Fünfzehn und frisch verliebt.

Sie wollten in Greetsiel zum Hafen, um dort zu frühstücken. Weil die Straßen dorthin aber für den Autoverkehr gesperrt waren, parkten sie auf dem Touristenparkplatz mit Blick auf die Tretboote. Die letzten paar Meter gingen sie zu Fuß, vorbei an Krischans Geschenkeladen, vor dem Kugelwedel baumelten und silberne Spiralen in der Sonne vom Wind bewegt glitzerten, und an einem Fischbrötchenstand, der gerade öffnete.

Weller liebte alle Arten von Hering. Brathering. Bismarckhering. Aber am liebsten aß er Matjes. Er nannte den Matjes Ostfriesensushi.

Aber jetzt wollte er mit Ann Kathrin ins Café Alte Bäckerei Poppinga. Dort hatte er in den guten Zeiten mit seiner Frau Renate und seinen Kindern sonntags manchmal gefrühstückt. Rosinenbrot mit Butter. Dann waren sie Eis schleckend im Hafen spazieren gegangen und hatten die schmucken Schiffe bewundert. Er hatte seinen Kindern Piratengeschichten erzählt, und später kehrten sie immer wieder in die Alte Bäckerei Poppinga zurück. Wenn sie dort einen Tisch ergattern konnten, was in den Ferienmonaten nachmittags selten genug vorkam, dann aßen sie den köstlichen Kuchen. Kirschkuchen. Apfelstrudel mit Vanillesoße und Eis oder Käsesahne mit Rhabarberstückchen. Oder Mohnkuchen. Er überfraß sich dort regelmäßig.

Renate trank ein Kännchen Ostfriesentee und schwärmte jedes Mal von dem schönen Rosen-Teegeschirr. Er bestellte für sich einen Latte macchiato. Und nahm sich jedes Mal vor, ihr zu Weihnachten genau so ein Teegeschirr zu schenken. Ein Jahr vor der Trennung hatte er es endlich wahr gemacht. Jetzt trank sie in ihrer neuen Wohnung Tee daraus.

Sie bekamen einen freien Tisch in der sogenannten Wohnstube. Dort war eine alte ostfriesische Schlafstelle, eine Butze, aufgebaut. Darin lag eine Clownspuppe. Auf den ersten Blick wirkte es, als hätte jemand die Puppe durch seinen Besuch aufgeweckt.

Aber für ein intimes Gespräch war es zu voll. Sie nahmen noch eine Nase voll Teeduft mit nach draußen und gingen die Sielstraße entlang bis zum Café im Rettungsschuppen. Hier fanden sie draußen eine ruhige, windstille Ecke.

Weller bestellte sich ein großes Frühstück mit zwei Eiern und ein Kännchen Kaffee, Ann Kathrin ein kleines Frühstück und einen Latte Macchiato. Außerdem brauchte sie ein großes Glas Wasser.

Weller setzte sich mit dem Rücken zu den anderen Gästen. Ann Kathrin interpretierte das als seine Angst, gleich heulen zu müssen, und er wollte nicht, dass andere Gäste es sahen.

In der Mitte des Tisches trafen sich jetzt ihre Hände. Es war, als würden seine Finger versuchen, sich in ihren Händen zu verstecken.

»Meine Kindheit«, sagte er, »war ein einziger Albtraum. Und weißt du, was das Schlimmste ist?«

»Nein.«

»Ich glaube, mein Vater hat mich wirklich geliebt.« Jetzt kamen seine Tränen. »Er glaubte, er müsse mich schlagen und züchtigen, wenn er mich liebt. Ja. Er hat das wirklich geglaubt. Er war auch so einer wie dieser Jansen.«

»Und deine Mutter?«

»Die war anders. Aber er ließ sie genauso wenig hochkommen wie mich. Nach seinem Tod hat sie versucht, vieles wieder gutzumachen. Da war ich dann ihr kleiner Prinz und durfte plötzlich alles …«

Die Kellnerin brachte das Frühstück. Weller köpfte sein Ei, als ob er einem Gefangenen den Hals mit der Guillotine durchtrennen würde.

Ann Kathrins Handy summte. Sie nahm einen Löffel Milchschaum von ihrem Latte Macchiato und schlürfte ihn genüsslich. Dann meldete sie sich: »Ja, Rupert – was ist? Wir frühstücken gerade.«

»Du glaubst nicht, was ich in der Truhe am Fenster gefunden habe!«

»Was denn? Eine Leiche?«

»Nee. Onanie-Tagebücher. Ich schätze, so hundert, vielleicht zweihundert.«

»Was soll das sein?«

»Guck es dir lieber an. Da berichten junge Männer über ihren Kampf gegen die sexuelle Versuchung. Mit welchen Träumen der Teufel sie verleiten will und so. Du glaubst es nicht! Wenn du mich fragst, war dieser Jansen einfach nur ein ganz perverses Schwein!«

Ann Kathrin Klaasen schluckte schwer. Ihr Herz raste. »Sind Namen in den Tagebüchern?«

»Klar. In jedem.«

Sie stand auf. »Dann haben wir nicht nur ein Phantombild, sondern auch seinen Namen.«

»Du meinst, einer von denen …«

»Natürlich. Alles passt zusammen. Wir kommen.«

Weller sah bedrückt aus. Jetzt öffnete er sich gerade mal in einem für ihn ungewöhnlichen Ausmaß, sprach über alte Verletzungen, und schon beendete ein Anruf von Rupert das Gespräch. Ausgerechnet. Er zeigte auf sein Frühstück: »Ja … ich … ähm …«

Ann Kathrin steckte sich ein trockenes Brötchen ein und nahm im Stehen einen Schluck Latte Macchiato. Sie winkte der Kellnerin: »Zahlen!«

»Können wir nicht wenigstens ein paar Bissen …«

Sie ließ ihn nicht ausreden. »Kein Problem. Ich verstehe das, Frank. Wenn du noch ein bisschen Zeit für dich brauchst, dann iss in Ruhe auf. Aber – sei mir nicht böse – ich kann jetzt nicht hier sitzen bleiben.«

Die Kellnerin kam nicht sofort, sie glaubte, es sei nicht eilig, denn sie hatte das Frühstück ja gerade erst gebracht. Ann Kathrin Klaasen legte zwanzig Euro unter ihre Tasse und lief los.

»Warte!«, rief Weller hinter ihr her. »Ich komme ja schon!«

Er nahm noch einen Schluck Kaffee, schob sich die abgepellte Eihälfte in den Mund und rannte hinter Ann Kathrin her.

Hero Klaasen war überhaupt nicht begeistert davon, dass Susanne Möninghoff ihn an diesem Morgen so hängen ließ. Es war alles ganz anders besprochen gewesen. Eigentlich wollte sie Eike nach ihrem Dauerlauf zur Schule bringen. Normalerweise kam sie mit den ersten warmen Brötchen zurück.

Wenn sie schon in Norddeich lief, dann ging sie auch zu Grünhoff oder ten Cate. Sie hatte so ihre Vorlieben. Bei Grünhoff mochte sie die Brötchen besonders gern, bei ten Cate das Dinkelbrot. Genau wie seine Frau Ann Kathrin holte sie samstags bei Remmers in Norden im Neuen Weg Baguettes. Und sie brachte auch immer ein paar von den Minibrötchen mit, die es nur samstags bei Remmers gab und die Eike so sehr mochte.

Jetzt überlegte Hero, ob sie das alles vielleicht nur tat, um es genauso oder noch besser zu machen als Ann Kathrin.

Hero hatte schon dreimal versucht sie anzurufen, doch es kam immer die Nachricht, der Teilnehmer sei zur Zeit nicht erreichbar. Sie hatte das Handy immer beim Joggen mit. Warum war es nicht an? Es war kaum denkbar, dass sie sich in einem Funkloch befand.

Er frühstückte jetzt alleine mit Eike. Der Junge hatte »überhaupt keinen Bock«, zur Schule zu gehen. Hero verstand das gut. Es war schwierig, diszipliniert zu arbeiten, wenn man in so einer touristischen Gegend wohnte. In Nordrhein-Westfalen waren jetzt Ferien, und viele Menschen nutzten Ostfriesland als Naherholungsgebiet. Wie sollten die Schüler Lust haben, Mathe zu pauken, wenn Gleichaltrige am Strand Basketball spielten und ihre Bretter zum Surfen klarmachten?

»Wo ist Susanne?«, fragte Eike. »Fährt sie mich nicht zur Schule? Ich denk, du hast heute Morgen eine Klientin?«

»Ja, hab ich auch. Ich weiß nicht, wo Susanne ist. Beeil dich mit dem Frühstück. Wenn sie nicht in fünf Minuten hier ist, fahr ich dich eben.«

»Joggt sie noch immer?«

Hero versuchte zu lächeln und den großzügigen Mann von Welt zu spielen. »Das ist doch kein Problem, Großer. Vielleicht hat sie eine Freundin getroffen und geht mit der einen Kaffee trinken bei dem schönen Wetter. Man muss Freiheit auch geben, weißt du, nicht nur nehmen.«

Eike überlegte, ob das irgendwie gegen ihn ging. Dann machte er einen vorsichtigen Versuch: »Es macht nichts, wenn ich erst zur zweiten Stunde komme. In der ersten haben wir …«

Hero lachte. »Du wirst pünktlich da sein. So, jetzt trink deinen Tee, und dann fahren wir.«

Im Auto legte Hero eine Bruce-Springsteen-CD ein und sang laut mit: »Born in the USA!«

Amüsiert sah Eike, wie sein Papa den coolen Headbanger heraushängen ließ, aber er kannte ihn gut genug, um zu wissen, dass er damit nur etwas überspielen wollte.

»Hat sie nicht angerufen und gesagt, was mit ihr los ist?«, fragte Eike.

Hero drückte die Stopptaste. »Du benimmst dich wie ein eifersüchtiger Ehemann, Söhnchen.«

Seine Klientin hieß Michaela Frühling. Sie sah aber eher aus wie eine dunkle Herbstnacht. Sie hatte tiefe Ränder unter den Augen und ein kantiges Gesicht. Die Jeans schlabberte um ihre Beine herum, und wenn sie sich setzte, wurden ihre spitzen Knie sichtbar. Sie hungerte sich seit zwei Jahren scheibchenweise zu Tode.

Es gelang Hero Klaasen nicht wirklich, sich auf das Gespräch mit Michaela Frühling zu konzentrieren. Aufmerksam lauschte er die ganze Zeit auf das Öffnen der Tür. Doch das Geräusch kam nicht.

Vielleicht war Susanne ja von hinten ins Haus gekommen.

Das konnte er nicht hören. Es gab zwar keine Veranlassung für sie, das zu tun, aber trotzdem war die Möglichkeit vorhanden. Doch dann müsste er irgendein Geräusch unten hören, dachte er. Das Klappern von einem Teller. Das Quietschen von einem Stuhl. Das Blubbern der Kaffeemaschine.

Es ging so weit, dass Michaela Frühling ihn fragte: »Hören Sie mir überhaupt zu, Herr Klaasen?«

Er ließ sich nicht aus dem therapeutischen Konzept bringen und fragte zurück: »Kennst du dieses Gefühl, dass du dein Innerstes offenbarst, und man hört dir nicht zu?«

Treffer. Sie begann sofort zu weinen.

»Mein Vater interessiert sich nur für sein Scheißgeschäft, und meine Mutter interessiert sich nur für meinen Vater. Sie bringen mich auch nur hierhin, damit sie sich nicht mit mir beschäftigen müssen. Da bezahlen sie lieber. Und sie können jedem erzählen, wie viel sie für mich tun! Was bekommen Sie für die Stunde?«

»Das weißt du doch. Achtzig Euro.«

»Sie sollten das Doppelte nehmen! Dann würde es meinen Eltern noch besser gehen!«

»Du hast also das Gefühl, hierhin zu kommen, damit es deinen Eltern besser geht, nicht dir selbst?«

Ob Susanne etwas passiert ist, dachte er. Ein Unfall mit dem Wagen? Aber dann hätte man mich doch aus dem Krankenhaus angerufen. Oder geschieht das nicht, weil wir nicht verheiratet sind? Werde ich nicht informiert, weil ich kein Verwandter bin? Ringt sie vielleicht ein paar hundert Meter Luftlinie von hier entfernt mit dem Tod, und ich …

Er beschloss, gleich in der Ubbo-Emmius-Klinik anzurufen.

Hero Klaasen lief durchs Haus und suchte nach seiner Susanne. Er rief ein paarmal laut ihren Namen, dann wählte er die Nummer der Ubbo-Emmius-Klinik. Aber dort war Susanne

Möninghoff nicht. Es hatte auch keinen Unfall gegeben. Niemand war eingeliefert worden. Es war ein sonniger, ostfriesischer Spätsommermorgen. Ein wundervoller Tag, um Urlaub am Wattenmeer zu machen.

Er rief bei der Norder Polizei an, aber auch dort war weder ein Verkehrsunfall noch sonst ein schlimmer Vorfall bekannt, der Susanne Möninghoffs Verschwinden hätte erklären können.

»Warten Sie einfach ab. Die meisten Frauen kommen zurück. Vermisstenmeldungen nehmen wir eigentlich immer erst nach 24 Stunden auf. Meistens klären sich solche Sachen ganz harmlos auf. Vielleicht hat sie Ihnen gesagt, dass sie zu einem Arzttermin muss, und Sie haben es nur vergessen. Vielleicht ist sie auf die Idee gekommen, sich ein Kleid zu kaufen, oder fährt zum Geburtstag einer Freundin, den sie fast verschwitzt hätte. Herrjeh, es gibt tausend Möglichkeiten, warum eine erwachsene Frau nicht pünktlich zum Frühstück nach Hause kommt.«

»Ihr Wort in Gottes Ohr«, sagte Hero Klaasen, aber er hatte ein ungutes Gefühl dabei.

Gemeinsam mit seiner zweiten Klientin verließ er das Haus. Er sagte der dritten einfach ab und fuhr nach Norddeich, um die Strecke abzulaufen, die sie normalerweise nahm. Zweimal hatte sie ihn genötigt mitzukommen. In Momenten größter Verliebtheit und völliger hormoneller Verwirrung hatte er es auch getan. Er wusste, wenn sie Zeit genug hatte, parkte sie in Norddeich-Mole auf dem Parkplatz zwischen Bahnhof und Fähre. Wenn der Parkplatz besetzt war, nahm sie den großen beim Ocean Wave und lief von dort über den Deich zum Hafen.

Auf dem Parkplatz am Hafen fand er ihren blauen Polo. Er war nicht abgeschlossen. Die Tür sah aus, als hätte jemand dagegengetreten, um sie zu schließen. Er registrierte den schmutzigen Abdruck einer Turnschuhsohle und rief erneut in Norden bei der Polizei an.

Noch während er die Nummer wählte, dachte er, vielleicht werde ich bald als hysterischer Idiot dastehen. Aber ich kann doch nicht so tun, als ob das alles ganz normal wäre.

Einerseits hatte er Angst um Susanne, andererseits keimte auch Wut in ihm auf.

Wenn sie jetzt irgendwann lachend zurückkommt und mir erzählt, sie hätte nur ihre Freundin getroffen, dann werde ich ihr meine Gefühle zeigen. Sie soll sehen, dass sie mich verletzt hat. Das kann sie doch nicht mit mir machen! Ich lasse meine Klienten sausen, vermurkse meine Arbeit, mache mir Sorgen, und sie, sie ... sitzt irgendwo und isst ein Stück Kuchen? Warum, verdammt, ruft sie mich nicht an?

Er sah einen ersten großen Beziehungsstreit mit ihr auf sich zukommen.

Norddeich war ein friedlicher Urlaubsort an der Nordseeküste. Hier wurden keine Touristen beim Baden vom Weißen Hai attackiert und auch keine Frauen von Parkplätzen entführt. So hatte man bis jetzt gedacht.

Die Polizei glaubte eher an einen Badeunfall. Vielleicht war sie ja nach dem Joggen für eine kleine Abkühlung in die Fluten gestiegen. Manchmal überschätzten Menschen ihre Kräfte, schwammen zu weit raus und bekamen im Wasser einen Herzinfarkt. Aber dann hätten irgendwo am Strand zumindest ihr Jogginganzug und ihre Turnschuhe liegen müssen.

Ann Kathrin Klaasen saß fassungslos über den Tagebüchern. Sie fragte sich, in welcher Welt sie bisher gelebt hatte. Von solchen Perversionen der Erziehung hatte sie noch nie gehört.

Um Sachlichkeit bemüht, sagte sie: »Das ist seine Schrift hier. Er hat in jedes Tagebuch die Namen seiner Zöglinge geschrieben. Das heißt, er hatte die Verfügungsgewalt über die Bücher. Wahrscheinlich hat er sie sogar schon ausgestellt und ihnen gegeben. Das bedeutet, irgendwo laufen Hunderte erwachsener Männer herum, die wissen, dass die Zeugnisse ihrer Qualen und Demütigungen im Besitz von Heinrich Jansen sind, der damit nach Gutdünken verfahren kann. Listet alle Namen auf und jagt sie durch die Computer. Der Täter ist garantiert unter ihnen.«

»Hör dir das an«, feixte Rupert: »Ich konnte wirklich nichts dafür. Es war schon alles nass in meiner Schlafanzughose, als ich wach wurde. Ich hatte geträumt, von einem Berg zu fallen. Ich fiel immer tiefer, und dabei muss es passiert sein. Aus Angst.«

Ann Kathrin warf Rupert einen missbilligenden Blick zu. »Bitte geh damit respektvoller um. Das sind keine Dokumente, über die wir lachen sollten. Das steht uns einfach nicht zu.«

Rupert wich sofort zurück und nickte. In dem Moment klingelte Ann Kathrins Handy. Sie sah schon auf dem Display: Hero. Er hatte eine wirklich gute Gabe, immer zum falschen Zeitpunkt anzurufen.

Sie meldete sich nicht mit *Ann Kathrin Klaasen*, sondern verpasste ihm sofort eine Abfuhr: »Ich kann jetzt nicht.«

Er stöhnte einen Moment. Das war sie gewöhnt. Sie erwartete, dass er jetzt sagen würde: *Schon klar. Wie immer. Entschuldige bitte, dass Eike und ich auch noch da sind* … Doch das tat er nicht. Statt Vorwurf lag Verzweiflung in seiner Stimme.

»Ann, bitte, ich weiß, es ist total dämlich, dass ich dich anrufe. Und glaub mir, wenn ich einen anderen Weg wüsste, dann …«

Etwas in seiner Stimme machte sie weich. »Was ist denn?«

»Susanne ist entführt worden! Aber deine Kollegen interessiert das einen Dreck. Sie wimmeln mich ab. Sie nehmen nicht mal eine Vermisstenmeldung auf …«

Ann Kathrin verzog die Mundwinkel. »Willst du mich auf den Arm nehmen? Soll ich jetzt meine Ermittlungen in einem Mordfall unterbrechen, um die Geliebte meines Mannes zu suchen? Kannst du auf dein Betthäschen nicht selber aufpassen?«

Das Wort *Betthäschen* tat ihr gleich wieder leid. Sie verließ den Raum, um ungestört zu sein. Rupert hatte sich schon bequem hingesetzt, um dem Streit zuzuhören.

»Ann, bitte, hör mir zu. Sie ist heute Morgen zum Joggen nach Norddeich-Mole gefahren. Ihr Wagen steht auf dem Parkplatz. Die Tür ist offen. Nur, sie ist nicht zurückgekommen. Sie wollte uns Frühstück machen, Eike zur Schule fahren und …«

»Hero, ich bin wirklich die falsche Person, um deine Geliebte zu suchen.«

»Wann, wann beginnt ihr zu arbeiten?«, schrie er. »Wenn ich einen abgeschnittenen Finger von ihr finde?«

Ann Kathrin konnte nicht anders. Sie gab es ihm jetzt zurück. »Was meinst du, wie oft ich nicht wusste, wo du warst. Denn da, wo du angeblich warst, bist du ja genau nicht gewesen! Jede meiner Nachprüfungen lief ins Leere, wenn ich deinen Worten geglaubt habe! Stell dir mal vor, damals wäre jedes Mal die Norder Polizei ausgerückt, um dich zu suchen.«

»Ann Kathrin, das ist etwas anderes!«

»So? Was soll denn daran anders sein? Vielleicht reicht ihr ein sanfter Psychologe im Bett nicht. Vielleicht braucht sie auch noch einen wild rammelnden Buchhalter oder einen Typen aus dem Fitnesscenter, mit aufgeblähtem Bizeps und Sixpack.«

»Ich wusste nicht, dass du so gemein und ordinär sein kannst, Ann Kathrin.«

»Ich auch nicht!«

Sie ging unter den großen Bäumen vor der Seniorenresidenz

spazieren. Der Wind kämmte die Sträucher durch. Bei einer großen, blau blühenden Hortensie stand eine Bank. Dort saß ein Herr, der auf seinen 80. Geburtstag wartete, vertieft in einen alten Krimi von Hansjörg Martin. Eine dünne, zerlesene rororo-Ausgabe. Er tat nur so, als ob er lesen würde. Er hörte Ann Kathrin zu. Die Kraft der jungen Frau gefiel ihm, und sie sprach angenehm laut, so dass er alles mühelos verstehen konnte.

»Du hattest während unserer Ehe viel mehr Sex als ich!«, schrie sie. »Du musst schon selber zusehen, wie du an deine Freundinnen kommst und sie behalten kannst. Ich will mir das einfach nicht zum Problem machen, das müsstest du doch verstehen! – Ich hatte gehofft, dass du mit mir über unseren Sohn sprechen willst, über diese Wahnsinnsaktion im Bahnhof von Hannover. Und was das für uns bedeutet. Aber nein, aber nein, der Herr ruft an, weil er seine Freundin sucht!«

»Und ich hatte gehofft, du würdest mir helfen. Gibt es denn bei euch überhaupt keinen vernünftig denkenden Menschen mehr? Die Polizei ist doch für die Bürger da und nicht umgekehrt! Ihr seid doch keine Privatarmee, ihr werdet von Steuergeldern bezahlt!«

»Ja, das stimmt. Du beteiligst dich allerdings nicht wirklich daran. Wir wissen doch beide, dass du nicht mal die Hälfte deiner Klientinnen ordentlich angibst.«

»Ann Kathrin, bitte! Können wir denn nicht wie zwei vernünftige Menschen …«

Jetzt entdeckte Ann Kathrin den Krimifan. Er lächelte ihr zu und zeigte ihr den erhobenen Daumen.

»Lass dir nichts gefallen, Mädchen«, sagte er.

Sie hätte seine Tochter sein können, wenn nicht sogar sein Enkelkind. Er mochte es, wie der Wind mit ihren Haaren spielte und wie viel Abwechslung sie in seinen Tag brachte. Er hielt zu ihr. Ganz klar.

»Wir haben alle ein paar grässliche Tage hinter uns. Es gibt hier wirklich grauenhafte Kriminalfälle. Bitte lass mich jetzt einfach in Ruhe. Ich brauche all meine Aufmerksamkeit für die Ermittlungen. Es geht hier um Leben und Tod. Vielleicht können wir noch einen Menschen retten, wenn wir …«

»Was meinst du, worum es bei mir geht, wenn ich magersüchtige Mädchen behandle? Es sind immer ganz existenzielle Themen. Es geht immer um Leben und Tod. Und glaub mir, jetzt bei Susanne ist das auch so. Ich spüre das, Ann. Ich spüre das! Es geht um ihr Leben!«

»Hast du es schon mal über eine Handyortung versucht? Das können heute sogar Privatpersonen. Ist gar kein Problem. Es gibt dafür im Internet extra …«

»Hab ich längst gemacht. Ihr Handy ist nicht an, und sie hatte es immer an.«

»Dann hat sie es jetzt eben ausgeschaltet. Schick mir eine SMS, wenn sie wieder da ist. Und schöne Grüße. Ich kann verstehen, dass man von dir mal 'ne Pause braucht.«

Sie klappte ihr Handy zu.

»Man darf sich nicht alles gefallen lassen!«, rief der alte Mann hinter ihr her. »Das sag ich meinen Töchtern auch immer! Aber die lassen sich von ihren Männern unterbuttern!«

Ann Kathrin drehte sich noch einmal um und winkte ihm. Dann ging sie zurück in das Zimmer von Heinrich Jansen.

Weller hatte alle Namen durchgegeben, die auf den Tagebüchern standen. Es waren hunderteinundachtzig. Sie beschlagnahmten diesen merkwürdigen Fund und nahmen alles mit.

Frau Orthner, dachte Ann Kathrin, hat den im Heim geübten Erziehungsstil auf ihre Tochter übertragen. Kein Wunder, dass die Gute ihr Leben lang in psychiatrischer Behandlung war und jetzt noch nicht damit fertig wird. Und kein Wunder, dass jemand durchdrehte.

Sie hatte Mühe, in Heinrich Jansen einfach nur das Opfer

zu sehen. Irgendwie hatte er das Monster geschaffen, das ihn jetzt zerfleischen wollte.

Ann Kathrin hing diesen Gedanken im Auto weiter nach. Da fragte Weller: »Was ist denn, wenn mehrere Leute zusammenarbeiten?«

»Wie meinst du das?«

»Nun, wir haben es hier nicht mit irgendeinem Psychopathen zu tun, der zur Befriedigung seines abartigen Sexualtriebes Menschen umbringt. Das hier ist eher eine Art Feldzug. Eine Rache. Es kommt mir vor wie der Versuch, etwas, das aus der Ordnung geraten ist, wieder hinzubiegen, weißt du?«

»Du meinst, diese Leute haben eine Selbsthilfegruppe gegründet, und daraus ist dann ein Killerkommando hervorgegangen?«, fragte Ann Kathrin.

»Du formulierst es auf den Punkt, Ann.«

»Kann das einer alleine überhaupt schaffen? Die Leute müssen ausspioniert werden, dann werden sie festgehalten. Das Risiko, entdeckt zu werden, ist sehr groß. Wenn aber die Verwandten mit den Tätern zusammenarbeiten …«

»Du meinst, wenn er zum Beispiel alle Informationen von Frau Kühlberg bekommt bezüglich ihrer Mutter und dann freie Hand hat? Dann schlägt er zu?«

»Als Risikofaktor bleibt natürlich immer dieses brave Enkelkind. Dieser Bastian Kühlberg mit den scharfen Fotos.«

»Vielleicht haben die Eltern ihn ja für ein paar Tage weggeschickt, damit die Aktion in Ruhe durchgeführt werden konnte.«

Weller überprüfte das augenblicklich per Handy. Er rief bei Bastian Kühlberg an. Und tatsächlich. Der Junge hatte von seinen Eltern eine Reise zu einer Fotoausstellung nach Paris geschenkt bekommen. Er kam einen Tag früher zurück als erwartet. Und an dem Tag wurde auch bereits die Leiche von Frau Orthner gefunden.

»Das ist doch komisch«, sagte Weller. »Keiner sieht einen Fremden rein- oder rausgehen. Die Nachbarn kriegen nichts mit. Das geht eigentlich alles nur, wenn unser Killer unsichtbar ist oder mit den Verwandten unter einer Decke steckt. Vielleicht machen die Verwandten es sogar selber und versuchen uns nur den Eindruck einer Serie zu vermitteln.«

Ohne genaue Argumente dagegen zu haben, schüttelte Ann Kathrin den Kopf. »Nein. Es ist einer. Und der hat sich jetzt den Kopf des Ganzen geholt. Ich bin mir auch nicht sicher, ob er nicht vorher schon ein paar Morde begangen hat. Wenn ich mich in ihn hineinversetze, dann ist Heinrich Jansen die Krönung seiner Taten.«

»Du meinst, wenn wir seine Mitarbeiter aufsuchen, werden wir ein paar Leichen finden?«

Sie schluckte. »Ich fürchte, ja. Wir sind doch erst auf seiner Spur, seitdem Ostfriesenblut an seinen Händen klebt.«

Noch bevor sie in Aurich im Fischteichweg in der Polizeiinspektion ankamen, wussten sie Bescheid. Von den anderen Mitarbeitern lebte niemand mehr. Der Hausmeister, Erwin Rottländer, war schon 2005 direkt vor seiner Wohnung in Essen überfahren worden. Der Fahrer war unbekannt. Fahrerflucht.

Karl Fink hatte sich über Weihnachten 2006 in seiner Bamberger Wohnung in der Gartenstadt aufgehängt. An seinen Armen waren Brandwunden von Zigarettenkippen gefunden worden. Man ging davon aus, dass er sich diese Verletzungen sowie einige Schnitte am Handgelenk selber zugefügt hatte. Er hatte als depressiv gegolten.

Frau Stahlmüller, die Hauswirtschafterin, war im Januar dieses Jahres im Biggesee ertrunken. Auch hier lag der Verdacht auf Suizid nahe.

»Na bitte«, sagte Ann Kathrin Klaasen. »Heinrich Jansen ist der krönende Abschluss seines Rachefeldzugs.«

Sie brauchte ein bisschen Luft und lief in Aurich über den Marktplatz in den Carolinenhof und kaufte sich dort ein Brötchen mit Tomate und Mozzarella. Dazu trank sie ein Glas frischgepressten Orangensaft. Sie schlang das Brötchen regelrecht hinunter. Sie war immer noch wütend auf Hero und seinen Anruf.

Zum Abschluss aß sie einen Bratrollmops mit Zwiebeln und trank eine Tasse viel zu starken Kaffee, der ihr gleich auf den Magen schlug.

An der großen Dienstbesprechung nahmen diesmal nur Ann Kathrin, Weller, Rupert, Ubbo Heide, Staatsanwalt Scherer und die Pressesprecherin Rieke Gersema teil. Ann Kathrin hätte sie fast nicht erkannt. Rieke war, wie Rupert das nannte, »die schärfste Schnitte im Fischteichweg«. Sie trug normalerweise auffällig kurze Röcke und enge Pullis, doch heute war alles ganz anders. Rieke Gersema war ungeschminkt, ihre Haare hingen strähnig herab, ihre Jeans war an den Knien ausgebeult, die Turnschuhe an den Rändern abgelaufen.

Ann Kathrin fragte sich kurz, was mit ihr los war. Hatte ihr jemand das Herz gebrochen? Verhielt sie sich bei Liebeskummer genauso wie Ann Kathrin? Machte sie sich, statt sich herauszuputzen, zur grauen Maus?

Ihr Anblick erinnerte Ann Kathrin daran, dass sie eigentlich zum Friseur wollte. Sie wollte wieder schön wirken. Ja, sie wollte, dass Weller sie toll fand. Und auch Hero sollte sehen, was für eine tolle Frau er verlassen hatte.

Zum ersten Mal seit langer Zeit empfand sie, dass die Dinge sich wirklich gut für sie entwickelten. Und das kam komischerweise durch den Anblick von Rieke Gersema. Einer Frau, der sie sich immer unterlegen gefühlt hatte.

»Noch darf nichts davon nach draußen, das ist ja wohl klar«, sagte Ubbo Heide mit Blick auf Rieke Gersema.

Rieke verzog die Mundwinkel. So etwas musste man ihr nun wirklich nicht sagen. Im Grunde war das eine Beleidigung, und sie fragte sich, warum Ubbo Heide das getan hatte.

»Das war gute Arbeit, Ann«, lobte Ubbo Heide. »Wirklich sehr gute Arbeit.«

Ann Kathrin war das unangenehm. Sie wollte auf keinen Fall gegen Rieke Gersema ausgespielt werden. Ohne seine Sätze an Rieke hätte das Lob Ann Kathrin gutgetan.

Rupert hüstelte demonstrativ, dann sagte er: »Es spielt zwar keine große Rolle, aber Abel und ich haben die Bücher in der Truhe entdeckt. Ich habe dann die Kollegin Klaasen informiert.«

Ubbo Heide war ein bisschen genervt von diesem Einwand. »Wir gehören alle zu einem Team«, sagte er. »So wie die Vorgesetzten sich die Niederlagen zurechnen lassen müssen, so gehören ihnen auch die Erfolge. Das ist so ähnlich wie in der Politik. Ein Minister muss gehen, wenn untere Chargen Mist gebaut haben und er nicht mal eine Ahnung davon hatte. Aber er trägt die politische Verantwortung, und er muss dafür sorgen, dass seine Behörde gut arbeitet. Wenn seine Leute aber wirklich gut gearbeitet haben, dann steht er in der Öffentlichkeit toll da und wird wiedergewählt. Kapiert?«

Beleidigt sah Rupert auf seine Fußspitzen. Ubbo Heide ging ihm mit seinen Belehrungen genauso auf den Wecker wie Ann Kathrin Klaasen und Rieke Gersema.

»Zurück zum Fall«, sagte Ann Kathrin sachlich. »Bei allen hunderteinundachtzig Männern muss der Zugriff zeitgleich erfolgen. Wir brauchen vor Ort jeweils eine SEK-Einheit. Unser Täter hat schon mehrmals gemordet. Es wird ihm kaum Gewissensbisse bereiten, auf unsere Beamten zu schießen.«

Rupert unterbrach sie: »Von einer Schusswaffe wissen wir nichts.«

Ohne auf den Einwand einzugehen, fuhr sie fort: »Wir

brauchen überall ein mobiles Einsatzkommando, und alle müssen punktgenau zeitgleich zuschlagen. Es darf nirgendwo früher oder später erfolgen. Falls sie doch vernetzt sind und wir es nicht mit einem Einzeltäter zu tun haben, warnen sie sich sonst untereinander. Und selbst wenn er die Morde alleine begangen hat, wer weiß, ob er die anderen nicht informiert, Helfershelfer unter ihnen hat, mit seiner Tat angibt ... Ich könnte mir vorstellen, dass er in bestimmten Kreisen echte Fans hat.«

Das sprach Weller richtig aus der Seele. »Ja«, sagte er, »das glaube ich allerdings auch. Es wird eine Menge Leute geben, die glauben, dass er diese Schwarzen Pädagogen nur ihrer gerechten Strafe zugeführt hat. Sozusagen im Rahmen ihres eigenen Systems.«

»Ich glaube allerdings«, sagte Ann Kathrin, »dass er ganz hier in der Nähe wohnt. In Ostfriesland.«

»Woraus schließt du das?«, fragte Ubbo Heide. Er war übel gelaunt und gereizt. Er bemühte sich, das nicht an seinen Kollegen auszulassen, aber es war einfach so. Er spürte, dass es ihm misslang.

Ich brauche Urlaub, dachte er.

Ann Kathrin ging auf und ab, wie bei einem Verhör. So konnte sie am besten nachdenken. Sie war darauf konditioniert. Es war wie ein Ritual, das sie zur Höchstform auflaufen ließ. Drei Schritte vor, Kehrtwendung, drei Schritte zurück, Kehrtwendung. Nach jedem zweiten Schritt einen Blick auf ihren Gesprächspartner.

»Die ersten Morde liegen lange zurück. Zwischen ihnen liegt fast immer ein Jahr. Jetzt, hier in Ostfriesland, kommt es Schlag auf Schlag.«

»Er steht auf Ostfriesenblut«, sagte Rupert und beschloss, ab jetzt für eine Weile das Maul zu halten, weil seine Gags heute überhaupt nicht ankamen. Irgendwie war das nicht sein

Tag. Obwohl er die Tagebücher gefunden hatte, kam er sich jetzt vor wie ein Versager. Es war Ann Kathrins Show. Er hätte sie ihr zu gern gestohlen, doch er wusste nicht, wie.

»Er hat viele Jahre, ja Jahrzehnte nichts getan. Hat an seinen Verletzungen und Demütigungen gelitten. Er wird es nicht ganz leicht gehabt haben, ein normales Verhältnis zum anderen Geschlecht aufzubauen. Selbst wenn er gleichgeschlechtlich gepolt ist, wird es für ihn schwierig gewesen sein. Er ist unter einer extrem sexualfeindlichen Erziehung groß geworden. Wir haben keine Ahnung, wie er damit umgegangen ist. Aber irgendwann in 2005 hat er angefangen zu morden. Er begann zunächst weit weg von Ostfriesland.«

»Und daraus folgerst du, dass er hier wohnt?«, hakte Ubbo Heide bissig nach.

Ann Kathrin nickte. »Nicht nur daraus. Ich glaube, dass er hier den Anstoß für seine Taten bekommen hat. Ich stelle mir einen schönen Tag in Greetsiel vor. Er geht am Hafen spazieren, holt sich ein Eis, vielleicht ein Krabbenbrötchen, genießt die Sonne und schaut den Touristenmädchen hinterher. Dann plötzlich sieht er in der fröhlichen Menge, die am Hafen entlangschlendert, ein altbekanntes Gesicht: Heinrich Jansen. Es ist wie ein Schock für ihn. Die Geister der Vergangenheit werden sofort wieder lebendig. Vielleicht war Jansen sogar mit einem Zivildienstleistenden unterwegs oder mit einer Betreuerin. Da hat es bei unserem Täter Klick gemacht. Ich nehme an, er ist Heinrich Jansen zur Seniorenresidenz gefolgt und wusste dann, wo er wohnte. Zunächst hat er wahrscheinlich mit dem Gedanken gespielt, ihn umzubringen. Doch dann wurde ihm klar, dass Heinrich Jansen nichts war ohne seine Helfer. Er hat sich ein bisschen Mühe gegeben, und über Einwohnermeldeämter, über die Telekom und das Internet fand er alle seine ehemaligen Peiniger. Und er beschloss, sie zu töten. Vielleicht in der Reihenfolge, wie sie ihn verletzt hatten.

Er begann mit dem Hausmeister. Den Chef, Heinrich Jansen, hob er sich natürlich bis zum Schluss auf. Er fuhr zunächst nach Essen. Es war ungefährlich für ihn, weit weg von zu Hause. Wer sollte ihn hier mit dem Mord in Verbindung bringen? Falls überhaupt jemand merkte, dass es ein Mord war. Wahrscheinlich hat er danach die Zeitungen gelesen und fand nur eine kurze Notiz, dass ein Rentner vor seiner Wohnung überfahren worden war. So arbeitete er sich langsam weiter vor. Bis er endlich bei den Letzten auf seiner Liste ankam. Und ich wette, er wohnt ganz in ihrer Nähe.«

Noch während Ann Kathrin sprach, erschienen auf Ubbo Heides Computer die Namen und Adressen der ersten Heimzöglinge.

Staatsanwalt Scherer äffte jetzt Ann Kathrin nach: »Ich könnte mir vorstellen … ich glaube … ich stelle mir vor … Die Kriminalistik ist eine exakte Wissenschaft! Wir arbeiten mit überprüfbaren Daten und Fakten. Alles muss verifizierbar sein und …«

Mit starrem Blick auf den Bildschirm klatschte Ubbo Heide in die Hände: »Bingo! Greetsiel!«

Sofort fanden sie sich alle zu einer Traube vor seinem Computerbildschirm zusammen. Endlich hatten sie einen Namen: Thomas Hagemann. Wohnhaft in Greetsiel.

»Jetzt darf uns nicht mehr der geringste Fehler unterlaufen«, kommandierte Ubbo Heide, und selbst Scherer zeigte sich beeindruckt. Aber er hatte natürlich auch gleich einen Einwand: »Dieser Thomas Hagemann ist nur möglicherweise der Täter. Vielleicht haben wir es hier aber auch bloß mit einem Menschen zu tun, der im Leben viel Leid erfahren hat und jetzt versucht, ein anständiges Leben zu führen. Sie können nicht alle Menschen unter einen Generalverdacht stellen, die mal in einem Heim …«

Er war bereits alleine im Zimmer. Die anderen rannten los,

um die nötigen Schritte zu veranlassen. Offensichtlich wusste jeder genau, was er zu tun hatte.

Einerseits wollte Scherer zurück in seine Dienststelle, um sich dem Aktenstudium zu widmen, andererseits wäre er jetzt gern dabei gewesen. Er wollte das erste Verhör nicht aus den Akten kennenlernen. Er wollte es miterleben.

Er kannte das gar nicht von sich. Erwachte da gerade so etwas wie sein Jagdinstinkt?

Ihr Stolz war noch nicht gebrochen. Sie wimmerte und flehte noch nicht. Sie war weit davon entfernt, sich zu unterwerfen. Im Gegenteil. Sie drohte ihm, beschimpfte ihn. Das Ganze werde ein Nachspiel für ihn haben, schrie sie.

Er flüsterte: »Du hast noch nicht begriffen, in welcher Situation du dich befindest.«

Er zerrte sie wortlos in die Zelle von Heinrich Jansen. Dort warf er sie um. Sie landete wie ein Sack Kartoffeln auf dem Boden. Vor ihrem Gesicht lag eine tennisballgroße Staubflocke, in der Haare und Spinnweben zusammenklebten.

Als sie Heinrich Jansen sah, wurde ihr klar, dass ihr Entführer noch viel verrückter war, als sie gedacht hatte. Das Ganze hier hatte monströse Ausmaße. Sie war nicht das einzige Opfer.

Es roch nach Fäulnis und Schimmel, nach alten Kartoffeln und menschlicher Notdurft. In all dem Dreck machte der Raum einen schrecklich aufgeräumten Eindruck. Es gab einen Schreibtisch, auf dem drei dicke weiße Kerzen standen und Licht spendeten.

Sie stellte sich vor, dass die Kerzen aus einer Kirche gestohlen worden waren.

Eine Reitgerte und ein Rohrstock lagen exakt parallel nebeneinander auf dem Schreibtisch, wie Ersatz für fehlendes Schreibwerkzeug.

Er riss mit einem Ruck das Teppichklebeband von Heinrich Jansens Mund. Für einen Moment fürchtete er, sein alter Erzieher würde schlappmachen. Das hätte er schade gefunden.

Er flößte ihm Wasser ein. Dann sagte er: »Darf ich vorstellen, Frau Möninghoff? Das ist mein alter Lehrmeister Heinrich Jansen.«

Jansen stöhnte und japste nach Luft.

Um Gottes willen, dachte Susanne Möninghoff, er weiß meinen Namen. Er hat mich nicht einfach auf dem Parkplatz aufgegriffen, weil ich gerade da war. Er will mich nicht einfach vergewaltigen. Er hat einen Plan. Er hat mich gezielt ausgesucht.

»Ich habe Ihnen doch nichts getan«, jammerte sie. »Ich kenne Sie überhaupt nicht.«

Nun stellte er sie seinem alten Lehrer vor: »Das da ist ein ungezogenes kleines Mädchen. Ein richtiges Flittchen. Sie hat einer Frau den Ehemann weggenommen. Sie hat ihn verführt. Sie hat mit ihrem Hintern so lange vor seiner Nase herumgewackelt, bis ihr Mösenduft ihn ganz verrückt gemacht hat. War es so?«, fragte er Susanne Möninghoff.

Sie raffte sich so weit auf, dass sie jetzt wenigstens aufrecht kniete.

»Nein. So war es nicht. Woher wissen Sie das alles? Wer sind Sie?«

Er ging langsam auf sie zu. Er brachte sein Gesicht nah an ihres und flüsterte kaum hörbar: »Du sollst mir nicht widersprechen. Tu das nie wieder.«

Dann schlug er ihr mit seiner Faust in die Magengrube. Sie klappte zusammen wie ein Springmesser.

»Siehst du«, beklagte er sich bei Heinrich Jansen, »sie ist noch ganz das ungehörige Mädchen. Gibt Widerworte und ist in der Leugnung. Sie sieht nicht ein, was sie getan hat. Sie ist im Stolz statt in der Demut. Wir müssen sie erziehen. Komm.

Sei du mein Lehrer. Wie immer. Sag mir, was ich mit ihr machen soll, damit aus ihr ein gutes Mädchen wird.«

»Kann ich … kann ich noch was zu trinken bekommen?«, fragte Heinrich Jansen mit brüchiger Stimme.

»Aber klar doch.« Er brachte die Karaffe mit großzügiger Geste an die Lippen von Jansen. Der trank gierig. Seine Hände blieben dabei weiterhin an den Stuhl gefesselt, ebenso wie seine Füße.

»Wie soll die Erziehung beginnen? Sag's mir. Du bist der Meister!«

Aus fiebrigen Augen sah Heinrich Jansen seinen ehemaligen Schutzbefohlenen an. Er versuchte in seinen Augen zu lesen, welche Antwort er gerne von ihm hören wollte. Aber er wusste es nicht.

»Jetzt versuchst du, meine Gedanken zu lesen, stimmt's? Das habe ich auch immer gemacht. Ich hab dich angeschaut und versucht herauszufinden, was du von mir möchtest. Ich habe vorausschauend geplant, um dir die Dinge recht zu machen, bevor du sie überhaupt von mir verlangt hast. Ich wollte nur richtige Antworten geben.« Er schlug dem alten Mann mit der flachen Hand ins Gesicht. »Aber es ist mir leider nicht immer gelungen.«

Er hatte beschlossen, Jansen nicht mehr mit der Faust zu schlagen. Er wollte, dass er bei Bewusstsein blieb.

»Na los, sag schon. Was macht man als Erstes mit so einem Menschen, der erzogen werden soll?«

Heinrich Jansen öffnete den Mund, doch es kamen nur gurgelnde Laute und ein paar Speichelblasen über seine Lippen.

»Okay, wenn du es vergessen hast, dann werde ich es dir sagen. Als Erstes werden ihm die Haare abgeschnitten! Lange Haare sind das stolze Symbol der Individualität. Sie müssen weg, weg, weg! Alle sollen gleich aussehen! Mit den Haaren schneiden wir auch die Individualität weg.«

Susanne Möninghoff rutschte auf den Knien über den Boden, bis hin zur Wand. Sie drückte sich fest mit dem Rücken gegen die Mauer, als ob sie die Hoffnung hegen würde, die Wand könne nachgeben, und dahinter sei eine andere, gute, saubere, freundliche Wirklichkeit verborgen, in die sie abtauchen könnte. Sie wollte sich auf keinen Fall die Haare abschneiden lassen. Lieber hätte sie noch ein paar Faustschläge eingesteckt. Wenn er ihr die Haare abrasierte ... dann ... Das hatte so etwas Endgültiges.

»Ich habe keine Schere«, grinste er und zog sein finnisches Jagdmesser. Langsam ging er auf Susanne Möninghoff zu. Er genoss jeden Schritt. Dann drehte er sich zu Heinrich Jansen um.

»Weißt du noch, womit du uns die Haare geschnitten hast? Mit deinem Rasiermesser. Nicht mit irgend so einem scheißmodernen Rasierapparat. Nein. Das war noch ein richtiges Rasiermesser. Mit einer Klinge, die du an einem Lederriemen geschärft hast. Ich werde dieses Geräusch nie vergessen. Flapp. Flapp. Flapp. Ich hatte Angst vor der scharfen Klinge, aber noch viel mehr Angst vor der stumpfen, denn das tat wirklich weh.«

Er griff Susanne Möninghoff in die Haare und riss ihren Kopf nah zu sich heran, so dass er ihr Gesicht gegen seinen Oberschenkel pressen konnte.

»Du musst keine Angst haben. Diese Klinge ist scharf.«

Dann setzte er das Messer über ihrem rechten Ohr an und zog es langsam zu ihren Schläfen hoch.

Susanne Möninghoff konnte es nicht ertragen, wenn jemand über Styropor kratzte. Selbst Kreide auf einer Tafel jagte ihr Schauer den Rücken hinunter. Doch ein schlimmeres Geräusch als dieses hatte sie noch nie in ihrem Leben gehört. Und es war ganz nah an ihrem Ohr.

In einer genau abgestimmten Aktion stürmten schwerbewaffnete Polizeikräfte in den sechs Bundesländern Niedersachsen, Bremen, Nordrhein-Westfalen, Bayern, Mecklenburg-Vorpommern und Berlin hunderteinundsiebzig Wohnungen. Neun Adressen konnten in der Kürze der Zeit nicht ermittelt werden, da einige seit Jahren im Ausland lebten. Einer angeblich in einem buddhistischen Kloster in Indien. Zwei waren recht erfolgreich als Geschäftsleute in den Vereinigten Staaten. Vier waren tot, drei durch Selbstmord, einer durch einen tragischen Verkehrsunfall.

In Greetsiel waren Ann Kathrin Klaasen und Weller mit dabei. Sie beobachteten die Aktion der Spezialeinheit, um dann eventuell den Täter direkt verhören zu können.

Touristisch war diese Zeit für Greetsiel noch die Hauptsaison. Es war unmöglich, die Polizeiaktion vor den Augen der Touristen geheim zu halten. Auf Anweisung von Ubbo Heide wurden zwei Straßenzüge gesperrt. Es sollten auch keine Fußgänger durchgelassen werden. Er rechnete mit einer Schießerei, und auf keinen Fall wollte er Bilder von verletzten Touristen in den Medien sehen. Das alles hier sollte schnell, präzise und ohne die geringsten Verluste über die Bühne gehen.

Es war märchenhaft schönes Wetter. Nur ein paar kleine Schäfchenwolken spendeten kurz Schatten. Jeder Zweite auf der Straße trug eine Sonnenbrille. Ein Supertag für Eisverkäufer und Straßencafés.

Einige Urlauber hielten die Scharfschützen auf den Dächern und die vermummten Polizeikräfte für den gut inszenierten Teil eines Schauspielspektakels. Einer bat Ann Kathrin sogar um ein Autogramm. Es war ein junger Mann mit Nickelbrille. Er sah aus, als wäre er aus den Siebzigern übriggeblieben.

Er war merkwürdig jungenhaft, ja fast spitzbübisch. Auf seiner Nase trug er ein Pflaster. Sie war dick geschwollen, als ob er von einer Biene gestochen worden wäre.

»Ich habe so etwas schon mal erlebt«, sagte er. »Das war in einem Hotel in Wiesbaden. Im Oranje oder so ähnlich. Da gab es eine Schießerei, richtig mit Leiche und so. Und danach haben sich alle Gäste an der Aufklärung des Falls beteiligt. War eine tolle Schauspieltruppe, sag ich Ihnen. Und war voll sein Geld wert. 25 Euro inklusive Abendessen.«

»Das hier ist echt«, sagte Ann Kathrin Klaasen.

Er lachte. »Ja, ja, das haben die auch immer gesagt.«

»Ich gebe keine Autogramme. Bitte ziehen Sie sich zurück. Das kann hier gefährlich werden. Ich zeige Ihnen gerne meinen Ausweis, wenn Sie wollen.«

Er strahlte. »Ja, solche Ausweise hatten die auch alle.«

»Hauen Sie ab, Mann!«, fuhr Ann Kathrin ihn an. »Das hier ist kein Witz! Sie gefährden sich und andere!«

Er grinste sie breit an, hob die Arme, wedelte damit in der Luft herum, hüpfte von einem Bein aufs andere und rief: »Ach wie schön, dass niemand weiß, dass ich Rumpelstilzchen heiß!«

In dem Moment gab Ubbo Heide das »Go!«. Er hatte sich lange gegen den ständig wachsenden Einfluss der englischen Sprache gesperrt. Aber aus dem: »Zugriff! Jetzt!« war im Laufe der Jahre ein kurzes »Go!« geworden. Er wusste nicht, ob amerikanische Filme daran den größeren Anteil hatten oder die Ausbildung führender Kollegen in den USA. Inzwischen sagte er es auch, und jeder verstand ihn. »Go!«

Die Haustür wurde eingeschlagen, während sich zwei hochspezialisierte Nahkämpfer vom Dach abseilten und jeder durch ein anderes Fenster in die Wohnung im zweiten Stock stieg.

Die beiden wurden von allen nur *die Terroristenjäger* genannt, obwohl sie noch niemals einen Terroristen gefangen hatten. Außer im Fernsehen hatten sie überhaupt noch nie einen gesehen. Doch sie brannten darauf, endlich all das, was sie gelernt hatten, einsetzen zu können. Dies hätte heute ihr großer Tag werden können. Aber dann verlief alles ganz unspektakulär. Die Wohnung war leer.

Nachdem sich das Sondereinsatzkommando dreimal davon überzeugt hatte, dass sich nirgendwo noch jemand versteckt hielt, gaben sie die Wohnung für die Spurensicherung und ihre Kollegen aus Aurich frei.

Als Ann Kathrin die Worte hörte: »Zielperson nicht angetroffen« und Weller schlicht »Scheiße« sagte, glaubte sie plötzlich, einen Fehler gemacht zu haben.

Ann Kathrin rannte los.

»Was ist?«, schrie Weller hinter ihr her.

»Der Typ mit der Nickelbrille! Der verarscht uns nur!«

Weller kapierte sofort. Er war sich nicht sicher, ob sie recht hatte, doch im Laufe der Zeit hatte er sich daran gewöhnt, dass ihre Gefühle oftmals seismographisch genau eine Situation erfassten und ihr Verstand dann daraus die richtigen Schlussfolgerungen ableitete. Jedenfalls war der Mörder nicht da oben, im zweiten Stock, in seiner Wohnung.

Der Mann rannte weg, und Ann Kathrin hinterher. Für einen Moment überlegte Weller, was dagegen sprach, einfach die Waffe zu ziehen. Er stellte sich vor, wie es wäre, wenn er laut »Zur Seite! Auf den Boden! Werfen Sie sich auf den Boden!« rufen würde. Er hatte so etwas noch nie getan, und er kannte auch keinen Kollegen, der es schon mal gemacht hatte.

Natürlich würde er nicht schießen, aber das konnte der Täter ja nicht wissen. Vielleicht blieb er ja stehen und hob die Hände. Vielleicht hielten andere Leute ihn auf.

Doch noch während Weller mit diesen Gedanken spielte, erreichte Ann Kathrin Klaasen den Nickelbrillenträger. Am African Culture Shop stoppte sie ihn. Er riss sich noch einmal los. Es kam zu einem kurzen Handgemenge. Er stolperte über eine lebensgroße, handgeschnitzte afrikanische Götterfigur, raffte sich aber sofort wieder auf und riss aus den draußen für die Touristen aufgebauten Ausstellungsstücken einen dicken Holzstab heraus. Es war so etwas wie ein afrikanischer Spazierstock. Wie für einen König gebaut, mit Intarsien aus Muscheln.

Die Nickelbrille lag schon zertreten auf dem Boden, doch der Mann ergab sich noch lange nicht in sein Schicksal. Er drosch mit dem Knauf vom Spazierstock auf Ann Kathrin ein, als sei es ein Baseballschläger.

Sie riss ihre Arme hoch und ein Schmerz durchzuckte ihren Körper. Sie schämte sich nicht, laut aufzuschreien.

Weller sprang mit den Füßen voran gegen den Verdächtigen. Der ging rückwärts, drohte mit seinem Stock mal Ann Kathrin, mal Weller und japste nach Luft.

»Was wollt ihr von mir, ihr Arschlöcher?«

»Selber Arschloch«, gab Weller zurück. »Dein Spiel ist aus.«

Dann riss Weller einen königlichen Spazierstock für sich selbst aus dem hölzernen Ständer und drosch damit auf seinen Gegner ein. Der verteidigte sich. Für einen Moment sah es aus wie ein Schwertkampf zwischen modernen Rittern.

Einige Touristen schrien, andere fotografierten eifrig.

»Papa, Papa, wer von denen ist denn der Gute?«, fragte ein neunjähriger Blondschopf verwirrt und verlor vor Schreck sein Eis.

Ann Kathrin zitterte, so heftig war die Wirkung des Treffers auf ihre Unterarme. Dann bot sich ihr eine günstige Gelegenheit. Sie sprang den Typ von hinten an, bekam seinen Arm zu fassen, und schon machten die Handschellen Klick.

Er tobte immer noch.

Jetzt war Ubbo Heide bei ihnen und sagte kopfschüttelnd: »Was soll das? Was ist das für eine Prügelei hier? Warum benutzt du nicht dein Pfefferspray?«

Weller hob die Hände, doch statt zu antworten, ließ er sie

einfach wieder sinken. Ja, dachte er, warum eigentlich nicht? Warum vergesse ich plötzlich alles, was ich gelernt habe? Vielleicht, weil ich in diese Frau verliebt bin?

Das alles sagte er nicht, aber er dachte es, nicht ganz ohne Stolz.

Ann Kathrin ordnete ihre Kleidung und fragte nun ihrerseits Ubbo Heide: »Und wo, bitte schön, war unser Einsatzkommando? Warum müssen wir das hier machen, während die leere Wohnungen stürmen?«

Der Mann konnte sich nicht ausweisen. Ann Kathrin und Weller begleiteten ihn in sein Hotel. Er hatte den Ausweis im Zimmer. Er hieß Lars Holland und machte mit seiner Frau Ulrike und seinen vier- und siebenjährigen Töchtern im Hotel Achterum Urlaub. Warum er vor Ann Kathrin Klaasen weggelaufen war, konnte er auch nicht genau sagen. Die dicke Nase stammte tatsächlich von einem Bienenstich. Er habe Medikamente genommen, versuchte er sich zu entschuldigen. Gleichzeitig drohte er mit Schadenersatzklagen, die sein Anwalt garantiert für ihn herausschlagen würde.

Seine Frau beschwichtigte ihn, versprach den Kommissaren, schon dafür zu sorgen, dass ihr Mann keinen Ärger mache. Er habe halt eine sehr niedrige Frustrationsschwelle und deswegen auch schon zweimal seine Arbeitsstelle verloren.

Er bedankte sich zähneknirschend bei ihr, weil sie ihm so tapfer zur Seite stand. Dann brüllte er sie an: »Und du kriegst auch Post von meinem Anwalt, du dusselige Kuh! Du kannst dir einen anderen Blödmann suchen!«

Bevor Ann Kathrin und Weller sich verabschiedeten, fragte sie Ulrike Holland noch: »Kommen Sie klar mit ihm, oder gibt das hier Probleme?« Ann Kathrin gab ihr ihre Telefonnummer: »Notfalls können Sie uns rufen.«

»Keine Sorge«, sagte Frau Holland. »Der beruhigt sich schon wieder. Der hat ja ein Antiaggressionstraining gemacht. Vor zwei Jahren. Wissen Sie, nach diesem …«, sie schluckte, »… Zwischenfall.«

Weller und Ann Kathrin wussten natürlich nichts darüber, aber sie nickten verständnisvoll und begaben sich zu der gestürmten Wohnung zurück, um sie sich von innen anzusehen.

»Das war jetzt nicht gerade ein Punkt für uns«, sagte Weller geknickt. Er konnte ja nicht ahnen, dass dies nicht die letzte Niederlage für diesen Tag gewesen sein sollte. Was jetzt auf sie wartete, war ungleich schlimmer.

Als sie die Holztreppen zu Thomas Hagemanns Wohnung hinaufgingen, klingelte Ann Kathrins Handy. Hero machte noch einen Versuch, und er drohte ihr damit, die Presse einzuschalten, wenn »ihr bloß, weil sie meine Geliebte ist, deswegen nichts für sie tut. Das ist unterlassene Hilfeleistung. Das ist sogar Beihilfe und Strafvereitelung! Ich habe gerade mit meiner Anwältin gesprochen. Verena Rahlf, du erinnerst dich?«

»Klar, diese lästige Rothaarige, die immer abends noch nach Büroschluss angerufen hat. Hattest du mit der auch was?«

Wütend legte Hero auf. »Ich kann auch anders!«, schrie er, doch das hörte Ann Kathrin schon nicht mehr.

Sie fanden drei Computerbildschirme, einen Laptop, einen Farblaserdrucker, mindestens ein Dutzend batteriebetriebener Webcams in allen Größen, zwei digitale Fotoapparate, eine unübersichtliche Anzahl von USB-Sticks, einen Riesenkabelsalat auf dem Boden, dazu eine halbe Pizza mit Schinken und Salami.

»Ein gefundenes Fressen für Charlie«, orakelte Weller.

Rupert fragte spitz: »Die Pizza?«

»Nein«, antwortete Weller. »Die Computer.«

Und Ann Kathrin schüttelte nur stumm den Kopf. Warum ließ er sich mit solchen blöden Fragen hereinlegen? Rupert versuchte doch nur, ihn vorzuführen.

Hier hatte jemand sehr spartanisch gelebt.

Unter der Spüle befand sich ein großer Vorrat scharfer Putzmittel. Schwämme. Bürsten. Aufnehmer.

Ann Kathrin Klaasen stellte ihn sich zwanghaft vor. Wahrscheinlich wischte er täglich den Boden. Die künstliche Aufgeräumtheit passte nicht zu den Pizzaresten.

Im Abfalleimer fand Ann Kathrin Männerunterhosen. Sie sahen im Grunde neu aus. Höchstens einmal getragen.

Ann Kathrin öffnete den Kleiderschrank. Hemden und T-Shirts lagen akkurat aufeinandergeschichtet. Sie entdeckte zwölf Boxershorts in Originalverpackungen.

»Er trägt seine Unterhosen nur einmal«, sagte sie. »Er wäscht sie nicht. Er wirft sie weg.«

»Warum macht einer so etwas?«, fragte Rupert ehrlich erstaunt.

»Weil er sich vor sich selbst ekelt«, vermutete Ann Kathrin.

Dann ließ sie die Computer nach Aurich bringen.

Weller inspizierte den Kühlschrank, während sie sich wie immer das Buchregal vornahm.

Vier Becher Erdbeerjoghurt, eine Packung Fleischsalat. Weller musste nicht die Geruchsprobe machen, um festzustellen, dass er überm Verfallsdatum war. Ein Stückchen ostfriesische Butter, eine angebrochene Flasche Orangensaft, ein halb volles Nutellaglas.

Im Buchregal nicht ein einziger Hardcovertitel, nur Taschenbücher. Fast ausschließlich Krimis und Horrorliteratur. Eine ganze Reihe Stephen King, ein paar Wolfgang Hohlbein. Dann ein halbes Dutzend Bücher über KZs, »Hitlers Helfer« und die Nazivergangenheit. Insbesondere schien er sich für Gefangenen- und Konzentrationslager zu interessieren.

Für Ann Kathrin passte das alles in sein Persönlichkeitsbild. Um überhaupt noch etwas zu spüren, brauchte er den

Schrecken. Vielleicht auch, um sein eigenes Erschrecken zu verstehen.

In den Dokumentationen übers Dritte Reich suchte er die Vergangenheit seiner Peiniger. Oder versuchte er, davon zu lernen, wie man Leute am besten gefangen hielt? Ein Schauer lief ihr den Rücken hinunter bei dem Gedanken.

Rupert sah sich den Küchenschrank an und das zusammengewürfelte Geschirr. Dann sagte er: »Na, mit Reichtum gesegnet ist unser Held ja nicht gerade.«

»Wie man's nimmt«, konterte Weller und zeigte eine angebrochene Flasche Rotwein vor. Es war ein Cascavel aus Ventoux. »Unter fünfzehn Euro gibt's den nicht.«

»Der Mann setzt eben Prioritäten«, gab Rupert zurück. »Die Computeranlage ist auch vom Feinsten.«

Die Besitzerin des Hauses wohnte unten. Sie hatte die Wohnung vor knapp fünf Jahren an Thomas Hagemann vermietet. Sie stand unter Schock, weil sie noch nie eine solche Polizeiaktion miterlebt hatte. Sie war 71 Jahre alt und lobte Thomas Hagemann in den höchsten Tönen. Das alles müsste ein Missverständnis sein. Er sei so ein hilfsbereiter Mann. Sie war froh, dass er im Haus wohnte, das gab ihr, so behauptete sie, eine bestimmte Sicherheit, denn in Greetsiel sei nicht immer so viel los wie jetzt, und wenn die Ferien vorbei waren und die Touristenflut ging, dann könne es ganz schön einsam sein, sagte sie. Dann sei sie froh gewesen, ihn im Haus zu haben. Ruhig, sauber und hilfsbereit. Nie eine Party. Nie Lärm. Erst jetzt fiel ihr auf, dass es vielleicht nicht ganz gewöhnlich war für einen Mann in seinem Alter, wenn niemals Freunde zu Besuch kamen, es niemals eine Party gab, nie ein Geburtstag gefeiert wurde.

An jedem Heiligabend, so erinnerte sie sich, hatte er ihr sogar einen Teller vor die Tür gestellt, mit Äpfeln, Nüssen und Lübecker Marzipan. Einmal hatte sie ihn am ersten Weihnachtstag zum Gänsebraten eingeladen, aber danach nicht mehr. Ihre Kinder seien dagegen gewesen und waren eifersüchtig auf ihn. Die Kinder wohnten in Hamburg und kamen nur noch selten vorbei. Sie spielte schon lange mit dem Gedanken, das Erbe der Kinder auf den Pflichtteil zu beschränken und den Rest an Thomas Hagemann zu vererben. »Der Gute hat ja sonst keinen auf der Welt«, sagte sie.

Alles würde sich bestimmt bald als Missverständnis herausstellen, da war sie ganz sicher, und wenn er einen Anwalt bräuchte, würde sie ihm Geld leihen, keine Frage.

Sie beschlossen, die Auswertung in der Wohnung der Spurensicherung zu überlassen und sich eine kleine Auszeit zu nehmen. Sie waren alle geschafft.

Falls Thomas Hagemann nach Hause kommen sollte, würde er in eine todsichere Falle laufen. Sie kannten sein Auto und die Fahrzeugnummer. Er fuhr einen blauen Passat Kombi. Über vierzig Polizeibeamte in Zivil warteten nur darauf, zuschlagen zu können. An diesem Abend war Greetsiel der sicherste Ort in Ostfriesland. Er würde hereinkommen in die Stadt. Und auch bis in sein Haus. Aber sicherlich nicht wieder heraus.

Trotzdem hatte jeder ein schlechtes Gewissen, jetzt einfach Feierabend zu machen. Aber es gab für sie nichts mehr zu tun, das nicht bis morgen hätte warten können.

Weller lenkte den Wagen, Ann Kathrin saß auf dem Beifahrersitz. Sie versuchte, irgendetwas Unverfängliches zu sagen, etwas, das nichts mit dem Fall zu tun hatte. Sie fuhr sich mit den Fingern durch die Haare, zupfte daran und kam sich selbst ein bisschen dämlich dabei vor, als sie ihre Worte hörte: »Ich muss unbedingt mal wieder zum Friseur. Ich will mir die Haare ein bisschen aufhellen lassen. Ich war früher mal richtig blond. Mit der Zeit ist das alles irgendwie nachgedunkelt. Aber beim Friseur dauert das ja immer Stunden, diese Färberei. Und so viel Zeit hat unsereins doch kaum, und wenn man sie mal hat …«

»Ich kann dir das machen«, sagte Weller.

»Häh? Was? Ist das dein Ernst?«

»Ja, warum nicht? Ich hab meinen Kindern auch immer die Haare geschnitten und …« Er sagte es nicht gern, kam aber dann doch damit raus: »Und meiner Frau, solange es zwischen uns noch gut lief zumindest …«

Sie lachte: »Ist es deswegen zwischen euch auseinandergegangen? Hast du ihr die Frisur versaut?«

Jetzt löste sich Wellers Anspannung in einem gewaltigen Gelächter. Er klatschte mit der Hand auf das Lenkrad. Damit löste er versehentlich die Hupe aus. Das vergrößerte seinen Lachkrampf nur noch.

Ann Kathrin giggelte, bis ihr die Tränen die Wangen hinunterliefen.

»Einmal«, gluckste Weller, »einmal hab ich das wirklich. Du hättest sie sehen müssen! Sie sah so bescheuert aus! Sie ist dann am anderen Tag zum Friseur, und der hat versucht, alles noch irgendwie zu richten. Sie hatte dann eine Weile so einen ganz kurzen Rattenkopf …«

»Und du meinst also, ich soll dich auch an meine Haare ranlassen?«

»Bei dir werd ich mir Mühe geben, ehrlich! Außerdem, ich hab's ihr damals nur verschnitten, und du willst doch einfach ein paar Strähnchen rein haben. Steht dir bestimmt total gut. Lass uns ein Mittel kaufen, und ich färbe dir die Haare.«

Sie parkten in Norden hinter der ehemaligen Piratenschule, gingen an den beleuchteten Wasserspielen vor Shafie's Speicher vorbei, wo es verführerisch nach frischgegrillten Steaks roch. Ann Kathrin nahm im Vorbeigehen eine Nase voll mit. Weller registrierte das genau und entschied sich, sie gleich zum Essen einzuladen.

Im Neuen Weg kauften sie in einer Drogerie drei Päckchen Haarfarbe, weil sie sich nicht einig werden konnten. Weller schlug ein »Lichtblond« vor, während Ann Kathrin sich zwischen einem »Platinblond« und »Aschcool gefrostetem Blond« nicht entscheiden konnte.

Sie kamen sich durchtrieben vor, als seien sie wieder Jugendliche geworden und würden gerade einen Streich aushecken. Sie freuten sich diebisch auf das Haarefärben, doch als sie wieder an Shafie's Speicher vorbeikamen, schlug Weller vor: »Lass uns erst hier was essen. Ich hab einen Bärenhunger.«

»Ich auch«, gestand sie, packte ihn unterm Arm und zog ihn ins Lokal.

Sie fühlte sich ausgetrocknet und hungrig. Sie nahm eine große Flasche Mineralwasser und einen kühlen Weißwein. Dann bestellte sie sich das Pfeffersteak, und Weller, der alte Heringfan, nahm die Matjes Hausfrauenart und ein frischgezapftes Pils dazu.

Vorweg aßen sie Bruscetta und stritten sich darüber, ob da kleingehackte Zwiebeln draufgehörten oder nicht. Weller war dafür, Ann Kathrin dagegen. Im Grunde war es ihnen aber egal, denn das frischgeröstete Brot schmeckte phantastisch.

Das Essen war wie eine Art Vorspiel zwischen ihnen. Während sie gierig das Wasser trank, nahm er nur einen kleinen Schluck Bier. Schaum blieb in seinen Barthaaren hängen, und sie mochte die Art, wie er seinen Schnäuzer mit der Zunge ausleckte.

Später dann, als ihre Hauptgerichte kamen, nippte sie nur noch an ihrem Weißwein, während er schon nach wenigen Gabeln Matjes seinen halben Liter Bier geleert hatte. Die letzten Züge nahm er mit einem tiefen Stöhnen. Vorsichtig stellte er das Glas auf den Tisch zurück und bestellte sich noch ein Bier.

Da Kripoleute in der Öffentlichkeit oftmals besonders genau beobachtet werden, wenn sie Bier trinken, sagte er laut, mehr für die Nachbartische als für Ann Kathrin bestimmt: »Du kannst ja zurück fahren.«

Ihr Steak war medium und in der Mitte rosig und noch ein bisschen blutig. Es war punktgenau gegrillt worden. Sie schnitt sich jedes Stück sehr bewusst ab, wischte damit durch die Pfeffersoße und legte jedes Mal ein ganzes Pfefferkorn wie zur Krönung obendrauf. Im Mund ließ sie es zwischen den Zähnen zerkrachen.

Sie legte den Kopf in den Nacken und schüttelte ihre Haare nach hinten.

Das Leben kann so schön sein, dachte sie. Und er wird mir gleich wirklich die Haare färben.

Am liebsten hätte Weller nach dem Matjes noch einen Linie Aquavit getrunken. Er fand, der gehörte einfach zu einem guten Matjesessen dazu. Doch als er sich den Schnaps bestellen wollte, hob Ann Kathrin die Hand. »Lass nur. Wir können doch zu Hause noch einen Schnaps nehmen.«

Er wusste nicht, warum sie das tat. Schließlich würde sie sowieso nach Hause fahren. Überkam sie plötzlich eine Welle von Sparsamkeit?

»Nicht, dass du blau bist, wenn du mir die Haare machst«, kicherte sie. »Ich will mich nicht aus dem gleichen Grund von dir trennen wie Renate.«

Welch ein Weib, dachte Weller. Mit ihr kann ich arbeiten und leben. Was für eine Frau! Mit ihr komme ich so schnell in die Freude und in die Leichtigkeit zurück. Das muss sein, sonst hält man diesen Job nicht lange aus. Wenn man nach dieser Scheiße nach Hause kommt, dann kann man nicht noch einen Partner haben, der einen runterzieht und einem Vorwürfe macht und – ach.

Noch während er lachte, dachte er grimmig an Renate.

Als sie im Auto saßen und Ann Kathrin an der Post vorbei zum Distelkamp zurückfuhr, wusste er, dass ihn gleich kein

Linie Aquavit erwarten würde, sondern ihre Doornkaatflasche.

Irgendwann werde ich mich entweder an das Zeug gewöhnen müssen, oder ich sage ihr, dass mir der Doornkaat eigentlich gar nicht schmeckt.

Auch darüber musste er plötzlich lachen, und wieder wurde alles ganz einfach zwischen ihnen.

Susanne Möninghoff hockte in der Ecke. Sie hatte die Beine ganz fest an den Körper gezogen und schützte ihren Kopf mit beiden Händen. Sie presste ihr Gesicht gegen ihre Knie, obwohl das schmerzte.

Auf ihrem Kopf waren keine Haare mehr. Nur noch Narben, Schnitte und ein paar Stoppeln. An vielen Stellen hatte er mehrere Hautschichten mit abgeschabt. Er war nicht gerade zimperlich mit ihr umgegangen.

Sie weinte, wie sie zuletzt als kleines Kind geweint hatte. Damals, als ihr Hund gestorben war und sie begriffen hatte, dass ihr Papa auch mit all seinem Geld ihren Tasso nicht ins Leben zurückkaufen konnte.

Ann Kathrin Klaasen saß in der Küche auf ihrem Lieblingsstuhl. Sie hatten den Tisch und die anderen Sitzmöbel beiseitegeschoben. Sie trug ein altes T-Shirt. Weller hatte ihr trotzdem noch ein Handtuch über die Schultern gelegt.

Bevor sie begannen, hatten sie gemeinsam einen Doornkaat getrunken. Jetzt standen die Gläser aus dem Eisfach auf dem Küchentisch neben der Superblondiercreme und dem Superlighter und tauten langsam auf.

»Magst du das Zeug wirklich?«, fragte Weller, »oder trinkst du es nur, weil dein Vater es immer getrunken hat?«

Auf diese Frage ging sie gar nicht ein. Wahrscheinlich, weil ihr die Antwort zu sentimental gewesen wäre. Ja, sie trank

Doornkaat, um ihren Vater zu ehren und ihm nah zu sein. Und immer noch jagte sie einem Lebensziel nach: Sie wollte seinen Mörder vor Gericht stellen.

Immer wenn sie den kupfernen Doornkaatgeschmack im Mund hatte, wusste sie, dass sie es schaffen würde. Vorher sterbe ich nicht, dachte sie. Erst werde ich für Gerechtigkeit sorgen. Niemand bringt meinen Vater um und lebt dann ungestraft mit der Beute ein Leben in Saus und Braus.

Sie hatten sich dafür entschieden, die Haare nicht komplett zu färben, sondern nur Strähnchen hineinzumachen. »Nur« hörte sich nach weniger Arbeit an, in Wirklichkeit war es unvergleichlich viel mehr. Doch Weller freute sich darauf. So war er ihr nah, konnte sie berühren und mit ihr reden.

Sie waren jetzt schon eine gute halbe Stunde dabei, und bis jetzt hatte er erst ihre linke Kopfhälfte bearbeitet. Da brach der kleine Haken der Strähnchennadel ab.

»Was jetzt?«, fragte Weller und setzte sich erst einmal, weil ihm die Beine bei der Arbeit vom vielen Stehen ein bisschen schwer wurden. Er bog seine Finger durch. Er gestand es sich nicht gerne ein, doch er hatte schon fast einen Krampf in den Fingern.

»Dann lassen wir es lieber ganz«, sagte sie, doch plötzlich ging sie zu einer Kramschublade in der Küche. Darin lagen alte Batterien, ein Kartenspiel, bei dem sie Asse fehlten, Teeeier, die nie jemand benutzte, Kugelschreiber mit eingetrockneten Minen, ein paar Muttern ohne Schrauben, die Gebrauchsanleitung für ihr erstes Handy, ein Akku von ihrem ersten Handy und das Ladegerät und eine Häkelnadel.

»Damit geht es bestimmt besser«, sagte sie.

Weller fragte sich amüsiert, was sie mit einer Häkelnadel tat. Er konnte sich beim besten Willen nicht vorstellen, dass sie Topflappen häkelte oder Strümpfe ausbesserte. Er fragte sie nicht, stellte nur für sich selbst amüsiert fest, dass er niemals erwartet hätte, in ihrem Haushalt so ein Gerät zu finden.

Damit war es nun ein Leichtes, die Strähnchen zu ziehen. Danach rührten sie nach dem vorgegebenen Mischungsverhältnis die Farbe an. In der Küche entstand sofort der typische Friseursalongeruch. Weller öffnete gleich zwei Fenster und sagte: »Das kann nicht gesund sein, das ist die pure Chemie. Das brennt in den Augen, in der Nase und …«

»Ja, ja, nur weiter, nur weiter. Komm, verdirb mir den Spaß! Sag schon, was wird passieren? Krieg ich davon Krebs? Muss alles, was Spaß macht, irgendwie mies sein?«

»Nein«, sagte er, »nein, natürlich nicht.« Er hielt die Luft an und verteilte den weißen Schaum auf den Strähnchen, die er durch die Plastikhaube gezogen hatte.

Ann Kathrin schloss die Augen, denn das scharfe Zeug biss in die Schleimhäute.

»Wer schön sein will«, sagte sie, »muss eben leiden.«

Weller betonte natürlich sofort: »Du bist doch schön.«

Ann Kathrin fühlte sich vom Klingeln ihres Handys jetzt sehr genervt. Sie griff danach und klappte es auf. Sie tat es allerdings mehr, damit der Ton aufhörte, als um wirklich mit jemandem zu sprechen. Doch natürlich war beiden klar, dass sie in dieser angespannten dienstlichen Lage jederzeit erreichbar sein mussten.

Beide gingen davon aus, dass Thomas Hagemann gerade in die Falle gelaufen war. Doch stattdessen meldete sich Charlie Thiekötter. Er war aufgeregt und hatte eine belegte Stimme: »Ann Kathrin? Ich glaube, ich hab hier was, das solltest du dir ansehen.«

»Was denn?«

»Das kann ich dir am Telefon nicht sagen.«

»Wieso? Hört der Mörder uns ab?«

»Bitte, Ann Kathrin, mach es mir jetzt nicht schwerer, als es ist. Komm einfach.«

»Jetzt?«

»Ja, jetzt. Sofort.«

»Ich ... ich habe mir gerade ...« Sie schluckte es herunter, sie konnte Charlie jetzt irgendwie unmöglich sagen, *ich hab mir gerade die Haare gefärbt und muss warten, bis die Farbe eingezogen ist.*

»Ich ... ich brauche noch ein paar Minuten«, sagte sie. »Eine Viertelstunde?«

»Ich warte hier einfach auf dich. Und wenn es die ganze Nacht dauert.«

Sie klappte ihr Handy zusammen.

Weller hatte mitgehört. »Was ist denn jetzt wieder so wichtig?«, fragte er sauer. Den weiteren Verlauf des Abends hatte er sich anders vorgestellt.

»Wenn sie ihn haben«, sagte er, »ja, okay, dann fahren wir hin und nehmen ihn auseinander. Obwohl, selbst das hätte Zeit bis morgen. Aber wieso sollen wir uns jetzt Spuren ansehen? Er hat irgendwas auf den Computern gefunden, keine Frage. Aber das läuft uns doch nicht weg ...«

»Ich würde trotzdem gerne hinfahren«, sagte sie.

»Ja, und jetzt war die ganze Arbeit umsonst, oder was? Soll ich danach nochmal all die kleinen Strähnchen herausziehen?«

Ann Kathrin ging ins Bad. Sie putzte sich die Zähne und gurgelte mit der Mundspüllösung Meridol. Sie wollte jetzt nicht nach Alkohol riechen.

Es versetzte ihr einen Stich, als sie die Flasche in die Hand nahm. Sie war von Eike. Nachdem Zahnarzt Dohle ihm den ersten Zahn gezogen hatte, wurde Eike sehr fleißig. Er hatte jetzt begriffen, dass das Zähneputzen nicht einfach eine lästige Pflicht war, die die Eltern ihm aufdrücken wollten, um ihn zu ärgern, sondern dass es eine wirkliche Bedeutung im Leben hatte.

Sie war Dohle dankbar. Was sie mit ihren Erziehungsversuchen nie erreicht hatte, Dohle hatte es in einem kurzen Gespräch hingekriegt.

Was immer er damals gesagt hatte, es mussten die richtigen Worte gewesen sein, dachte Ann Kathrin. Plötzlich putzte Eike sich nach jedem Essen die Zähne und gurgelte abends noch mit dieser Mundspülung.

Die Erinnerung an ihren Sohn füllte ihre Augen mit Tränen. Weller führte das auf »die Chemiebombe auf deinem Kopf« zurück.

Ann Kathrin wartete noch genau dreißig Minuten. Es kam ihr vor, als würde sie ihrer Arbeit ein Stück Freizeit abtrotzen. Dieser Thomas Hagemann hatte in letzter Zeit so viel von ihr in Anspruch genommen. Sie wollte ihm nicht auch noch erlauben, ihr die Frisur zu versauen. Die neu gefärbten Haare, das war auch ein Stückchen Beziehungsarbeit zwischen Weller und ihr.

Nein, diesmal wollte sie hart bleiben.

Bevor sie losfuhren, trank sie noch einen halben Liter Mineralwasser, um den Alkoholgehalt im Blut zu verdünnen. Sie wusste, dass das nicht allzu viel brachte, aber irgendetwas musste sie tun. Sie konnte jetzt schlecht mit dem Taxi zur Dienststelle fahren oder sich von den Kollegen abholen lassen.

Eike und Hero suchten inzwischen gemeinsam nach Susanne Möninghoff. Sie hatten all ihre Freunde angerufen. Niemand hatte eine Erklärung für ihr Verschwinden, und die Gewissheit wurde immer größer: Sie war einem Verbrechen zum Opfer gefallen.

Obwohl er überhaupt nicht einsah, warum sie jetzt zur Polizeiinspektion fahren sollten, begleitete Weller Ann Kathrin. Sie schoben unten ihre Stempelkarten ein, und die Tür öffnete sich mit einem leisen Surren.

Der uniformierte Kollege am Empfang staunte die beiden an. Sie nickten ihm freundlich zu, gaben ihm aber keine Gelegenheit, irgendeine Frage zu stellen.

Charlie Thiekötter sah blass aus. Wenn man bedachte, dass der Sommer schon dem Ende zuging, sogar kränklich blass, wie jemand, der viel zu viel Zeit vor dem Computer verbrachte und nur wenig ans Tageslicht kam.

Er reagierte merkwürdig auf Weller, stockte einen Moment und sagte dann: »Eigentlich wäre es mir lieber gewesen, dich ganz alleine zu sprechen, Ann Kathrin.«

Weller wunderte sich. »Häh? Geht das jetzt gegen mich? Wieso will der dich alleine sprechen, Ann?«

»Ich habe keine Ahnung«, gab sie zurück.

Charlie war so überfordert, dass das beginnende Streitgespräch ihn jetzt schon mürbe machte. Er zuckte mit den Schultern und drehte sich auf seinem Bürostuhl zu einem Bildschirm.

»Ich dachte, du solltest dir das ansehen, Ann Kathrin.«

Er schaltete einen Film ein. Zunächst erkannte Ann Kathrin gar nichts. Es war ein Schimmern von Kerzen, ein schummrig beleuchteter Raum.

»Ich weiß wirklich nicht, was ich machen soll«, erklärte Charlie. »Ich kann das doch schlecht den Kollegen unterschlagen. Immerhin ermitteln wir in einem Mordfall. Aber ich will das auch nicht der Meute zum Fraß vorwerfen.«

Ann Kathrin verstand nicht, was er von ihr wollte. »Wieso? Was …«

Dann hörte sie ihre Stimme. Der Gedanke traf sie wie ein Giftpfeil: Er hat uns gefilmt! Er hat uns zugesehen und uns belauscht! Und hier ist alles dokumentiert. Weller und ich im Schlafzimmer …

Sie rannte aus dem Zimmer. Sie musste sich übergeben. Sie schaffte es nicht mehr bis zur Toilette, sondern erbrach sich im Flur.

»Wenn wir das Bürschchen kriegen, zerleg ich ihn! Das ist jetzt eine persönliche Sache. Ich nagel den an die Wand, Stück für Stück! Ich lass mir das nicht gefallen!«, brüllte Weller, außer sich vor Wut.

»Ich glaube nicht«, sagte Charlie, »dass er in seine Wohnung nach Greetsiel zurückkommen wird. Der ist viel schlauer, als ihr alle denkt.«

»Wieso? Was meinst du?«

»Siehst du das hier?« Charlie klickte ein anderes Bild an. »Das ist die Eingangstür von dem Haus, das wir gestürmt haben. Vermutlich hängt die Webcam im Baum gegenüber der Tür. Ich wette, er hat dort ein Vogelhäuschen deponiert, um die Kamera anzubringen.«

»Wie kommst du darauf?«

»Guck mal hier. Ich glaube, das sind Blätter. Ganz nah. Die Kamera ist dahinter. Er kann seine Tür sehen und …«

»Das bedeutet …«

»Ja. Er hat unsere ganze Aktion aus der Ferne verfolgen können.«

»Aber er saß doch nicht oben an seinem Computer.«

Charlie staunte über so viel Naivität seines Kollegen. »Der kann sich das Ganze auf dem Handy angucken, wenn er möchte. Oder in jedem x-beliebigen Internetcafé. Ich glaube aber eher, dass er einen Laptop mit Funkverbindung im Auto hat.«

»Okay«, sagte Weller. Er fühlte sich leicht angeschlagen. »Aber wir haben eine Großfahndung nach seinem Auto draußen. Er wird mit dem Scheißpassat nicht weit kommen.«

»Ich wette«, sagte Charlie, »er weiß auch, dass wir nach seinem Fahrzeug suchen. Er ist doch nicht blöd. Er wird es nicht mehr benutzen.«

»Was denkt der sich denn?«, schrie Weller. »Glaubt er, er ist Gott, oder was?«

Hinter ihnen erschien Ann Kathrin in der Tür. Sie sagte: »Ja. Vermutlich denkt er genau das. Er ist Gott. Aber nur so lange, bis wir ihm das Handwerk legen.«

»Wir fahren jetzt zu dir nach Hause«, schlug Weller vor, »und zerlegen die Bude Stück für Stück, bis wir die Kameras gefunden haben. Und dann ...«

»Es gibt mehrere?«, fragte Ann Kathrin.

Charlie nickte. »Eine im Schlafzimmer, eine im Wohnzimmer, eine Webcam in der Küche und ...«, er schluckte und sah vor sich auf seine Füße, »eine im Bad.«

»Können wir ihn über die Kameras und Abhöranlagen in meinem Haus finden? Kann man irgendwie die Position bestimmen, von wo aus er das Ganze abhört?«

Charlie lächelte. »Frag mal deinen Sohn. Jeder Zwölfjährige kriegt das so hin, dass wir die Wege im Netz nicht mehr verfolgen können.«

»Eike ist dreizehn.«

»Dann kann er es sowieso.«

»Aber ich denke, das wird alles im Netz gespeichert?«, protestierte Ann Kathrin. »Wer welche Webseiten besucht hat, welche E-Mails verschickt wurden und ... Wir hatten doch einen langen Vortrag darüber, erinnerst du dich noch? Wie hieß der Typ, der die Fortbildung gemacht hat?«

»Jaja«, gähnte Charlie. »Damit kann man auch alle anständigen Bürger prima überwachen. Aber keinen, der vorhat, krumme Geschäfte zu machen, oder seine Anwesenheit im Netz anonymisieren will. Du kannst dir schon Software kostenlos runterladen, mit der das geht, zum Beispiel bei ...«

Sie winkte ab. »So genau wollte ich es gar nicht wissen.«

Ann Kathrin verzichtete darauf, sich die Aufnahmen vorführen zu lassen. Zum ersten Mal im Leben hatte sie Lust, ihr eigenes Haus anzuzünden.

Sie versuchte sich zu zügeln und betrieb Schadensbegrenzung. »Wir müssen jetzt sehr genau abwägen, was wir tun. Was geschieht, wenn diese Bilder offiziell werden?«

Charlie dozierte: »Nun, es handelt sich um eine grobe Verletzung eurer Persönlichkeitsrechte. Hausfriedensbruch. Euer Intimbereich wurde aufs Gröbste missachtet. Ich denke, wir können verhindern, dass die Bilder an die Öffentlichkeit gelangen.«

Ann Kathrin erinnerte sich daran, wie Rupert auf die Onanie-Tagebücher reagiert hatte. »Was heißt hier schon Öffentlichkeit?«, fragte sie. »Schlimm ist ja nicht, was in Freiburg in der Zeitung steht. Oder was die Leute auf der Schwäbischen Alb im Fernsehen sehen. Schlimm ist immer nur das, was die Menschen in deiner nahen Umgebung über dich erfahren. Die, denen du jeden Tag begegnest. Das hier würden doch alle Kollegen zu Gesicht kriegen.«

Charlie ereiferte sich: »Ich wette, binnen weniger Stunden kursieren davon zig Kopien. Und wenn wir nicht schwer auf Rupert aufpassen, gibt's euer Gestöhne hier bald als Klingelton fürs Handy.«

»Warum tut er das?«, fragte Ann Kathrin. »Was will der von mir? Ich kenne den Typ nicht. Ich bin ihm nie in meinem Leben begegnet. Wieso legt der mir eine Leiche vor die Tür? Wieso baut der Webcams in meinem Haus ein? Will er, dass ich durchdrehe? Will er mich verrückt machen? Aber warum? Ich habe nie etwas mit Schwarzer Pädagogik zu tun gehabt.«

Plötzlich wurde Ann Kathrin sehr nachdenklich.

Weller drängte, endlich loszufahren, um »die Scheißkameras aus dem Haus zu schmeißen. Ich kann ihm über eine seiner doofen Webcams ja sagen, was ich von ihm halte und was ich mit ihm mache, wenn wir ihn kriegen«, grummelte er, wissend, dass er genau das nicht tun würde.

Ann Kathrin zeigte auf Charlie: »Als wir miteinander telefoniert haben, hast du mir nicht gesagt, worum es ging. Warum nicht?«

»Na ja. Ich dachte, er hört mit.«

»Vermutlich hat er das auch«, orakelte Ann Kathrin. »Aber er weiß nicht, dass wir wissen …«

»Was willst du damit sagen?«, fragte Weller.

In einem der Computerbildschirme spiegelte sich Ann Kathrins Gesicht. Sie sah, dass ihre Haare tatsächlich viel heller geworden waren. Ein bisschen engelhaft sah sie aus. Es gefiel ihr. Während sie sprach, betrachtete sie ihr Spiegelbild weiter auf dem Bildschirm.

»Vielleicht können wir ihn in eine Falle locken.«

»Wie denn?«

Sie stöhnte. »Ich weiß es noch nicht, Frank. Aber er hat irgendein Ding mit mir laufen, das wir nicht kennen. Im Moment sind die von ihm installierten Kameras die einzige Verbindung, die wir zu ihm haben. So können wir zu ihm sprechen. Wir können ihm eine Botschaft schicken, wenn wir wollen. Eine, die ihn uns in die Hände treibt.«

»Und was bitte soll das für eine Scheißbotschaft sein?«, fauchte Weller. Es tat ihm sofort leid. Er war noch viel zu wütend, viel zu geladen, viel zu verletzt, um jetzt vernünftig zu diskutieren. Aber Ann Kathrin versuchte schon, aus der Situation das Beste zu machen. Die Niederlage in einen Vorteil zu verwandeln.

»Ich habe noch keine Idee, wie«, sagte sie. »Aber wenn wir eine Verbindung zu ihm haben, müssen wir sie nutzen. Wir würden uns schwarz ärgern, wenn er uns entkommt.«

»Ja, und wie stellst du dir das praktisch vor?«, fragte Weller. »Sollen wir ins Hotel ziehen und gehen dann nur mal rüber, um ihm eine Botschaft zu übermitteln? Oder willst du ihm weiterhin eine Show liefern, wenn du zur Toilette gehst? Soll er uns nachts beim Schnarchen zuhören?«

»Es ist mein Haus«, sagte sie kalt. »Nicht deins. In deiner Wohnung hat er keine Kameras installiert, oder?«

Weller kam sich hilflos vor. Er hatte eine Grenze überschritten. Vielleicht hätte er das nicht tun dürfen. Trotzdem hatte er das Gefühl, Ann Kathrin vor einem schweren Fehler bewahren zu müssen.

»Ann, das wird irgendein persönliches Ding zwischen ihm und dir. Wir müssen das professionell betrachten. Das Ding hier ist kein Duell.«

»Ach nein? Wer wollte ihn denn gerade noch an die Wand nageln? – Er hat alles erreicht, was er wollte. Er hat Frau Orthner umgebracht, Frau Landsknecht, Frau Stahlmüller, Herrn Rottländer und Herrn Fink. Der Chef des Ganzen, Heinrich Jansen, ist in seiner Gewalt. Wer soll ihn daran hindern, den jetzt auch umzubringen und dann für immer nach Lateinamerika zu verschwinden? Oder nach Pakistan oder nach, ach, was weiß ich. Wir sind ganz nah an ihm dran. Aber wenn wir ihn nicht bald haben, dann ist er für immer unerreichbar weit weg. Das spüre ich ganz genau. Er hat dann sein Werk vollendet. Nichts hält ihn dann noch hier.«

Weller versuchte sich zu beruhigen und ging dabei jetzt auf und ab wie sonst Ann Kathrin. Drei Schritte vor, Kehrtwendung, drei Schritte zurück. Er bemerkte selber gar nicht, was er tat, doch Charlie registrierte genau, wie ähnlich sich die beiden wurden.

»Also«, sagte Weller, »was wissen wir über ihn? Wie können wir ihn an einen Ort locken, wo wir ihn dann hopsnehmen?«

»Er ist ein Kontrollfreak«, sagte Ann Kathrin. »Er kann es nicht ausstehen, wenn er nicht weiß, was passiert, und die Dinge nicht im Griff hat. Menschen, die als Kind großer Willkür ausgesetzt waren, reagieren als Erwachsene oft so. Sie hassen Überraschungen und alles, was sie nicht kontrollieren können.«

»Zunächst mal ist er ein Mörder, der aus Rache handelt«, warf Weller ein.

Ann Kathrin nickte. »Meinetwegen. Aber sein Kontrollzwang ist so stark, dass er sogar bestimmen will, wer gegen ihn ermittelt. Und er hat mich ausgesucht. Das alles hatte er längst geplant, als er die Leiche vor meine Tür gelegt hat. Da waren die Kameras schon installiert und …« Sie fasste sich an den Kopf. »O mein Gott!«

»Also, ich will euch ja nicht stören«, sagte Charlie, »aber ich muss einen Bericht schreiben. Und ich weiß nicht, was ich darin verschweigen soll und was nicht. Von den wichtigen Sachen auf der Festplatte muss ich Ausdrucke machen und … herrje, ihr wisst doch, wie so was aussieht! Soll ich jetzt reinschreiben, dass …«

Weller brüllte ihn an: »Na klar, und am besten mit ein paar scharfen Fotos von ihr und von mir dazu! Glaubst du, ich will noch bei meinem fünfzigjährigen Dienstjubiläum ausgelacht werden, wenn in der Bierzeitung die Fotos auftauchen? Bist du völlig bescheuert, Charlie? Die Dinger dürfen nicht raus! Allein schon deshalb, um Ann Kathrin zu schützen. Für sie ist das alles doch noch viel schlimmer. Ich bin schon geschieden, aber sie …«

»Was hat denn das jetzt damit zu tun?«, fragte Ann Kathrin. »Zurück zum Fall. Versetz dich mal in seine Lage. Er weiß, dass wir ihm ganz nah auf den Fersen sind. Wahrscheinlich hat er live miterlebt, wie wir seine Wohnung gestürmt haben. Er weiß natürlich, dass wir sein Auto kennen, sein Aussehen, seinen Namen. Er weiß, dass wir seine Computer haben und damit Zugriff auf all seine Daten. Wenn er nicht völlig verrückt ist, wird er so schnell wie möglich sein Werk vollenden und ins Ausland abhauen.«

»Glaub mir, Ann, er ist völlig verrückt.«

Sie antwortete: »Wer so einen Kontrollzwang hat, plant alles sehr genau im Voraus. Mit Sicherheit hat er Plan A, Plan B, Plan C. Für alle Eventualitäten weiß er genau, was er zu tun hat.«

Als sei den beiden das entfallen, sagte Charlie: »Alle Flughäfen sind dicht für ihn. Selbst an den Intercitybahnhöfen herrscht erhöhte Aufmerksamkeit. Die Kollegen kontrollieren Autobahntankstellen, Raststätten und …«

Ann Kathrin winkte ab. »Das alles hat er längst mit einkalkuliert.« Sie schüttelte ihre noch nicht ganz trockenen Haare und fuhr fort: »Er hatte Jahre Zeit, alles vorzubereiten. Er wird sich falsche Papiere besorgt haben und sein Aussehen verändern. Er färbt sich die Haare, rasiert sich den dämlichen Bart ab – falls der nicht sowieso angeklebt war.«

»Der ist cleverer«, warf Weller ein. »Ich stelle mir gerade vor, wie er im Rollstuhl von einer hübschen Krankenschwester in einen Flieger begleitet wird. Für irgendeine Operation, die in Deutschland noch nicht möglich ist, aber in Amerika auf ihn wartet.«

»Du meinst, er hat eine Komplizin?«

Weller schüttelte den Kopf. »Nein. Ich denke, die Krankenschwester wird die Geschichte für genauso echt halten wie die Leute von der Lufthansa. Warum sollte er das Risiko eingehen und sie informieren?«

»Hast du mal was zu trinken da?«, fragte Ann Kathrin. »Ich habe einen schrecklichen Geschmack im Mund.«

Charlie sprang sofort auf. »Entschuldige bitte.« Er goss ihr ein Glas Cola ein.

Sie trank in großen Schlucken, dabei kribbelte ihre Nase.

Weller mutmaßte: »Wenn wir den toten Heinrich Jansen gefunden haben, ist dort eine weitere Botschaft für uns. Und sei es nur, um uns zu verspotten …«

Ann Kathrin rülpste ungeniert, dann sagte sie: »Dieses Heim, in dem Jansen wie ein König regiert hat – gibt es das eigentlich noch?«

Ihre Frage traf die anderen wie ein Stromschlag. Sofort war allen klar, wo sie hinmussten.

»Der Laden wurde 1990 endgültig zugemacht. Es ist nur noch eine Ruine in der Nähe von Dornumersiel. Falls man das Ding nicht schon längst völlig abgerissen hat.«

Gemeinsam rannten sie die Treppen hoch. Weller kontrollierte den Sitz seiner Waffe. Er hatte das Gefühl, dass er sie heute noch brauchen würde.

Sie waren unterwegs von Aurich nach Dornumersiel. Alle drei hatten sie Hemmungen, erneut ein Sondereinsatzkommando anzufordern. Wie oft durfte man so etwas vergeblich tun, bevor einen keiner mehr ernst nahm, fragte sich Ann Kathrin stumm.

Sie rief Ubbo Heide an und informierte ihn. Er war absolut gegen einen Alleingang. Zunächst setzte er seine ganze Autorität ein und ordnete dienstlich an, sie solle alles nach den für solche Situationen vorgesehenen Vorschriften regeln. Die entsprechenden Kräfte vom Einsatz- und Streifendienst informieren, das Gebäude umstellen lassen, »und dann rein!«. In so einer alten Ruine empfahl er ihr auch, auf jeden Fall Hunde einzusetzen. Dann, als er merkte, dass seine Dienstanweisungen ungehört verhallten, beschwor er sie. Und schließlich flehte er sogar.

Sie tat, als ob der Empfang gestört sei, und rief immer wieder in ihr Handy: »Ubbo? Ubbo? Ich kann dich nicht hören! Ubbo? Was sagst du?«

Er wusste, dass sie ihn genau verstand. Es war ihre Art, seinen Ratschlägen und Befehlen aus dem Weg zu gehen. Er fühlte sich hereingelegt. Warum hatte sie ihn denn überhaupt angerufen, wenn seine Meinung sie doch nicht interessierte?

Dann informierte er selber die Kollegen von der Wache.

Es war schon dunkel, und sie mussten eine Weile suchen. Mit ihren Scheinwerfern schreckten sie ein paar ostfriesische Milchkühe auf, die auf der Weide schliefen.

Zum ehemaligen Erziehungsheim führte kein asphaltierter Weg. Es war mehr ein ausgefahrener Trampelpfad.

Das Haus war eine zusammengefallene Ruine, verdeckt von einem kleinen Streifen Mischwald. Schwarz hoben sich die Überreste des alten Gemäuers gegen den nachtblauen Himmel ab. Geduckt lief Ann Kathrin im schützenden hohen Gras darauf zu, wie ein Fuchs, der sich dem Hühnerstall näherte. Ihr Herz raste. Sie spürte das Pochen sogar bis zum Hals.

Sie war sich jetzt völlig sicher, dass sie ihn gleich treffen würde. Hier war alles umgeben von einer tödlichen Energie. Das Ganze kam ihr vor wie Draculas Schloss.

Im Südteil war sogar noch ein zweites Stockwerk vorhanden. Eine Steintreppe führte dort hoch. Das Geländer war abgerissen, die Mauern gab es nicht mehr.

Weller telefonierte offenbar mit Ubbo Heide. Sie hatten sich gegen Ann Kathrins Willen geeinigt, auf die Kollegen von der Schutzpolizei zu warten. Aber Ann Kathrin rückte einfach vor, und so blieb Weller und Charlie Thiekötter auch nichts anderes übrig.

Sie hörte Weller ins Mikro flüstern: »Es ist ein verschissenes Rattenloch. Ich wette, ich kann mich gleich für die schönen Filmaufnahmen bei ihm revanchieren. Ich kann riechen, dass er da ist.«

Charlie Thiekötter verstand seinen gefühlsorientierten Kollegen nicht. Da war er anders. Er hielt sich an klare Zahlen und Fakten. Überprüfbare Indizien, verifizierbares Beweismaterial.

Mit der Fußspitze stieß Ann Kathrin im Dunkeln gegen einen Ziegelstein. Bis hierhin waren die Steine der eingestürzten Gemäuer gefallen. Sie konnte Weller nur als Schattenumriss erkennen, aber seine Augen leuchteten in der Dunkelheit. Ihre Taschenlampen hielten sie bereit, aber noch machte niemand Licht. Sie verständigten sich per Handzeichen. Sie wollten von drei Seiten ins Gebäude. Ann Kathrin war sich sicher, dass er nicht oben, sondern unten war. In den Kellergewölben.

Charlie übernahm den Eingang beim ehemaligen Speisesaal. Weller stieg durch ein Fenster im Erdgeschoss ein. Ann Kathrin bewegte sich vorsichtig, um keinen Lärm zu machen, durch eine eingestürzte Decke und über eine halbverfallene Treppe hinunter in den Keller.

Es roch modrig, nach Verwesung und nach Tod. Hier kam das Mondlicht nicht mehr hin. Es war stockfinster.

Ann Kathrin blieb auf den Treppenstufen stehen und lauschte in die Dunkelheit. Dort unten war eine Bewegung, ganz klar. Und sie hörte Tropfen. Regelmäßige Wassertropfen, wie von einer defekten Leitung.

In der Rechten hielt sie ihre Heckler & Koch P 2000. In der Linken die Taschenlampe. Sie richtete den Strahl der Lampe parallel zum Lauf der Pistole aus und erleuchtete die Dunkelheit. Unten im Keller hatte sich Wasser gesammelt. Die Wände waren feucht. Das Ganze hier hatte sich im Laufe der Zeit zu einem Tümpel entwickelt.

Sie musste an ihren Vater denken, der ihr lachend erzählt hatte: »Häuser in Ostfriesland baut man ohne Keller, meine Kleine. Die Ostfriesen haben genug Wasser in der Nordsee. Sie brauchen es nicht auch noch unten im Haus.«

Sie tastete mit dem Lichtkegel die Wasserfläche ab und versuchte abzuschätzen, wie hoch das Wasser stand. Zwischen Holzstücken von zerschlagenen Möbeln schwamm eine tote Ratte.

Ann Kathrin stieg tiefer. Dann watete sie durch kniehohes Schmutzwasser auf eine Stahltür zu. Vor der Tür hatte sich ein Ölfilm gesammelt. Die Tür war nicht verschlossen, sondern stand daumenbreit offen. Spinnweben hingen von der Decke.

Ann Kathrin hörte Weller über sich. Er war viel zu laut,

und sie erkannte seine Position schon an seinem Gang. Er sprang, wie er es gelernt hatte, in die Räume und richtete seine Waffe in jeden Winkel. Nun gut, das war vielleicht seine Art, sich anzupirschen.

Um die Tür zu öffnen, musste Ann Kathrin beide Hände frei haben. Sie steckte die Dienstwaffe in ihren Gürtel, nahm die Taschenlampe in den Mund, griff mit beiden Händen die Tür und stemmte sich mit dem rechten Fuß gegen die Wand. So zog sie mit ihrem ganzen Körpergewicht die Tür Zentimeter für Zentimeter weiter auf. Etwas knirschte und gurgelte.

Im zweiten Raum stank es noch bestialischer. Ann Kathrin leuchtete die Wände ab und erschrak. Da stand eine Nachricht für sie, mit goldgelbem Lack quer über alle vier Wände gesprüht:

Das war gut, Frau Kommissarin Klaasen!
Aber noch nicht gut genug.
Sie haben den Ort des Verbrechens gefunden.

»Frank!«, schrie sie, »Frank, verdammt, komm her!«

Charlie Thiekötter war schneller bei ihr als Weller. Dafür flog Weller einmal ganz in die Brühe, weil er aus Angst, Thomas Hagemann könne Ann Kathrin etwas antun, zu schnell lief und über ein herausgehauenes Fensterkreuz fiel, das ihm unter Wasser im Weg lag. Er spuckte und schlug um sich, als hätte er Angst, sich die Pest zu holen. Doch als er die Schrift an der Wand sah, war ihm erst richtig grauenhaft zumute.

»Er wusste, dass wir hierherkommen«, sagte Ann Kathrin. »Er hat es eingeplant.«

Weller spuckte immer wieder aus und wischte sich die Lippen ab. Er schüttelte sich engeekelt.

»Falsch«, sagte Charlie. »Er wusste, dass du hierhinkommst, Ann Kathrin. Die Nachricht ist nicht für uns. Sie ist für dich.«

Sachlich informierte Ann Kathrin die Spurensicherung. Dann rückten auch schon die von Ubbo Heide und Weller informierten Kollegen an. Es war nicht weit bis Aurich, doch Ann Kathrin wollte nur noch in ihre Badewanne und sich abschrubben, da war Weller sich mit ihr einig. Er hätte sich am liebsten die Haut mit Schmirgelpapier abgerieben.

»Ich würde jetzt gerne in Domestos baden«, fluchte er.

Sie fuhren über den Störtebekerweg zurück nach Norden und wollten beide nur noch eins: ein Bad. Weller stellte sich vor, mit Ann Kathrin gemeinsam in der Badewanne zu sitzen. Sie würden sich gegenseitig reinigen, den Kopf waschen und ...

Dann sagte Weller: »Da werden wir ihm aber eine ganz schöne Show bieten heute Abend. Wir beide zusammen in der Badewanne und unter der Dusche. Er wird sofort wissen, woher wir kommen.«

»Du hast ja recht«, sagte sie. »Lass uns zu dir fahren.«

Verglichen mit Wellers Wohnung war Ann Kathrin Klaasens Haus im Distelkamp ein Palast. In den engen Räumen roch es nach abgestandenem Zigarettenqualm. Hier wurde ihr wieder wirklich bewusst, dass Weller ein Raucher war. An allen strategisch wichtigen Stellen standen Aschenbecher.

»Willkommen in meinem Loch«, sagte er.

Ann Kathrin bemühte sich, ihn nicht spüren zu lassen, was sie von der Wohnung hielt, doch ihr gutgemeintes Lob: »Ach, wie niedlich die Vorhänge sind. Hübsch, die Couch, wirklich. Ach, und hier frühstückst du immer?«, machte die Peinlichkeit für ihn nur noch größer.

»Ich weiß«, sagte er, »das hier ist eine Bruchbude. Aber mehr kann ich mir im Moment nicht leisten, und hier guckt uns wenigstens keiner beim Duschen zu. Ich habe übrigens keine Badewanne.«

Sie zwängten sich gemeinsam in die viel zu enge Duschkabine, schäumten sich gegenseitig den Rücken ein, bürsteten sich ab. Danach saßen sie eingewickelt in Badehandtücher im Wohnzimmer, und Ann Kathrin fand es gar nicht mehr so ungemütlich in der Wohnung.

Ängstlich sah Susanne Möninghoff Thomas Hagemann zu. Er tänzelte um Heinrich Jansen herum und stieß ihn immer wieder mit einer Reitgerte an. Wenn er ihn damit nicht anstupste oder ihm kleine Schläge versetzte, ließ er sie gegen seine eigenen Waden klatschen. Er schien das Geräusch zu mögen.

»Los, sag, wie soll ihre Erziehung fortgesetzt werden? Sag es, alter Mann! Schlaf nicht ein! Ich könnte dich genauso gut in Fetzen schneiden und an die Schweine verfüttern. Dein Arsch gehört mir! Das ist gut, nicht, das ist gut! Weißt du, von wem ich den Satz habe? Nein? Du hast es vergessen? Von dir hab ich den, von dir! Ich hab das sogar lange geglaubt. Ganz am Anfang. Ich dachte, du darfst wirklich mit uns machen, was du willst. Und du hast es ja auch getan. Am Anfang, als ein paar Jungs verschwunden waren, hab ich geglaubt, du hättest sie in Fetzen geschnitten und an die Schweine verfüttert. Ich hab mich wochenlang nicht in den Schweinestall getraut. Später hab ich erfahren, dass sie nur abgehauen waren. Ja, die Polizei hat sie wieder eingefangen und zu dir zurückgebracht. Da wusste ich, dass du nur bluffst! Aber ich tu das nicht. Kinder müssen Konsequenz lernen!«

Hart schlug Thomas Hagemann mit der Reitgerte auf Heinrich Jansens Oberschenkel. »Man darf keine leeren Drohungen ausstoßen! Die Regeln müssen eingehalten werden. Die angedrohten Konsequenzen eintreffen. Das hast du selber gepredigt. Du selber! Und du hast dagegen verstoßen. Du hast keinen von uns in Fetzen geschnitten und den Schweinen zum Fressen gegeben. Das war ein Fehler von dir! Ein Fehler.«

Jetzt spielte Thomas Hagemann mit seinem finnischen Jagdmesser. »Wie soll ihre Erziehung weitergehen? Sag's mir! Wie machen wir aus dem bösen Mädchen ein folgsames Mädchen? Wie können wir dafür sorgen, dass ihre heiße Möse abkühlt, damit Ann Kathrin ihren dämlichen Mann wiederkriegt?«

Der alte Mann öffnete seinen Mund und wollte etwas sagen, doch dann fiel sein Kopf nach vorne. Entweder wurde er ohnmächtig, oder er täuschte eine Ohnmacht vor.

Susanne Möninghoff zitterte am ganzen Körper. Ihre Zähne schlugen aufeinander. Sie konnte ihren Kiefer nicht ruhig halten und war dadurch auch nicht in der Lage zu sprechen. Die Angst hatte sie vollständig gepackt, und zu der Angst, getötet zu werden, kam noch eine weitere Angst hinzu: die, verrückt zu werden. Hatte sie Halluzinationen, oder ging es hier wirklich um Ann Kathrin und Hero? Hatte die blöde Kuh irgendeinen Wahnsinnigen aus ihrer Verbrecherkartei ausgegraben und auf ihre Konkurrentin gehetzt?

»Okay, alter Mann. Wenn du es vergessen hast, dann werde ich dir mal zeigen, wie es geht. Es beginnt immer mit der Einsicht und der Reue.«

Er zog die Schublade aus dem Holztisch heraus und kippte sie auf der Tischplatte aus. Die drei Kerzen, die in einem Leuchter aus Gusseisen steckten, wackelten, fielen aber nicht um. Eine chinesische Schreibkladde knallte auf den Tisch. Ein schönes Buch, rot und schwarz eingebunden. Außerdem mehrere Bleistifte.

Hagemann trug die Kladde und einen angespitzten Bleistift zu Susanne Möninghoff und hielt ihr beides hin. Sie versuchte, die Kladde und den Stift an sich zu nehmen, doch sie zitterte so sehr, dass ihr die Kladde aus der Hand fiel.

»Ja«, sagte er, »du kannst dein Glück noch gar nicht fassen, ich weiß. Nun beginnt ein neues Leben für dich. Zuerst mal schreibst du hier deine Verfehlungen auf. Alle. Du beginnst bei der letzten und arbeitest dich dann langsam vorwärts. Immer weiter, bis hin zu deiner Jugend, deiner Kindheit. Aber erst mal, was du so in den letzten Wochen falsch gemacht hast. Und vergiss nichts. Einsicht ist der erste Weg zur Besserung.«

Sie versuchte zu sprechen. »Ich … ich …«

Wenn nur dieses Zähneklappern nicht gewesen wäre. Mit den Händen versuchte sie, ihrem Gesicht Halt zu geben. »Ich … ich weiß nicht, was ich schreiben soll …«, weinte sie.

Da meldete sich der alte Mann zu Wort. Er hielt den Kopf schräg und öffnete den Mund. Sie konnte seine Zunge sehen. Sie war fast bläulich.

»Die Wahrheit«, sagte er. »Die Wahrheit.«

Sie lagen nebeneinander und sahen zur Decke, die auch mal wieder hätte gestrichen werden müssen.

»Du kannst ruhig rauchen«, sagte Ann Kathrin. »Ist doch deine Wohnung.«

Er hörte ihre Sätze nicht wie eine Genehmigung, sich eine anzuzünden, sondern für ihn klang es nach dem deutlichen Appell, mal zu lüften, weil es hier stank. Also sprang er auf und riss das Fenster auf.

»Tut mir leid. Es muss ja schrecklich für dich riechen hier drin.«

»Wenn mir nichts Schlimmeres im Leben widerfährt …«

»Wir könnten uns für heute Nacht ein Hotelzimmer mieten«, schlug er vor, aber sie schüttelte den Kopf.

»Es muss ja nicht gleich der Reichshof sein«, sagte er. »Es gibt ein paar ganz preiswerte Pensionen, die jetzt nicht mehr überfüllt sind.«

Sie winkte ab. »Ach, Quatsch.« Dann sagte sie: »Wir müssen ohnehin irgendwann in die Wohnung zurück, sonst wird er Verdacht schöpfen.«

»Ich verstehe deinen Plan immer noch nicht wirklich, Ann. Was willst du tun? Ihn mit einer Information in die Falle locken? Willst du selbst zum Lockvogel werden, oder was? Du spielst mir da ein bisschen zu sehr mit dem Feuer.«

Eine Mücke stach in Ann Kathrins Ohr. Jetzt begann es dort zu jucken. Sie glaubte, das käme von dem Färbemittel. Sie kratzte sich am Ohr und sagte: »Vielleicht war das Mittel doch ein bisschen scharf. Ich glaub, ich krieg schon Ausschlag.«

Er zuckte mit den Schultern. »Wenn wir Ausschlag kriegen, dann wohl eher von dem Besuch in dieser verdreckten Kellerbadeanstalt.«

»Was macht der mit all dem, was er von mir erfährt?«, fragte Ann Kathrin unvermittelt. »Er hört mir zu, er sieht mich.«

»Vielleicht ist er einfach nur ein blöder Wichser, der sich darauf einen runterholt, wenn er dich dabei beobachten kann, wie du zur Toilette gehst.«

»Ich glaube, so einfach sind die Dinge nicht, Frank. Das könnte er leichter haben. Mit einer Webcam in der Sauna oder in der Frauensammelumkleide im Schwimmbad käme er da bestimmt weiter. Und so etwas lässt sich viel gefahrloser anbringen, dafür muss man nicht mal einbrechen. Dort kann er sich einfach eine Eintrittskarte kaufen. Das ist kein Spanner! O nein, er will Informationen. Er will wissen, wie weit wir mit unseren Ermittlungen sind.«

»Damit er abhauen kann, wenn ihm der Boden zu heiß wird?«

Jetzt setzte Weller sich mit dem Hintern auf die Fensterbank, die Füße auf der kalten Heizung. Das Badehandtuch rutschte von seinen Hüften. Er ließ es einfach auf den Boden fallen. So, nackt im Fenster, zündete er sich eine Zigarette an und wandte den Kopf jedes Mal nach draußen, um den Qualm nicht in die Wohnung zu pusten. Ann Kathrin fand es rührend. Ein wundervolles Bild der Rücksichtnahme, wie er da saß, und sie hatte nicht ein bisschen Angst, er könne das Gleichgewicht verlieren und runterfallen.

»Was glaubst du, seit wann er die Aufnahmen macht?«, fragte Weller. »Vielleicht geschieht das alles ja schon seit Monaten.«

»Du meinst, als ich noch mit Hero zusammen war?«

»Kann doch sein, dass er jede eurer Ehestreitigkeiten mitgekriegt hat.«

Sie hätte Charlie fragen können, wann die Aufnahmen begonnen hatten. Aber dann hätte er sämtliche Aufnahmen zurückspulen müssen, um zu sehen ... Sie dachte den Gedanken nicht zu Ende. Plötzlich sah sie den Zusammenhang. Ihr wurde glühend heiß, ganz so, als würde in ihrem Magen eine Feuerkugel explodieren. Sie hätte schwören können, dass ihre Körpertemperatur schlagartig um einige Grad anstieg.

Sie sprang aus dem Bett.

»Was ist los?«

»Susanne Möninghoff! Ich muss meinen Mann anrufen, also, ich meine, Hero. Meinen Ex ... also ... ach!«

Sie nahm ihr Handy, und noch während es bei Hero klingelte, war sie sich schon nicht mehr sicher, ob dies eine gute Idee war. Trotzdem, sie musste jetzt ganz als Kommissarin handeln.

Sie atmete zweimal tief durch. Er sollte nicht spüren, unter welchem Druck sie stand.

»Hero Klaasen!«

»Ich bin's. Ann. Ich wollte fragen, ob sie wieder da ist.«

»Nein, ist sie nicht.«

»Du machst dir wirklich ernsthaft Sorgen?«

»Na klar. Alle tun das. Also, alle, die sie gut leiden können zumindest. Und fast jeder, der sie kennt, mag sie.«

Über den aggressiven Unterton ging Ann Kathrin einfach hinweg. »Sie ist morgens oft dieselbe Strecke gejoggt, stimmt's?«

»Ja. Vom Hafen Norddeich-Mole in Richtung Diekster Köken. Und dann wieder zurück.«

»Immer um dieselbe Zeit?«

»Meist zwischen sechs und halb sieben. Bei Sonnenaufgang. Auf jeden Fall so, dass sie pünktlich zurück war, um zu duschen, in Ruhe das Frühstück zu machen und ...«

»Ich weiß. Und Eike zur Schule zu bringen. Ich mach dir einen Vorschlag, Hero. Wenn sie morgen früh um die Zeit nicht wieder da ist, gehen wir gemeinsam ihren Joggingweg ab.«

»Was soll das bringen?«

»Wir werden dort Menschen begegnen, denen auch sie öfter begegnet ist. Jogger. Leute, die ihre Hunde spazieren führen. Was weiß ich. Und bring zwei Fotos von deiner Susanne mit. Wenn wir Glück haben, hat einer von denen etwas gesehen.«

Ihm wurde sofort klar, dass sie mit ihren Worten absolut recht hatte.

»Warum tust du das für ... uns?«, fragte er.

Sie fand, damit ging er ein Stück zu weit. »Morgen früh. Sechs Uhr. Auf dem Parkplatz am Hafen. Falls sie inzwischen kommt, schickst du mir eine SMS, klar. Und wehe, du lässt mich um die Zeit unnötig aufstehen.«

Sie klappte ihr Handy zusammen, sah dann aber nicht zu Weller, sondern nachdenklich auf ihr Handy.

»Was soll das? Hast du nicht genug Ärger am Hals? Willst du dich wirklich um die Geliebte von deinem Typen kümmern? Oder ist das hier ein Versuch von euch beiden, über ein Problem wieder zusammenzufinden?«

Die Eifersucht in Wellers Stimme gefiel Ann Kathrin. Gleichzeitig amüsierte es sie, dass er überhaupt nicht kapiert hatte, woran sie dachte.

»Vielleicht hat er Susanne Möninghoff.«

»Wer, er? Thomas Hagemann?«

Sie nickte.

Weller drückte seine Zigarette auf der Fensterbank aus und schnippte sie in die Dachrinne. »Nee, Ann. Jetzt spinnst du rum. Sie passt überhaupt nicht in sein Beuteschema. Sie ist ihm mindestens dreißig Jahre zu jung, wenn nicht sogar vierzig.« Weller grinste. »Wie kommst du auf diesen Gedanken? Willst du mich auf den Arm nehmen oder …«

Während er so heftig loslegte, kamen ihm schon Zweifel.

»Er hat mir die Leiche vor die Tür gelegt. Er hat mir Hinweise auf seine nächsten Opfer gegeben. Und wir haben ihn nicht gekriegt. Er will weiter spielen.«

»Und da greift er sich die Freundin von deinem Typen?«

»Mein Gott, Frank, ich verstehe es ja auch nicht. Aber irgendwie würde es auch Sinn machen. Er hat ihren Namen gehört. Er hat meine Wut auf sie erlebt. Du hast selbst gesagt, wir wissen nicht, wie lange mein Zuhause schon eine Kinobühne für ihn ist.«

Kinobühne, dachte Weller. Komisches Wort.

»Egal, was du vorhast«, sagte er. »Ich werde auf jeden Fall morgen früh bei dir sein.«

Sie schüttelte den Kopf. »O nein. Wirst du nicht. Das mache ich alleine. Du wirst morgen pünktlich im Büro sein, und dann werten wir alles aus, was unsere Spusi herausgefunden hat.«

»Viel kann es ja nicht sein«, spottete Weller, und immer noch schwang Eifersucht in seiner Stimme. Er wollte diese Frau nicht wieder verlieren. Auf gar keinen Fall.

Ich darf nichts Falsches schreiben, dachte Susanne Möninghoff, nichts Falsches. Noch zitterte ihre rechte Hand so sehr, dass sie die Spitze des Bleistifts nicht auf dem Papier halten konnte. Sie presste die linierte chinesische Kladde auf ihre Knie. Dann nahm sie die linke Hand und legte sie auf die rechte, in der Hoffnung, den Bleistift still halten zu können.

Was will er hören, dachte sie. Ich werde alles schreiben, alles, was er will. Hauptsache, er ist zufrieden. Wenn er zufrieden ist, tut er mir nichts. Ich darf ihn nicht wütend machen. In seiner Wut ist er unberechenbar. Er weiß, dass ich mit Hero zusammen bin. Ich muss das gestehen. Wahrscheinlich wird ihn das total sauer machen. Aber er weiß es sowieso. Was will er lesen? Dass ich ihn verführt habe oder er mich? Was wird ihn sanft stimmen und was wütend machen?

Plötzlich wusste sie, dass er es ihr nicht so leicht machen würde. Er würde es keineswegs lesen.

O Gott, dachte sie. Ich schreibe so schrecklich, ich kann meine eigene Schrift kaum entziffern. Er wird ausflippen, wenn er das sieht. Er wird von mir verlangen, es ihm vorzulesen.

Sie begann, sich zum Opfer zu machen. Zu Heros Opfer.

Zunächst wusste sie, dass es eine Lüge war, doch dann wurde die Lüge immer süßer. Sie erkannte zunehmend Wahrheit in der Lüge. Ja, nicht sie hatte ihn verführt, sondern er sie. Natürlich! Und dabei war er so geschickt gewesen, dass sie sogar geglaubt hatte, sie sei die Aktive gewesen. Er war Psychologe. Er hatte seine Kunst genutzt. Er wusste, wie man Menschen manipulierte. Und sie war einfach nur auf ihn hereingefallen. Auf ihn, den verheirateten Mann.

Sie konnte jetzt besser schreiben. Mit ihrer Atmung wurden auch ihre Finger ruhiger. Doch dann stockte sie. Wenn ich jetzt Hero belaste, dachte sie, wird er mich dann freilassen und sich Hero schnappen? Weiß die verrückte Kuh überhaupt, wen sie da auf uns losgelassen hat? Oder hat sie es zwar veranlasst, aber jetzt läuft ihr die ganze Geschichte aus dem Ruder? Vielleicht, so hoffte sie, lässt sich die Geschichte ja auch so drehen, dass Ann Kathrin am Ende den Schwarzen Peter bekommt.

Sie wusste nicht mehr, was sie denken sollte. Sie wusste nur eins: Sie wollte hier nicht den Sündenbock spielen. Sie wollte nur noch raus aus dieser Situation. Egal, um welchen Preis.

Ann Kathrin hatte nackt neben Weller geschlafen. Eigentlich war es nur ein Bett für eine Person, doch sie hatten sich wohl gefühlt, sich immer wieder aneinandergekuschelt. Mal schlief ihr Arm ein, mal ihr Bein, weil er sich immer wieder auf sie legte.

Die ganze Nacht über war das Fenster offen. Irgendwann wurde der kühle Luftzug zu kühl, und ab dann kämpften sie miteinander um die kurze Decke.

Sie ließ sich durch ihr Handy wecken. Sie hatte dafür extra einen Klingelton gewählt. Es war das Muhen einer Kuh. Schon beim allerersten »Muh« schaltete sie das Handy aus und ging ins Bad.

Frank Weller war wach geworden, obwohl sie sich im Bad ganz leise bewegte. Sie putzte sich mit seiner Zahnbürste die Zähne, duschte nicht, klatschte sich aber ein bisschen Wasser ins Gesicht.

Als sie aus dem Bad kam, stand er bereits angezogen vor ihr. »Es geht los.«

Sie schüttelte den Kopf. »O nein. Ich hatte dir doch gesagt, ich mach das alleine.«

»Warum?«, fragte er. »Vielleicht wird es gefährlich.«

»Ich brauche keinen Beschützer. Ich treffe meinen Mann. Meinen Exmann, wenn du es genau wissen willst. Und ich suche mit ihm seine Geliebte. Ja, so lächerlich das alles klingt, genau das werde ich tun. Bitte mach es mir nicht schwerer, als es ist. Ich weiß nicht, wie ich Hero jetzt unter die Augen treten soll. Wir werden uns beide grässlich fühlen. Aber wenn Thomas Hagemann sie hat, dann braucht sie jetzt verdammt nochmal unsere Hilfe.«

»Du steigerst dich da in was hinein!«, rief er hinter ihr her, doch da lief sie schon die Treppen hinunter.

Sie kann so halsstarrig sein, dachte er. So dickköpfig. Und irgendwie liebte er sie auch dafür.

Würde ich, fragte er sich, auch morgens um sechs losrennen, um irgendeinen Liebhaber von Renate zu retten? Er war sich ganz sicher, dass er es nicht tun würde. Das würde er seinen Kollegen überlassen und dabei hoffen, dass sie zu spät kämen. Ja, das war schäbig von ihm, aber er war noch zu verletzt, um freundlich zu Renate zu sein.

Hero und Ann Kathrin trafen sich auf dem Parkplatz am Hafen. Ann Kathrin hatte sich eine Mütze von Weller aufgesetzt, aber ihre blondierten Haare guckten lang genug darunter hervor, so dass genau das passierte, was sie eigentlich verhindern wollte. Hero sprach sie auf ihre blonden Haare an: »Hast du dir die Haare gefärbt?«

»Guten Morgen«, antwortete sie mürrisch. »Das spielt doch jetzt überhaupt keine Rolle.«

Er trug sein Handballtrikot mit der Nummer 4 hintendrauf.

»Das ist hier keine verdeckte Ermittlung unter Joggern«, sagte sie. »Wir können ganz normal herumlaufen.«

»Normal?«, fragte er und sah auf ihre Mütze.

»Also. Wir werden jetzt den Weg ablaufen, den sie normalerweise nimmt. Und jede Person, die uns begegnet, ansprechen. »

Dann verlangte sie das Foto. Er reichte ihr eine Farbaufnahme von seiner Susanne. Sie trug darauf sogar den bunten Jogginganzug. Hero hatte das Bild mit seinem Farbdrucker zweimal auf DIN-A4-Größe ausdrucken lassen.

Ann Kathrin wusste, dass Hero kein besonders gutes Verhältnis zu Hunden hatte, seit er während seiner Studienzeit als Aushilfspostbote einmal gebissen worden war. Sie war gemein genug, ihm die Strandseite zuzuteilen, denn da hatte er es hauptsächlich mit Hundebesitzern zu tun.

»Sie ist vermutlich oben am Deich langgelaufen, oder?«

Hero nickte.

»Okay«, sagte sie. »Du nimmst alle Leute auf der Meeresseite, ich die auf der Norddeich zugewandten Seite.«

Er nickte. Noch hatte er nicht durchschaut, dass sie ihm damit den Hundestrand angedreht hatte. »Wieso«, fragte er, »sind eigentlich deine Kollegen nicht dabei? Warum machen wir beide das alleine?«

Ann Kathrin antwortete barsch. Sie wollte sich auf keinen Fall irgendwie von ihm einwickeln lassen. »In dieser Phase einer Vermisstenmeldung können meine Kollegen noch gar nicht aktiv werden. Sonst bräuchten wir doppelt so viele Polizeibeamte, wie wir haben. Und glaub mir, bei uns ist die Situation im Moment sehr angespannt. Die haben alle echt etwas anderes zu tun.«

»Dann tust du das hier nur … für mich?«

Ihr Gesicht versteinerte. »Ich tue es, um mir später nicht vorwerfen lassen zu müssen, ich hätte nichts getan. Und jetzt los.«

Die Monstrosität ihrer Vermutung teilte sie ihm nicht mit. Vielleicht stellte sich ja alles als Irrtum heraus. Sie hatte Angst, als narzisstisch dazustehen, als ein Mensch, der durch übersteigertes Ego alles auf sich selbst bezog und sich zum Mittelpunkt der Welt machte, als würde sich alles nur um sie drehen.

Hero Klaasen sah auf der Höhe vom Utkiek die Lehrerin mit ihren beiden Pudeln kommen. Er lief hin. Es war ein klarer Morgen. Das Meer glitzerte. Juist und Norderney waren deutlich zu erkennen. Ein Krabbenkutter, verfolgt von gut hundert kreischenden Möwen, versuchte sein Glück.

Die Schönheit des Anblicks verschlug Hero für einen Moment fast den Atem. Dann lief er auf die Frau zu, bat sie, sich nicht zu erschrecken. Er zeigte das ausgedruckte Foto vor und fragte. »Haben Sie gestern Susanne Möninghoff gesehen?«

»Sind Sie von der Polizei?«

»Ich … nein, ich bin …«, er machte es sich einfach: »… ihr Mann.«

Die beiden Pudel mochten es nicht, wenn ihr Frauchen früh morgens am einsamen Strand angesprochen wurde, und kläfften Hero an. Jetzt begriff er, warum Ann Kathrin ihm diese Deichseite zugeteilt hatte. Sie wollte sehen, ob seine Liebe zu Susanne Möninghoff so groß war, dass er für sie seine Angst vor Hunden überwand.

Oben auf dem Deichkamm hielt Ann Kathrin ein joggendes Pärchen an und zeigte denen das Bild. Sie stoppten nicht einmal, sondern warfen ihr nur genervte Blicke zu.

»Hey, hey, hey! Augenblick mal!« Ann Kathrin hielt ihren Dienstausweis hoch. »Das hier ist eine polizeiliche Ermittlung. Hätten Sie bitte die Freundlichkeit, stehen zu bleiben? Ich will nicht hinter Ihnen herlaufen.«

»Wir joggen«, stellte der grau melierte Endfünfziger fest. Er war fast 1,90 Meter groß, wog aber kaum mehr als 70 Kilo. Seine Frau eiferte ihm mit roten Wangen nach, war aber im Gegensatz zu ihm ein kleines, rundes lebensfrohes Fässchen.

»Interessant. Ich dachte, Sie warten hier auf den Bus. Ich kann Sie natürlich auch in die Polizeiinspektion einladen«, zischte Ann Kathrin. Sie merkte an ihrer scharfen Reaktion, dass sie noch nicht ausgeschlafen war und dass dies heute wirklich nicht ihr Tag werden würde.

Die beiden sahen sich das Bild an, dabei liefen sie auf der Stelle weiter, um ja nicht aus dem Rhythmus zu kommen.

»Nein. Nie gesehen.«

»Ich auch nicht.«

»Sind Sie gestern Morgen auch hier langgelaufen?«

»Nein, wir laufen jeden Tag woanders. Wir lieben die Abwechslung.«

»Danke schön. Entschuldigen Sie, dass ich Sie gestört habe.«

Jetzt wollte der hagere Riese, plötzlich neugierig geworden, noch wissen: »Was ist denn mit der Frau?«

»Wenn Sie nichts gesehen haben, geht Sie das auch nichts an.«

»Ist ihr was passiert?«

»Ich wünsche Ihnen noch einen guten Tag.«

Die beiden entfernten sich im Laufschritt. Ann Kathrin bog sich einmal durch und sah landeinwärts zu den Windrädern.

Sie erinnerte sich an das Kind, das den Vater am Strand gefragt hatte, ob die Ostfriesen damit den Wind machen, um bei Ebbe das Meer zurückzudrängen. Dann sah Ann Kathrin eine Gruppe von Nordic-Walking-Fans. Sie kamen vom Drachenstrand hoch, überquerten den Deich, und Ann Kathrin zeigte ihnen das Foto. Hier war keiner patzig oder blöd zu ihr. Zwei Hausfrauen aus Franken erinnerten sich sogar an Susanne Möninghoff.

»Die ist doch morgens hier immer rumgelaufen.«

»Ja, ich hab die mal gesehen, aber heute noch nicht.«

»Ich frage auch nicht nach heute, sondern nach gestern«, sagte Ann Kathrin.

»Nein, gestern waren wir nicht hier.«

Auf der Deichstraße kam ein Radfahrer auf einem typischen Hollandrad an. Er stemmte sich gegen den Wind und stand in den Pedalen. Er hatte dichtes, wuscheliges Haar, das der Wind zerzauste.

Ann Kathrin lief quer über die Wiese zur Straße runter und hatte Glück. O ja, er kannte Susanne Möninghoff. Er war ihr oft begegnet, auch gestern.

»Wo?«

»Etwa dort.« Er zeigte auf eine Stelle, ungefähr auf der Höhe von Diekster Köken.

»Ist Ihnen irgendetwas aufgefallen?«

»Ja. Sie sah klasse aus.«

»Das meine ich nicht. Wurde sie verfolgt? War da noch irgendjemand?«

»Wie – verfolgt? Nein, die ist doch nur gerannt, weil ...« Er lachte. »Das ist ein Sport.«

»Sie wird seit gestern Morgen vermisst. Ist Ihnen irgendetwas aufgefallen?«, fragte Ann Kathrin noch einmal mit aller Ernsthaftigkeit.

Der Mann überlegte und kratzte sich die Kopfhaut. Dann stützte er sich auf den Lenker seines Hollandrads. »Ja, warten Sie mal. Da war etwas. Hier unten, auf dieser Seite vom Deich, da war ein Mann. Er war nicht auf gleicher Höhe mit ihr, sondern hielt ziemlichen Abstand. Ich schätze, so fünfzig Meter lief er hinter ihr her. Aber er begaffte sie. Ich wette, er sah ihr die ganze Zeit auf den Hintern. Ich hätte ihn fast umgefahren.«

»Wissen Sie, wie er aussah?«

»Ja, so ... also, mittelgroß und dunkle Haare, nicht richtig schwarz, aber auch nicht braun. Eine bisschen platte Nase, als hätte er mal eins draufgekriegt. Ein Gesicht wie ein Profiboxer, aber nicht mehr voll fit, wenn Sie verstehen, was ich meine.«

Ann Kathrin Klaasen spürte ein Kribbeln auf der Haut. Also doch, dachte sie.

»Erzählen Sie weiter. Was haben Sie noch gesehen? Jedes kleine Detail ist wichtig. Trug der Mann eine Brille?«

»Nein – ich glaube nicht.«

»Ist er weiter hinter der Frau hergelaufen?«

»Nein, nein. Das weiß ich ganz genau. Ich bin zum Hafen, habe da noch eine Runde gemacht, und dann, als ich wieder zurückfuhr, kam er mir entgegengelaufen. Sie joggte aber weiter geradeaus. Ich hab sie auch noch einmal gesehen. Hübsche Frauen bleiben mir immer im Gedächtnis.«

Ann Kathrin versuchte sich nicht anmerken zu lassen, dass sie langsam sauer wurde und bei der nächsten Erwähnung von Susanne Möninghoffs Aussehen für nichts mehr garantieren konnte.

Sie notierte sich den Namen des Zeugen. Harald Kühnert. Er war Berufsschullehrer in Norden und leidenschaftlicher Radfahrer. Er hatte in Oberhausen fast zehn Jahre lang dafür gekämpft, nach Norden versetzt zu werden. Diese älteste Stadt Ostfrieslands war seine Traumstadt. Er gab es nicht gerne zu, aber hier hätte er auch fürs halbe Geld gearbeitet. Er wollte Rad fahren und jeden Tag das Meer sehen. Am liebsten bei Sonnenaufgang. So konnte das Leben vergehen. Der Rest … was bedeutet schon der Rest des Lebens? Wenn man wusste, dass jeden Morgen wieder die Sonne aufging und das Rad einen zum Wattenmeer trug?

Ann Kathrin Klaasen bedankte sich bei ihm. Er nickte nur kurz und radelte weiter.

Ann Kathrin lief die Deichwiese hoch und winkte Hero. Er rannte sofort zu ihr.

»Du hattest möglicherweise recht«, gab sie unumwunden zu. »Es kann sein, dass sie entführt worden ist. Vielleicht ist sie zurückgelaufen, und ein Mann, den wir schon lange jagen, hat sie am Parkplatz in sein Auto gezerrt.«

»Woher weißt du das jetzt?«

»Weil der Mann hier gesehen wurde. Und sie auch.«

»Wer ist dieser Mann?«

»Ich glaube, das darf ich dir noch nicht sagen.«

»Du darfst mir das nicht sagen?«

»Ich bin Polizistin.«

»Du bist auch meine Frau.«

»Na, das fällt dir aber in einer seltsamen Situation ein. Wir folgen gerade gemeinsam der Spur deiner Geliebten. Schon vergessen? Wird sie eigentlich die neue Frau Klaasen, wenn wir geschieden sind?«

»Spielt das jetzt eine Rolle, Ann?«

»Für mich schon. Bis jetzt gab es nur eine Frau Klaasen in Norden. Mich. Ich fände es ganz schön, wenn das auch so bleiben würde. Sonst nehme ich meinen Mädchennamen wieder an.«

Stumm gingen sie zum Parkplatz zurück. Sie sahen aus wie zwei Menschen, die nichts miteinander zu tun hatten und nur zufällig nebeneinander hergingen. Jeder ganz in seine Gedanken versunken.

Ann Kathrin warf Hero einen Blick zu.

Er setzte zu einer Erklärung an: »Das ist nicht irgend so eine schmutzige, kleine Affäre. Ich ... Wir ... lieben uns wirklich. Bitte hilf mir. Ich will sie nicht verlieren.«

Einerseits hätte sie ihm eine reinhauen können, andererseits sah sie seine feuchten Augen, und das rührte sie an.

Kurz vor der großen Dienstbesprechung hielt Charlie Thiekötter Ann Kathrin auf. Er bat sie mit einer knappen Kopfbewegung in seinen Schlachtraum für Computer. Er schloss die Tür und blieb mit der Klinke in der Hand stehen wie jemand, der etwas zu verbergen hat.

Er flüsterte: »Ann Kathrin, ich hab echte Bauchschmerzen dabei. Ich meine, was wir hier machen, ist ein richtig fettes Dienstvergehen. Disziplinarrechtlich gesehen ...«

Er trat von einem Fuß auf den anderen. Er tat Ann Kathrin leid. Sie sah seine Not und wollte nicht dafür verantwortlich sein.

»Warum fragst du mich dann erst, wenn du es doch nicht mit deinem Gewissen vereinbaren kannst?«

»Ich … Ann Kathrin, ich dachte, die Sache sei beendet, aber jetzt hat er sich diese neue Frau geholt, diese …«

»Susanne Möninghoff.«

»Ja. Genau.«

»Tu, was du nicht lassen kannst. Ich kann es dir nicht verübeln, Charlie. Es ist dumm und peinlich für mich, aber es ließe sich ohnehin nicht ewig geheim halten.«

Er nickte erleichtert.

Sie klopfte ihm gegen den Oberarm. »Kannst du mir denn einen Gefallen tun?«

»Welchen?«

»Bitte halte das Ganze heute bei der Dienstbesprechung noch zurück. Du kannst es ihnen morgen sagen. Übermorgen. Wann du willst. Aber nicht jetzt.«

Er fragte nicht, worin der Vorteil durch diesen Zeitgewinn für sie lag. Er war sofort einverstanden. »Das ist überhaupt kein Problem, Ann Kathrin. Es sind Millionen von Daten auf den Festplatten. Fotos, Filme – jede Menge Hollywoodstreifen. Kriegsfilme und – ach! Ich muss die Aufnahmen von euch ja nicht sofort gefunden haben.«

»Danke«, sagte sie. »Wirklich, danke Charlie. Damit hilfst du mir.«

Charlie fragte sich, was sie vorhatte, wagte aber nicht, sie zu fragen. Er hatte das Gefühl, dann eine Abfuhr von ihr zu bekommen.

Vielleicht war es etwas Privates. Er war schon froh, dass sie nicht von ihm verlangt hatte, die Aufnahmen von ihr und Weller zu löschen.

Er hatte ihr nicht alles gesagt und gezeigt. Warum auch? Er wollte sie nicht zu sehr verletzen. Es gab allein eine ganze DVD mit ihr auf der Toilette. Offensichtlich schaltete sich die Webcam jedes Mal automatisch ein, wenn jemand ins Bad ging und das Licht anmachte.

Ann Kathrin wollte pünktlich zur Dienstbesprechung, doch Charlie hielt sie noch einmal kurz zurück: »Ann Kathrin, er hat so eine Art Big-Brother-Haus aus deiner Wohnung gemacht. Er kann dich praktisch überall beobachten.«

Sie sah auf ihre Füße.

»Du willst doch nicht wieder in den Distelkamp zurück, oder?«

»Doch. Ich werde dafür sorgen, dass er Spaß hat an seinen Beobachtungsanlagen.«

»Aber warum? Ich verstehe dich wirklich nicht.«

Sie legte den Kopf schräg, kämmte sich mit den Fingern einmal durch die Haare und lächelte. »Wenn ich das richtig verstanden habe, sind diese Webcams batteriebetrieben. Wenn er meine Steckdosen benutzt hätte, wäre mir das bestimmt aufgefallen.«

»Jaja«, nickte Charlie Thiekötter, »da hast du recht.«

»Und was glaubst du, wie lange diese Batterien halten?«

»Eine Woche. Vielleicht zwei. Keine Ahnung. Kommt drauf an, wie oft sich so eine Webcam einschaltet.«

Ihr Lächeln wurde verschmitzt und immer breiter. »Siehst du, Charlie. Ich werde ihm eine Show bieten, dass die Dinger heiß laufen.«

Charlie Thiekötter verstand nicht, worauf sie hinauswollte. »Und dann?«, fragte er empört. »Glaubst du etwa, er kommt, um die Batterien auszuwechseln, oder was?«

Sie nahm den spöttischen Ton zur Kenntnis, ging aber nicht darauf ein.

»Glaub mir, er wird kommen. Und dann, Charlie, dann haben wir ihn.«

»Das ist nicht dein Ernst.«

»Hast du eine bessere Idee?«

»Ann Kathrin, als dein Kollege muss ich ganz energisch dagegen protestieren.«

»Ich weiß, was du sagen willst, aber ich kann dabei keinen Polizeischutz gebrauchen. Er würde die Kollegen in meinem Haus sehen. Er ist ja weder blind noch bescheuert. Und wenn sie in der Umgebung meines Hauses lagern, sieht er sie garantiert auch. Vielleicht über seine digitale Überwachung oder einfach so, indem er als einsamer Spaziergänger vorbeischlendert. Der überlässt nichts dem Zufall, das wissen wir doch. Der einzige Polizist, der in meinem Haus sein kann, ohne dass er Verdacht schöpft, ist ...«

Sie presste ihre trockenen Lippen aufeinander, kramte in ihrer schwarzen Handtasche nach einem Lippenstift.

»Weller«, vervollständigte Charlie ihren Satz. Er hatte noch nie gesehen, dass Ann Kathrin Lippenstift benutzte. Es kam ihm fast so vor, als würde Ann Kathrin sich für diesen Irren schön machen.

Charlie Thiekötter war ein bedächtiger Mann, der gerne das Für und Wider abwog und Schwierigkeiten hatte, sich zu entscheiden. Ann Kathrin dagegen fällte Entscheidungen manchmal blitzschnell aus dem Bauch heraus und nahm sich danach viel Zeit, alles logisch zu begründen

»Ich weiß nicht, was ich von der ganzen Sache halten soll, Ann Kathrin. Das ist doch alles ...«

Sie ließ ihn nicht ausreden: »Erst mal sollst du es für dich behalten. Wenn die Kollegen irgendeinen Aufstand machen, ständig bei mir Polizeiwagen kreisen oder mein Haus von weitem beschattet wird, verjagen wir ihn. Glaub mir. Wir haben diese eine Chance, dass er uns in die Falle geht. Wir dürfen sie nicht vermasseln.«

Ubbo Heide leitete die Sitzung. Er hatte tiefe schwarze Ränder unter den Augen und eine ungesund gelbgräuliche Hautfarbe. Seine Lippen wirkten blutleer und der ganze Mann energielos. Er zupfte an den Ärmeln von seinem weißen Hemd herum.

Seine Finger hatten an den Manschetten schon dunkle Flecken hinterlassen.

Thomas Hagemann ist dabei, aus uns einen Haufen Zombies zu machen, dachte Weller. Wenn er sehen könnte, wie unser Chef aussieht, würde er sich bestimmt großartig fühlen.

Gleichzeitig versuchte Weller, einen Blick auf den Spiegel zu erhaschen, um festzustellen, ob er selbst nicht vielleicht genauso fertig aussah. Rupert erwischte ihn dabei und grinste, weil Weller auf ihn merkwürdig selbstverliebt, ja gockelhaft wirkte.

Staatsanwalt Scherer fehlte bei dem Treffen. Niemand ging darauf ein.

Rupert kaute Kaugummi und spielte die ganze Zeit mit seinem Kugelschreiber.

Sämtliche Ergebnisse wurden zusammengetragen, um alle auf den gleichen Wissensstand zu bringen. Wieder nahmen ein Kollege aus Jever und einer aus Oldenburg teil. Aber auch aus den anderen Städten, in denen Thomas Hagemann zugeschlagen hatte, aus Essen, Bamberg und Olpe, waren Kollegen angereist. Sie waren noch nicht ganz überzeugt, dass damals Morde übersehen worden waren, doch in jedem Fall waren Obduktionen beantragt worden. Nur bei Karl Fink ging das nicht, denn seine Verwandten hatten sich für eine Feuerbestattung entschieden.

Die Entwicklungen im Fall Susanne Möninghoff trug Ann Kathrin Klaasen nicht vor. Das überließ sie Weller, und er machte es hervorragend, ganz in ihrem Sinne. So als würde er über eine völlig fremde Person reden.

»Wir gehen mit an Sicherheit grenzender Wahrscheinlichkeit davon aus, dass der Mörder und Entführer Thomas Hagemann heißt. Er war Zögling in dem Heim, das Heinrich Jansen geleitet hat. Dort haben auch Regina Orthner und Maria Landsknecht gearbeitet, Frau Orthner als Erzieherin, Frau Landsknecht als Köchin. Alle Personen, die wir bisher als

Mitarbeiter des Heims ausfindig machen konnten, sind nicht eines natürlichen Todes gestorben.«

Er räusperte sich, legte eine kurze Pause ein und sah sich in der Runde um. Ruperts Spiel mit dem Kugelschreiber zerrte an seinen Nerven. Erstaunt stellte er fest, wie geräuschempfindlich er war. Dieses Rein- und Rausklicken der Mine machte Weller aggressiv.

Rupert wurde von Wellers Blick getroffen. Sofort legte er den Kugelschreiber aus der Hand.

Dann fuhr Weller fort: »Nun ist eine dramatische Wende eingetreten. Wir müssen davon ausgehen, dass Susanne Möninghoff aus Hage gestern Morgen in Norddeich-Mole von Thomas Hagemann entführt worden ist.«

Der Kollege aus Essen fühlte sich deutlich unwohl in seiner Haut. Er hatte eine schwarze Lederjacke an und machte ein bisschen auf den frühen Schimanski. Er trug ein Goldkettchen und einen Dreitagebart. Aus seinem offenen blauen Hemd kräuselten sich die schwarzen Brusthaare.

»Welchen Bezug hat diese Susanne Möninghoff zu dem Heim und zu dem ganzen Fall? Weiß man das schon?«, fragte er.

Weller riskierte einen kurzen Seitenblick zu Ann Kathrin, dann sagte er: »Zunächst mal müssen wir davon ausgehen, dass es sich bei dem Täter um Thomas Hagemann handelt. Jemand, der ihm zumindest sehr ähnlich sah, wurde morgens von unserem Zeugen, Herrn …«, er blätterte kurz in den Akten, »Herrn Harald Kühnert am Deich gesehen. Er folgte offensichtlich Frau Möninghoff.«

»Das ist keine Antwort auf meine Frage«, nörgelte der Schimanski aus dem Ruhrgebiet. Die zurückhaltende ostfriesische Art machte ihn unruhig. Er war schnelleres, härteres Durchgreifen gewohnt. Er wollte, dass hier »endlich Tacheles geredet wird«.

»Thomas Hagemann hat aus Gründen, die uns unbekannt sind, die Leiche von Regina Orthner vor die Tür unserer Kollegin Klaasen gelegt.«

Schimanski schüttelte den Kopf. Er war die ganze Nacht durchgefahren und hatte jetzt das Gefühl, in einen Haufen Verrückter geraten zu sein.

»Frau Möninghoff und Kommissarin Klaasen kennen sich.«

In seiner direkten Art wirkte der Kommissar aus Essen rüpelhaft auf seine ostfriesischen Kollegen. Nur Rupert freute sich, weil der Mann ihm ähnlich war.

»Vielleicht kann die Kollegin Klaasen uns ja etwas dazu sagen?«, forderte Schimanski, als hätte er bereits den Vorsitz der Versammlung übernommen.

Ann Kathrin räusperte sich, warf die Haare nach hinten und drückte beide Füße fest auf den braunen Schlingenflor-Teppichboden, als hätte sie Angst, beim Sprechen den Boden unter den Füßen zu verlieren.

»Er versucht offensichtlich, in irgendeiner Art eine Beziehung zu mir aufzubauen. Und es ist fast so, als wolle er von mir überführt werden.«

»Na, dann beeilen Sie sich mal dabei, Frau Kollegin.« Der Kripomann aus Bamberg grinste: »Wir wollen ihn doch nicht so lange warten lassen, bis er noch zwei, drei Leute auf dem Gewissen …«

Charlie Thiekötter massierte sich die Schläfen. Das alles hier ging in die völlig falsche Richtung. Er befürchtete, die Bombe könne jeden Augenblick platzen. Wer in so einer Situation den Kollegen wichtige Informationen vorenthielt, konnte nicht mit Streicheleinheiten rechnen.

Ann Kathrin nahm einen Schluck Wasser und sprach dann aus, was vermutlich doch die meisten längst wussten: »Susanne Möninghoff ist die neue Lebensgefährtin meines Mannes.«

Schimanski pfiff durch die Lippen. Solch ungebührliches

Verhalten kannte man hier sonst nur von Rupert. Der reckte sein Kinn vor und meldete sich, was gar nicht seiner Art entsprach. Ubbo Heide nahm ihn dran wie einen braven Schüler.

»Nun, es ist uns allen deutlich, dass der Täter Kontakt zu der Kollegin Klaasen sucht. Möglicherweise begeht er sogar einige Taten nur, um damit eine bestimmte Art von Nähe zu ihr herzustellen.«

Weller ging sofort dazwischen. »Damit kann man kaum die Morde in Essen, Bamberg und Olpe erklären. Vielleicht war er es einfach leid, zu morden, ohne dass die Kripo ihn zur Kenntnis nahm. Vielleicht hat er sich die Kommissarin auch nur willkürlich ausgesucht, und es hätte genauso gut dich oder mich treffen können.«

»Das glaubst du doch selber nicht«, konterte Rupert. »Der Täter versucht keine Beziehung aufzubauen. Er hat längst eine oder glaubt zumindest, eine zu haben.«

Jetzt wandte Rupert sich an Ann Kathrin. Er beugte sich weit über den Tisch vor und legte seinen Kopf fast auf die Tischplatte, um ihr in die Augen sehen zu können, doch sie stellte sich dem Blickkontakt nicht und sah demonstrativ weg.

»Ann, seien wir doch mal ehrlich. Du musst ihn kennen! Und jetzt Butter bei die Fische: Wann seid ihr euch wo schon mal begegnet?«

Ohne Rupert anzusehen, sagte Ann Kathrin kalt: »In meinem Leben ist bisher noch nie ein Thomas Hagemann aufgetaucht.«

Rupert hob die Hände und ließ sie beide gleichzeitig auf die Tischplatte fallen, dass es nur so klatschte. »Aber Vorsicht, Vorsicht, liebe Kollegin. So einfach ist das doch alles nicht. Ich könnte jedenfalls keine Hand dafür ins Feuer legen, dass ich dem Typen nicht schon einmal begegnet bin. Vielleicht hat er sich mal zurückgesetzt gefühlt. Wir beleidigen ständig Leute, ohne es zu wollen und ohne es zu merken. Vielleicht hat er dich schon lange von weitem bewundert, möglicherweise mal vor Jahren kennengelernt, in einer Diskothek oder beim Sport. Vielleicht hat es da mal einen One-night-Stand gegeben, und er hat sich mehr davon versprochen als du und …«

Ann Kathrin federte hoch. »Ich weiß, mit wem ich im Bett war und auch wann. Ich kann jederzeit eine komplette Liste darüber abgeben, sofern die Situation es verlangt. Der Name Thomas Hagemann wird sich aber nicht darauf befinden!«

Rupert wand sich auf dem Stuhl und deutete Ann Kathrin an, sie solle sich doch bitte wieder setzen. »Können wir mal die Bälle etwas flach halten hier? Ich will dir doch nichts, herrjeh! Es lässt sich aber nicht leugnen, dass dieser Hagemann irgendwie immer in deine Richtung spielt. Es muss eine Verbindung zwischen euch beiden geben!«

Weller legte eine Hand auf Ann Kathrins Arm. Sie setzte sich wieder und sah sich in der Runde um. Jetzt suchte sie Blickkontakt zu jedem Einzelnen.

»Ich weiß nicht, was er mir beweisen will, indem er Susanne Möninghoff entführt hat. Ich denke, an ihm ist irgendein Verbrechen begangen worden, und er möchte, dass ich es aufkläre. Die Inschrift im Keller war deutlich.«

»So weit waren wir noch gar nicht«, warf Ubbo Heide ein und war froh, das Licht ausschalten und ein paar Dias an die Wand werfen zu können.

Der Kollege aus Bamberg gab sofort zu, so etwas noch nie gesehen zu haben. »Das war gut, Frau Kommissarin Klaasen! Aber noch nicht gut genug. Sie haben den Ort des Verbrechens gefunden.– Das kann doch nur eins heißen«, sagte er. »Der spielt Verstecken mit euch. Der will, dass ihr ihn findet. Er ist fast enttäuscht, dass ihr ihn noch nicht habt.«

Das ist es, dachte Ubbo Heide. Na klar.

Er schaltete das Licht wieder ein und gab seine Erkenntnis zum Besten. »Ja, ich fürchte, er will dich bestrafen, Ann, weil du ihn immer noch nicht gefunden hast.«

Schimanski schüttelte den Kopf. »Aber das ist doch albern. Ich bitte euch! Wenn er sie bestrafen will, entführt er doch nicht die neue Freundin ihres Mannes. Das hört sich doch eher danach an, als wolle er ihren Mann bestrafen.«

Irgendjemand kicherte. Ubbo Heide sah sich zornig um, konnte aber nicht genau ausmachen, wer es gewesen war.

Rieke Gersema bat um Gehör: »Ich weiß nicht, wie wir das nach draußen kommunizieren sollen. Was kann über diesen Fall wirklich bekanntgegeben werden? Inzwischen steht bei uns das Telefon nicht mehr still.«

Na klasse, dachte Weller. Die Presse. Auch das noch.

Ann Kathrin und Charlie Thieköttter sahen sich an. Sie konnte es in seinem ehrlichen Gesicht lesen. Sie musste sich keine Sorgen machen. Er würde heute noch nicht mit der Sache herauskommen. Aber lange konnte er es nicht mehr für sich behalten, das war ihr auch klar.

»Er muss sie irgendwo ganz in der Nähe versteckt halten«, sagte Ubbo Heide. »So viele Möglichkeiten gibt es gar nicht. Ostfriesland ist schließlich nicht Frankfurt. Hier gibt es keine anonymen Hochhäuser, in denen jemand unerkannt verschwinden kann.«

»Da bin ich mir gar nicht so sicher«, hustete Schimanski. »Mit eurer ostfriesischen Heimeligkeit ist es doch jetzt wohl zu Ende.«

»Wir haben inzwischen eine Liste aller in Frage kommenden Gebäude gemacht.«

»Wie – in Frage kommender Gebäude?«, fragte der Essener Kommissar entgeistert. »Meinen Sie Gebäude, in denen üblicherweise in Ostfriesland Gekidnappte gefangen gehalten werden, oder was?«

Auf solche Frechheiten ging Ubbo Heide nicht ein, und witzig konnte er es erst recht nicht finden.

»Gebäude«, antwortete er sachlich, als würde er Unterricht geben, »die vergleichbar sind mit dem zerfallenen Jugendheim, in dem wir die Inschrift gefunden haben. Thomas Hagemann wusste ja offensichtlich, dass wir dorthin kommen würden, und hat dort die Nachricht für uns hinterlassen. In einem ähnlichen Gebäude, groß, mit Kellerräumen, das schon lange nicht mehr genutzt wird, könnte er sie gefangen halten.«

»Und wieso nicht in einer Ferienwohnung in Nessmersiel?«, fauchte Schimanski, und jetzt ahnte Weller, warum dieser Mann so merkwürdig ungehalten war. In Ostfriesland war seine Ehe zerplatzt. Bei einem nervigen Urlaub mit seiner Frau und ein paar quengeligen Kindern.

»Es gibt doch hier Ferienwohnungen en masse«, fuhr Schimanski fort, und es klang wie eine Anklage. »Da zeigt doch kein Mensch seinen Ausweis. Wir haben das damals telefonisch gemietet und dann …«

Na also, dachte Weller. Na also.

»Da achtet auch keiner drauf, wenns mal etwas lauter wird und jemand rumbrüllt. Wer kann schon Kindergeschrei von echten Hilferufen unterscheiden?«

Weller freute sich diebisch. Ich hatte recht, dachte er. Etwas in ihm triumphierte. Er hasst die Landschaft und alle, die hier wohnen. Außerdem haben wir ihm nachgewiesen, dass sie in Essen einen Mordfall übersehen haben, das kränkt ihn natürlich. Er will sich nicht von ein paar blöden Ostfriesen zeigen lassen, wo es langgeht.

Menschen aus dem Ruhrgebiet teilten sich für Weller in zwei Gruppen ein: die, die Ostfriesland liebten, davon träumten, für immer dort zu wohnen und jeden freien Tag nutzten, um ans Meer zu fahren. So, wie sie die Landschaft liebten, so mochten sie auch die Ostfriesen und ihre stille Art. Und dann die anderen, für die Ostfriesen einfach nur Deppen waren, die Nordsee kein richtiges Meer, weil sie die Schönheit des Watts nicht kannten, sondern es nur matschig fanden, dreckig und doof. Sie brauchten weiße Sandstrände in der Karibik und empfanden es als persönliche Beleidigung, wenn das Meer sich bei Ebbe zurückzog. Schließlich hatten sie Kurtaxe bezahlt, daraus leiteten einige den Anspruch ab, das Meer habe ständig da zu sein und türkisblau zu leuchten wie die Strände auf Mauritius im Reiseprospekt.

Ubbo Heide hatte inzwischen etwas Kraft getankt. Er sah nicht mehr ganz so energielos aus. Er krempelte seine Hemdsärmel auf, spannte seine Muskulatur an und sagte dann: »Ann, mir wäre es das Allerliebste, du würdest dich eine Weile ganz aus der Sache zurückziehen. Mir ist das irgendwie unheimlich. Kannst du nicht einfach vierzehn Tage Urlaub auf Mallorca machen oder sonst wo?«

»Das kann ich nicht«, antwortete sie. »Wirklich nicht.« Sie sah sich unter ihren Kollegen um. »Ihr könnt doch jetzt nicht von mir verlangen, dass ich so tue, als hätte ich mit all dem nichts zu tun.«

»Das ist es ja gerade. Du hast viel zu viel damit zu tun«, bestätigte Ubbo Heide.

Rupert meldete sich: »Ein Zahnarzt zieht sich auch nicht selber einen Weisheitszahn.«

»Du kannst Polizeischutz haben«, bot Ubbo Heide an.

Weller wäre sofort dafür gewesen, doch Ann Kathrin schüttelte den Kopf. »Nein. Bitte erspart mir das. Ich gehe einfach ein paar Tage zu … meiner Mutter.«

Weller wusste sofort, dass dies eine Lüge war, und er wunderte sich, warum die anderen es nicht merkten.

Draußen vor der Tür der Polizeiinspektion zündete Weller sich sofort eine Zigarette an.

»Lass uns später telefonieren«, bat Ann Kathrin. »Ich muss jetzt ein bisschen alleine sein, Frank. Ich hoffe, du verstehst das.«

Er kämpfte gegen das Gefühl an, sie beschützen zu müssen. Sie drehte sich noch einmal zu ihm um und sagte: »Danke. Du warst klasse vorhin. Du hast mir wirklich sehr geholfen.«

»Ich hab's zumindest versucht. Aber ich bin mir nicht sicher, ob ich …«

»Doch, doch. Du warst prima. Danke.«

»Ist zwischen uns noch alles in Ordnung?«, fragte er.

Sie nickte. »Na klar. Mit uns hat das alles nichts zu tun.«

Wenn das nur wahr wäre, dachte Weller. Ich fürchte, das hat mehr mit uns zu tun, als wir wahrhaben wollen.

Er fühlte sich beschissen bei dem Gedanken, dass sie in ihr Haus zurückgehen würde und dort von Thomas Hagemann bei jeder Bewegung beobachtet werden konnte. Es hatte keinen Sinn, ihr zu widersprechen. Sie war dickköpfig und würde ihre Sache sowieso durchziehen. Aber es passte ihm überhaupt nicht. Er spürte sogar so etwas wie einen Stich Eifersucht. Dieser Verrückte war ihr jetzt näher als er selbst.

Nein, Ann Kathrin Klaasen fuhr nicht direkt zurück in den Distelkamp. Sie brauchte erst ein paar Minuten ganz für sich. Und sie hatte mörderischen Hunger.

Im NDR wurde für die Nacht eine Sturmflut angekündigt. Die Touristen nahmen das nicht ernst, denn es sah überhaupt nicht nach einem Unwetter aus, sondern eher so, als könne man heute Abend draußen grillen und einen lauen Sommerabend genießen.

Der Himmel war so blau über Ostfriesland, als ob er einer anderen Wirklichkeit entsprungen wäre. Die wenigen weißen Wolken trieb der Wind vor sich her und verjagte sie in Richtung Hannover.

Ann Kathrin brauchte jetzt die Weite. Und etwas zu essen. Sie wollte nach Nessmersiel zu Aggis Huus. Dieser Ort hatte ihr bisher immer gutgetan.

Sie lief über den Parkplatz und dann den asphaltierten Deich hoch, doch als sie oben ankam, wurde sie durch einen mannshohen Zaun aufgehalten. Sie konnte von hier aus die kleine Insel Baltrum sehen, die Nordsee und den Strand. Nur, sie konnte nicht hin. Dieser Zaun war neu, und Ann Kathrin ärgerte sich. Das Meer sollte frei zugänglich sein für alle Besucher.

Dort hinten, hinter dem Restaurant, gab es jetzt einen Eingang, da wurde kassiert. Wahrscheinlich war das ein Scherz der Kurverwaltung Dornum. Aber Ann Kathrin war heute nicht nach Eintrittskarten zumute.

Sie hatte gelernt, Hindernisse zu überwinden. Dieser Zaun hier war nur ein Witz für sie. Ein Rentnerehepaar sah ihr aus dem Auto heraus zu. Sie wollten gerade wegfahren. Der Mann rief hinter Ann Kathrin her: »Sie machen das richtig, junge Frau! Wir kommen schon seit fünfzehn Jahren hierher, aber wenn das so ist, dann fahren wir in Zukunft lieber nach Holland, da haben sie noch keinen Zaun ums Meer gebaut!«

Ann Kathrin antwortete nicht. Sie war zu sehr mit sich selbst beschäftigt.

Als sie den Zaun überwunden hatte, rannte sie zunächst bis zum Strand. Sie musste sich nicht umsehen. Sie war hier jetzt ganz alleine. Der Wind hatte nochmal zugelegt. Sie spürte ihn auf der Haut, und das tat ihr gut.

Sie ging am Meer in die Knie und drückte ihre Hände in den Schlick. Sie wühlte die Hände immer tiefer hinein. Eine scharfkantige Muschel schnitt in ihre Finger, doch das störte sie nicht weiter. Es war, als würde dadurch neue Lebenswirklichkeit in sie zurückkehren.

Sie wollte sich noch weiter hineinbohren ins Watt. Schon

verschwanden ihre Ellbogen. Ihr Gesicht war jetzt ganz nah über dem lebendigen Meeresboden. Die kleinen spaghettiähnlichen Wattwurmhäufchen berührten jetzt fast ihre Nasenspitze. Sie konnte das Meer riechen. Dann drückte sie ihr Gesicht in den Schlick.

Der salzige Meeresboden berührte ihre Lippen. Sie pustete alle Luft aus sich heraus. Es blubberte und platschte um sie herum, und etwas in ihr wurde heil.

Als sie sich aufrichtete, stand sie mit ihrem matschigen Gesicht und ihren tropfenden Armen am Meer.

Ihre Turnschuhe waren durchnässt, und auch ihre Knie waren feucht.

Dann schrie sie aus Leibeskräften. Sie brüllte das Universum an. Sie formulierte keine Sätze oder Worte, es waren nur tierische Laute, doch das alles stieg aus der Tiefe ihrer Seele hoch, als hätte es in ihrem Magen gelegen wie Jahrtausende altes Gletschereis.

Die Möwen bekamen komischerweise keine Angst, sondern suchten Ann Kathrins Nähe, hielten aber noch gebührenden Abstand, um fliehen zu können, falls sie einen Ausfallschritt in ihre Richtung machte.

Sie überlegte, ob sie so, wie sie jetzt aussah, dort herausmarschieren sollte, wo die Besucher Eintritt zahlen sollten. Für einen Moment stellte sie sich das irgendwie erhaben vor. Überlegen. So voll mit Matsch und Meeresboden, einfach lachend, mit einem freundlichen Dankeschön, diesen Platz zu verlassen. Sie sah hinter sich in einiger Entfernung die Strandkörbe und entschied sich dagegen. Sie wollte sich mit niemandem anlegen. Nicht mit den letzten Urlaubern und erst recht nicht mit einem Kassierer von der Kurverwaltung. Immerhin war sie Hauptkommissarin in Aurich, und was sie hier machte, war nicht ganz legal.

Sie ging über die Salzwiesen hin zu einer tieferen Stelle,

wo die Wellen die Steinmauer berührten. Dort wusch sie sich. Sie ließ das Meerwasser auf ihrer Haut von Sonne und Wind trocknen.

Dann sprang sie am Zaun hoch, kletterte erneut hinüber und ging langsam, mit geradezu würdevollen Schritten, zu Aggis Huus zurück. Als sie ankam, war sie bereits trocken. Eine feine Salzschicht lag auf ihren Unterarmen und fühlte sich im Gesicht an wie ein wundervolles Peeling.

Es gab hier sehr gute Suppen. Ann Kathrin wog kurz ab, ob sie eine Erbsensuppe mit Wurst essen sollte, doch dann entschied sie sich für Grünkohl mit Bratkartoffeln und Kassler. Für frischen Grünkohl war es noch viel zu früh im Jahr, aber auch als Tiefkühlgemüse war er sehr lecker.

Ann Kathrin stürzte sich mit solcher Gier auf das Essen, dass sie froh darüber war, jetzt allein in Aggis Huus zu sitzen. Niemand sollte sie so sehen. Sie brauchte jetzt einfach Energie. Und sie schaufelte alles in sich hinein.

Sie ließ nichts übrig. Sie nahm keinen Kaffee hinterher und keinen Espresso. Nein, jetzt fühlte sie sich gut. Satt und stark. So wollte sie nach Hause fahren und sich allem stellen – was immer auf sie wartete.

Bevor sie sich wieder ganz ihrem Mordfall und der entführten Susanne Möninghoff widmete, rief sie ihren Sohn Eike an. Sie fand, er war ihr noch ein Gespräch schuldig.

Er meldete sich schon beim zweiten Klingeln. Es entstand ein kurzer Moment der Peinlichkeit zwischen ihnen. Keiner wollte so recht beginnen, und jeder wusste doch, dass es viel zu besprechen gab.

»Wie geht's dir?«, fragte sie nach einer Zeit des Wartens.

»Nicht so gut«, antwortete er ehrlich.

Ein wenig befürchtete sie, er würde gleich die Erklärung hinterherschieben: *Weil Susanne entführt worden ist.* Aber das tat er nicht.

»Habt ihr ’ne Menge Ärger wegen dieser blöden Geschichte in Hannover?«

»Ja«, sagte sie, »ich fürchte, es wird heftig werden. Es geht vor allen Dingen auch um sehr viel Geld dabei. Wir sind schadenersatzpflichtig.«

»Ich denke, ich bin noch nicht strafmündig, Mama?«

»Ja, das stimmt. Aber es hat nichts mit den zivilrechtlichen Klagen zu tun. Da haften dann die Eltern für ihre Kinder.«

»Mist.«

»Kann es sein, dass du mir etwas sagen möchtest, Eike?«

»Ich kann meine Kumpels nicht verraten, Mama, ich kann das doch nicht tun!«

»Ach nein«, sagte sie, »ist es dir lieber, wenn deine Eltern die nächsten Jahrzehnte für die Bundesbahn arbeiten gehen?«

Sie lehnte sich mit dem Rücken gegen ihr Auto. Es war typisch, dass dieses Gespräch am Telefon stattfand. Wann hatte sie zum letzten Mal Eike gegenübergesessen und in Ruhe mit ihm geredet?

»Sollen wir vielleicht einen Spaziergang zusammen machen und ein bisschen miteinander schwätzen?«, fragte sie.

»Ich glaub, ich … äh … ich kann nicht, Mama. Ich …«

Eigentlich war es ihr ganz recht. Sie wollte mit ihm nicht in ihrer Wohnung reden. Das zumindest ging Thomas Hagemann nichts an. Sie wollte sein Interesse erst gar nicht auf ihren Sohn lenken.

»Ich hab mir die Sache nochmal durch den Kopf gehen lassen. Wie bist du eigentlich nach Hannover gekommen?«

»Mit dem Zug.«

»Das war ein Donnerstag. Ihr hattet Schule.«

»Ja, bis halb zwei.«

»Und dann bist du mit dem Zug nach Hannover gefahren? Ich hab jetzt den Fahrplan nicht hier, mein Sohn, aber von

Norden nach Hannover bist du gut vier bis viereinhalb Stunden unterwegs.«

»Hm. Na und?«

»Zurück brauchst du nochmal genauso lange. Selbst wenn du alle Anschlusszüge immer sofort bekommen hast, warst du mindestens acht bis neun Stunden unterwegs. Und für den Koffer wirst du ja auch noch ein bisschen Zeit im Bahnhof gebraucht haben.«

»Hm.«

»Das heißt, du bist donnerstagabends um zweiundzwanzig Uhr sechs, wahrscheinlich erst um dreiundzwanzig Uhr sechs, mit dem letzten Zug in Norden angekommen.«

»Hm. Kann schon sein. Weiß nicht mehr so genau.«

Sie hörte, dass er log. Es war die Unsicherheit in seiner Stimme, die ihn verriet.

Er schluckte. Wenn Menschen bewusst die Unwahrheit sagten, trocknete ihr Mund entweder aus, oder sie wurden von Speichel geradezu geflutet.

»Kann schon sein? Und dein Vater hat das nicht gemerkt? Hat er dich dann am Bahnhof abgeholt und mit nach Hage genommen? Oder hattest du dein Fahrrad am Bahnhof stehen?«

»Mama, was soll das?«

»Nichts. Ich frage nur. Es kommt mir merkwürdig vor. Kann es nicht sein, dass du den Koffer überhaupt nicht nach Hannover gebracht hast? Du hast das Foto von deiner nackten Lehrerin gemacht, keine Frage. Vielleicht hast du den Koffer sogar mit deinen Freunden zusammen gepackt. Aber nach Hannover gebracht hat ihn jemand anders. Stimmt's?«

Eike geriet ins Schwitzen. »M… Mama, bitte, hör auf! Du hast ja keine Ahnung, was hier los ist. Die … die machen mich fertig, Mama, wenn ich …«

»Wer macht dich fertig?«

»Mama, die sind älter als ich. Der Marcel ist im Boxverein und …«

»Ach, Marcel heißt der.«

»Die haben gesagt, sie prügeln mir die Seele aus dem Leib, wenn ich sie verrate. Und dir würde sowieso nichts passieren, weil du nämlich Polizistin bist. Und außerdem sei ich strafunmündig und …«

»Du hast den Koffer also nicht in den Bahnhof gebracht?«

Er stöhnte. »Nein, wie denn?«

Endlich war es raus. Ann Kathrin schloss einen Moment die Augen und atmete durch.

»Mach dir keine Sorgen, mein Kleiner. Wir werden das klären. Wir kriegen das miteinander hin. Ich werde dir aber nicht ersparen können, gegen deine Kollegen auszusagen.«

»Das sind nicht meine Kollegen! Der Uwe und der Holger und der Marcel, das sind auch nicht meine Freunde! Die …«

»Sie haben dich eingeschüchtert und machen dir Angst. Ich krieg das doch mit. Wir werden gemeinsam – dein Vater und ich – zu deiner Schule gehen und mit den Lehrern reden. Du wirst eine Aussage machen und die unterschreiben. Und dann kann mit viel Glück dieser Kelch an uns vorübergehen.«

»Mama, die machen mich fertig, wenn ich sie verrate!«

»Ich weiß, dass du jetzt Angst hast, mein Junge. Aber ich fürchte, da musst du durch. Wir werden dich nicht hängen lassen. Ganz bestimmt nicht.«

»Scheiße!«, schimpfte Eike. »Scheiße! Ich wollte gleich nicht ans Telefon gehen, als ich sah, dass du dran warst! Immer bringst du mich in Schwierigkeiten! Immer …«

»Ich bringe dich in Schwierigkeiten?«

Eike wusste nicht mehr weiter. Er hatte sich zu sehr verrannt. Er drückte den roten Knopf, um das Gespräch zu beenden.

Ann Kathrin klappte ihr Handy zusammen. Es gibt immer einen Ausweg, dachte sie. Immer. Man muss ihn nur finden.

Es ärgerte ihn, dass er nicht zurück in seine Wohnung konnte. Natürlich hatte er damit gerechnet, dass sie die Wohnung bald finden würden. Es hatte erstaunlich lange gedauert, fand er. Trotzdem vermisste er jetzt ein paar Sachen. Er hatte vergessen, sich eine Nagelschere einzupacken. Seine Fingernägel waren unerträglich lang geworden. Er mochte es nicht, wenn sie über die Fingerkuppen hinausragten. Lange Fingernägel waren bei Männern ein Zeichen von Unzivilisiertheit. Schwarze Ränder unter den Fingernägeln machten ihn rasend.

Er benutzte den Schleifstein, mit dem er sonst sein finnisches Jagdmesser schärfte, als Nagelfeile. An dem rauen Stein zerrieb er seine Nägel zu feinem Mehl, doch auch die Haut auf den Fingerspitzen schabte er dabei ab.

Susanne Möninghoff saß in der Ecke und sah ihm zu. Er hatte sie nicht vergewaltigt, und langsam glaubte sie auch nicht mehr daran, dass er es tun würde. Er hatte etwas anderes mit ihr vor. Etwas ganz anderes.

Er saß auf dem Boden vor seinem Laptop, während er seine Fingernägel über den Schleifstein sausen ließ. Sie hätte zu gern gewusst, was er dort sah. Es mussten bewegliche Bilder sein, die ihn amüsierten. Manchmal schaltete er um, wie im Fernsehen auf ein anderes Programm. Er schnalzte mit der Zunge und lachte. Sein Aussehen bekam etwas Freundliches.

Sie stellte sich vor, dass auf dem Laptop vielleicht gar nichts zu sehen war, dass alles schwarz war und sich die Dinge nur in seinem Kopf abspielten. Bei dem Gedanken krampfte sich ihr Magen zusammen. Ein berechnender, kühler Täter war ihr lieber als ein verrückter Spinnkopf, der nicht wusste, was er tat.

Jetzt, da er so gutgelaunt vor seinem Computer saß, wagte sie ihn zu fragen: »Was haben Sie mit mir vor?«

Ohne vom Computer aufzusehen, nahm er die Reitgerte, die neben ihm auf dem Boden lag, und schlug nach dem alten, an den Stuhl gefesselten Mann.

»Hörst du, Alter? Sie hat es immer noch nicht kapiert. Sie weiß nicht, worum es hier geht. Sag du es ihr!«

Heinrich Jansen röchelte. Er ist dem Tod näher als dem Leben, dachte Susanne Möninghoff. Sie hoffte für den alten Mann, dass er noch eine Weile durchhalten würde. Er konnte ihr zwar überhaupt nicht helfen, trotzdem fand sie den Gedanken, mit Thomas Hagemann ganz allein zu sein, absolut unerträglich.

Er sprach jetzt liebevoll mit seinem Gefangenen: »Ich weiß, was du sagen willst. Gib dir keine Mühe. Spar deine Kräfte. Ihr fehlt die körperliche Ertüchtigung, stimmt's? Ohne körperliche Ertüchtigung funktioniert gar nichts. Ein gesunder Geist in einem gesunden Körper. Schlaffer Körper, schlaffer Geist.«

Dann wandte er sich an Susanne Möninghoff: »Ich werde dich trainieren. Fang schon mal mit Liegestützen an. Fünfzig vor dem Schlafengehen.«

Er drehte sich zu Heinrich Jansen um. »Oder waren es hundert? Auf jeden Fall müssen es genug sein, dass du keine sündigen Gedanken mehr hast und die Hände oben auf der Bettdecke bleiben. Klar?«

»Wie? Soll ich etwa jetzt ...«

Er beachtete sie gar nicht mehr, sondern rieb sich die Hände vor Freude über etwas, das er auf seinem Laptop sah. Er zitterte geradezu vor Aufregung.

Erst jetzt wurde Susanne Möninghoff wirklich bewusst, dass er sie im Gegensatz zu dem alten Mann nicht gefesselt hatte. Sie saß einfach so in der Ecke. Warum machte sie keinen

Fluchtversuch? Hatte er draußen Selbstschussanlagen? Warteten dort Komplizen? Glaubte er, dass sie so große Angst vor ihm hatte, dass sie nicht versuchen würde, durch einen Fluchtversuch seinen Unmut zu erregen?

Fesseln wären jetzt gut gewesen, dachte sie. Fesseln hätten sie daran gehindert, mit Liegestützen zu beginnen.

Sie blieb einfach ganz ruhig sitzen und hoffte, dass er es vergessen würde. Doch da unterschätzte sie ihn gewaltig. Plötzlich federte er hoch und drosch ohne Vorwarnung mit der Reitgerte auf sie ein. Er brüllte: »Ich hab dir gesagt, du sollst Liegestütze machen! Liegestütze! Liegestütze! Liegestütze! Liegestütze!«

Zweimal klatschte das Leder auf ihren Kopf. Einmal erwischte er sie nah am Auge. Wie oft er ihren Rücken traf, zählte sie nicht.

Sie begann sofort mit ihren Liegestützen, doch er hörte nicht auf, ihren Rücken, ihren Hintern und ihre Beine mit Schlägen zu bearbeiten.

»Zählen!«, forderte er. »Du sollst zählen!«

»Eins … Zwei … Drei … Vier …«

»Lauter!«

Sie war eine sportliche Frau und hatte in ihrem Leben viel Zeit darauf verwendet, fit zu bleiben. Aber wenn sie etwas hasste, dann Liegestütze. Bauch, Beine, Po, das waren ihre Übungen. Liegestütze gehörten für sie zum Männersport. Schon nach dem siebten blieb sie fast am Boden kleben, und nur die Angst trieb ihren Körper wieder hoch. Es war mehr ein Sprung nach oben, als dass es ihr gelang, sich mit der Armmuskulatur hochzudrücken.

Abgehetzt hörte er auf, sie zu schlagen. Er japste nach Luft. Dann wurde er plötzlich versöhnlich. »Die Zeit hier wird dir guttun. Du wirst schon sehen. Du wirst gesund werden und abnehmen.« Er lachte. »Wie in dem Film. Kennst du ihn? Die unheimliche Entführung der Mrs Stone? Die ist ihren Entführern hinterher auch ganz dankbar gewesen, weil sie täglich abnahm während der Zeit, als sie gefangen gehalten wurde, und das hatte sie vorher mit Diäten nie geschafft.«

Susanne Möninghoff kannte den Film mit Bette Midler und keuchte: »Das war eine Komödie! Das war nicht ernst gemeint. Niemand wird gerne entführt. Keiner ist dankbar deswegen.«

Gleichzeitig war sie erleichtert, denn das alles bedeutete doch, dass er nicht vorhatte, sie umzubringen. Er sprach von einem »Danach«. Sie schöpfte Mut, und sosehr ihre Arme auch schmerzten, sie versuchte, sich noch ein paar Liegestütze abzupressen. Dann, nach Nummer fünfzehn, blieb sie mit dem Gesicht auf dem dreckigen Boden liegen. »Ich kann nicht mehr«, hechelte sie. »Ich kann nicht mehr. Bitte. Kann ich nicht was anderes tun?«

Ihr Atem fegte über die staubigen Kacheln wie der ostfriesische Wind über den Deich und trieb eine Wolke aus Haaren, Federn, Spinnweben und Staub vor sich her.

»Der letzte zählte nicht. Der war nicht richtig. Du musst nochmal bei vierzehn anfangen!«, quengelte er wie ein enttäuschtes Kind, das ein anderes beim Schummeln erwischt hat.

Er sah zu Heinrich Jansen. »Stimmt doch, oder? Solche halben darf man nicht gelten lassen. Wenn das erst einreißt, dann wird alles so lau und wischiwaschi.«

Er streichelte über ihren kahlrasierten Schädel. »Siehst du – so bist du. Der Geist ist schwach und der Körper auch. Vielleicht mach ich uns erst mal was zu essen. Gibt es etwas, das du nicht magst?«

Entweder war sie naiv und geschwächt genug, um die Teufelei, die sich hinter seiner Frage verbarg, nicht zu verstehen, oder warum sonst sie antwortete: »Ja. Ich kann Rosenkohl nicht ausstehen.«

»Oh«, lächelte er zufrieden, »dann haben wir ja Glück. Ich habe genug Rosenkohl da. Der kluge Mann sorgt vor.«

Ann Kathrin Klaasen schloss die Tür zu ihrem Haus im Distelkamp 13 auf. Sie wusste, dass sie ab jetzt beobachtet wurde, und sie hatte vor, sich so zwanglos wie nur irgend möglich zu benehmen.

Wenn er weiß, dachte sie, dass wir seine Wohnung gefunden haben, dann weiß er auch, dass wir im Besitz seiner Computer und CDs sind. Mit ein bisschen Kombinationsgabe müsste er folgern, dass wir die Filmchen gesehen haben. Oder denkt er, dass seine blödsinnigen Versuche, die Festplatte mit einem Passwort zu verschlüsseln, von uns nicht geknackt werden könnten? Wie irr ist er? Macht er so große Denkfehler? – Nein, er versteht eine Menge von Computern, und er kann sich denken, dass auch wir nicht auf den Kopf gefallen sind. Er weiß bestimmt, dass ich seinen Trojaner gekillt habe. Gehört es vielleicht sogar mit zu seinem Plan, dass ich die Aufnahmen sehe? Wenn ich jetzt seine Kameras nicht abbaue, was wird er daraus folgern? Er kann eigentlich nur glauben, dass wir seine Filme noch nicht gefunden haben. Vielleicht bestätigt ihn das in seinem Allmachtswahn, alles unter Kontrolle zu haben. Aber wie lange wird er das glauben? Sonst weiß er, dass wir eigentlich nur darauf warten, dass er zurückkommt. Er wird aber nicht so einfach wiederkommen. So blöd ist er nicht. Charlie hat das vielleicht geglaubt. Aber Charlie ist eben ein besserer Techniker und ein weniger guter Kriminalist. Er, der so viel von logischem Denken spricht und für den die Welt eigentlich nur aus Plus und Minus besteht, hat manchmal wenig Feingespür, und längst nicht immer erkennt er die logischen Schlüsse.

Sie hatte etwas ganz anderes vor. Es gibt nur eine Möglichkeit, dachte sie. Es geht um mich. Und ich muss es auch zu Ende bringen.

Sie bewegte sich zunächst ganz normal in ihren eigenen vier Wänden. Sie ging nicht gerade zur Toilette und hatte auch wenig Lust zu duschen. Doch sie zog ihre nassen Turnschuhe aus und wechselte die Socken.

Sie konnte spüren, dass er sie beobachtete. Jetzt, da sie auf keinen Fall zu den Webcams hinsehen durfte, jetzt entdeckte sie sie alle. In jedem Zimmer. Sie wusste sogar, dass im Schlafzimmer oben in dem Koffer eine war. Wo denn sonst?

Sie überlegte, wo sie ihre Botschaft loswerden sollte. Im Schlafzimmer oder im Wohnzimmer? Im Bad auf keinen Fall.

In gewisser Weise genoss Ann Kathrin den Moment, bevor es losging. Sie würde ihn gleich konfrontieren. Sie hatte das Meer gespürt, die Sonne, den Wind. Sie war satt. Und sie wollte endlich die Handlungsführung über diese Situation zurückbekommen.

Noch denkst du, dass du das Spiel völlig in der Hand hast und alles nach deinen Regeln abläuft. Aber ich bin dir längst einen Schritt voraus. Ich weiß, dass du mich jetzt siehst. Und gleich werde ich dich ansprechen. Das wird dich verblüffen.

Bei dem Gedanken empfand sie eine innere Anspannung, aber durchaus auch einen Triumph.

Soll ich ihn duzen oder soll ich ihn siezen, fragte sie sich. Als Kommissarin siezte sie jeden Verdächtigen. Dieses permanente Du gefiel ihr überhaupt nicht. Sie lehnte es bei ihren Kollegen völlig ab. »Du« ist immer schon eine Grenzüberschreitung, dachte sie. Trotzdem sprach einiges dafür, ihn zu duzen. Er benahm sich wie ein Mitglied ihrer Familie. Lebte mit seinen Augen in ihrem Haus.

Hero war auch einfach ins Bad gekommen, obwohl er wusste, dass sie es besetzt hatte. Irgendwann hatte sie begonnen, das Bad abzuschließen. Er fand das lächerlich. Einmal hatte er fest gegen die Tür geklopft: »Lass mich doch rein!«

»Ich sitze auf der Toilette«, hatte sie gerufen. »Wir haben oben noch ein Bad!«

»Stell dich nicht so an«, hatte er geantwortet. »Ich will doch nur meinen Rasierapparat holen. Der ist hier bei dir!«

Wenn sie Thomas Hagemann duzte, erkannte sie damit die Nähe an, die er zu ihr suchte. Aber vielleicht erhöhte sie auch ihren Einfluss auf ihn.

Sie rief sich die Sätze ins Gedächtnis zurück, die er für sie an die Wand gesprüht hatte: *Das war gut, Frau Kommissarin Klaasen! Aber noch nicht gut genug. Sie haben den Ort des Verbrechens gefunden.* Und sie entschied sich endgültig, ihn zu siezen.

Sie setzte sich aufrecht im Bett hin und sah hoch zum Koffer. Dann sprach sie laut und deutlich: »Ich weiß nicht, warum Sie das tun, Herr Hagemann. Vielleicht habe ich Ihnen einmal etwas Böses getan. Einen Schaden zugefügt. Sie beleidigt. Das täte mir leid. Ich selbst kann mich nicht daran erinnern. Sie haben mir die tote Frau Orthner vor die Tür gelegt. Sie haben meine Alarmanlagen und Videokameras unter Ihre Kontrolle bekommen. Sie beobachten mich in meinem Haus. Sie haben sogar im Badezimmer eine Webcam installiert. Und jetzt haben Sie die Geliebte meines Mannes Hero entführt. Ich spreche von Susanne Möninghoff. Ich weiß nicht, was ich Ihnen angetan habe. Aber ich finde, das geht nur Sie und mich etwas an. Bitte lassen Sie Frau Möninghoff gehen. Sie hat nichts damit zu tun. Ich bin bereit, Sie an jedem Ort der Welt zu treffen. Wo immer Sie wünschen, werde ich hinkommen. Ich werde unbewaffnet sein, und Sie können mich an ihrer Stelle nehmen. Sie können mich anrufen. Meine Telefonnummer kennen Sie ja. Oder … ich gehe hoch an meinen Computer. Ich werde ihn jetzt einschalten. Da Sie in all meine Systeme hineingehackt sind, nehme ich an, dass Sie auch meine E-Mail-Adresse haben.«

Sie lachte. »Sollten Sie sie vergessen haben: annkathrinklaasen@gmx.de.«

Dann stand sie auf und verließ mit aufrechtem Gang ihr Schlafzimmer.

Sie hatte ihr Handy bei sich und das normale Telefon. Damit ging sie nun die Holztreppen hoch in ihr Arbeitszimmer. Sie verspürte ein bisschen Wehmut, als sie an dem Raum vorbeiging, der inzwischen nur noch dem Mörder ihres Vaters gewidmet war. Als müsse sie sich bei ihrem Vater entschuldigen, sagte sie: »Dafür werde ich auch bald wieder Zeit haben, Daddy. Und glaub mir, ich krieg ihn, genauso wie ich diesen verrückten Hagemann kriegen werde.«

Dann setzte sie sich an ihren Computer und öffnete ihr E-Mail-Postfach.

Hier unten roch es nach Moder. Verwesung. Unrat. Fäkalien. Und jetzt mischte sich in all das auch noch der für Susanne Möninghoff ekelerregende Duft von Rosenkohl, der langsam heiß wurde.

Sie sah Thomas Hagemann nicht. Er war im Nebenraum. Seinen Laptop hatte er mitgenommen. Sie hörte eine weibliche Stimme aus dem Nebenraum, und sie war sich sicher, das war Ann Kathrin Klaasen. War sie hier? In diesem Gebäude?

Für Susanne Möninghoff verging eine Ewigkeit. In Wirklichkeit waren es nur wenige Minuten. Dann kam Thomas Hagemann zurück. Er tänzelte. Er sah fröhlich aus. Ausgelassen.

In einer Pfanne hatte er den Rosenkohl erhitzt. Er hielt seine Nase darüber und sog den Duft ein. »Mmmmhmm«, sagte er. »Das wird dir guttun.«

Dann stellte er die Pfanne vor sie hin auf den Boden. »Iss«, sagte er. »Beeil dich. Bevor alles kalt wird.«

»Ich … ich kann das nicht essen.«

»Ist es so schlimm?«

Sie nickte. »Ja. Meine Oma hat mich gezwungen, Rosenkohl zu essen, als ich vierzehn Tage bei ihr zu Besuch war, ganz ohne meine Eltern. Ich hab gebrochen, und dann musste ich trotzdem weiteressen. Meine Oma hatte überhaupt kein Verständnis. Es war …«

»Deine Oma war eine kluge Frau«, sagte er. »Sie wusste, dass es nur schlimm ist, wenn man nichts mehr zu essen bekommt.«

Susanne Möninghoff wusste nicht ein noch aus. Sie zeigte auf Heinrich Jansen. »Was ist mit ihm? Er stirbt. Du lässt ihn verhungern. Gib ihm was davon. Er mag es bestimmt. Und er braucht auch Wasser.«

Thomas Hagemann schüttelte den Kopf. »Nein. Er will keinen Rosenkohl. Er muss lernen, Maden zu essen.«

»Maden?«

»Ja. Bei uns waren oft Maden im Essen. Er sagte, dem Körper ist es egal, woher das Eiweiß kommt. Was für die Maden gut ist, ist für euch auch gut genug. Aber ich glaube, er selber hat immer was anderes gegessen. Es ist wichtig, dass man durch den Ekel geht, verstehst du? Man muss sich überwinden. All diese Grenzen sind in Wirklichkeit gar nicht da.«

Er begann vor ihr herumzutanzen und Grimassen zu ziehen. »Oh, das mag ich nicht!«, quiekte er. »Nein! Das ist mir zu süß, das zu sauer, das zu salzig! – Alles nur Quatsch. Der Mensch braucht Nahrung. Sonst nichts. Es sind Kalorien. Vitamine. Spurenelemente.«

Er griff mit den Fingern in die Pfanne, nahm ein Kohlröschen heraus und drückte ihr das Ding gegen die Lippen. Sie presste die Lippen fest aufeinander.

»Es hat doch keinen Sinn«, sagte er. »Du musst sowieso alles aufessen. Mich hat er gezwungen, mein Erbrochenes zu essen.

Und weißt du was? Das war gut für mich. Da hab ich gelernt, dass es gar nichts gibt, was nicht schmeckt. Alles schmeckt … besser als deine eigene Kotze.«

Sie spürte den Schwindel kommen wie eine Gnade. Gleich werde ich ohnmächtig, dachte sie. Endlich ohnmächtig.

Dann öffnete sie den Mund und spürte, wie er den Rosenkohl zwischen ihre Lippen schob.

»Schön kauen«, sagte er. »Und dann schlucken. Sei ein braves Mädchen. Dein Stolz, dein Ego werden sich auflösen. Deine Erziehung hat gerade erst begonnen.«

Er lächelte zufrieden und nahm die nächste Rosenkohlknospe in die Finger.

»Eins für Hero«, sagte er. »Eins für Eike. Eins für Ann Kathrin.«

Sie wunderte sich, dass sie alles schlucken konnte. So schlecht schmeckte Rosenkohl gar nicht, fand sie plötzlich. Er roch immer noch widerlich. Aber im Mund war es dann gar nicht mehr so schlimm.

Als die Pfanne leer war, hob er sie hoch und lachte: »Na siehst du. Geht doch! Und du wirst staunen: Es wird immer, immer besser werden.«

Dann verließ er sie, um eine E-Mail zu schreiben.

Wenn es nur eine blöde Falle ist, dachte er, dann werdet ihr staunen. Meine IP-Nummer nutzt euch überhaupt nichts. So einfach kriegt ihr mich nicht.

Ann Kathrins Schutzprogramm gegen Viren und Spams sortierte die E-Mail sofort aus und leitete sie direkt in den Spam-Ordner weiter. Damit hatte Ann Kathrin im Grunde schon gerechnet. Sie fischte die Nachricht aus den vielen Angeboten für Viagra, Penisverlängerungen und Sexsklaven heraus.

Der Absender lautete Jansen & Co. Im Betreff stand: Erziehung unserer gemeinsamen Freundin Susanne.

Die E-Mail hatte eine Anlage. Zunächst las Ann Kathrin den Text. Ihr Herz raste so sehr, dass ihr fast schwindlig dabei wurde.

Von: **Jansen & Co**
An: **annkathrinklaasen@gmx.de**
Betreff: **Erziehung unserer gemeinsamen Freundin Susanne**

Liebe Kommissarin Klaasen,
Sie irren sich vollkommen. Sie haben mir nichts »Böses getan«. Auch haben Sie mir keinen »Schaden zugefügt« oder mich »beleidigt«.

Ich wundere mich, dass Sie so falschliegen können.

Vielleicht habe ich mich einfach in Ihnen getäuscht. Ich dachte, Sie könnten sich so sehr in einen Täter hineinversetzen, dass Sie die Welt mit seinen Augen sehen würden. Ich hatte gehofft, Sie würden wirklich so viel von den Abgründen der menschlichen Seele verstehen.

Sie haben von sich selbst gesagt, Sie versuchen zu denken und zu fühlen wie der Täter, um ihn nachvollziehen zu können.

Ann Kathrin wurde heiß. Es war, als würden kleine Fischchen im warmen Blutfluss ihrer Adern schwimmen und sich mit zuckenden Schwanzbewegungen vorwärtspeitschen. Eine Schweißperle rann zwischen ihren Brüsten herunter wie eine Schnecke, die sich in ihrem T-Shirt verkriechen wollte. Zwischen ihren Schulterblättern war sie klatschnass.

Sie haben sich nicht gerade als »einfühlsame Kriminalistin erwiesen, die die Seele eines Täters in den Mittelpunkt ihrer Ermittlungen stellt, weil die Suche nach dem Motiv das Entscheidende ist«.

Ich will Sie nicht im Austausch gegen Susanne Möninghoff. Ich habe die miese Schlampe nur in mein Erziehungslager aufgenommen, damit sie Ihnen nicht länger zur Last fällt. Ich wollte, dass Sie endlich wieder zu Ihrer alten Hochform auflaufen. Sie müssen sich um Ihren Mann jetzt keine Sorgen mehr machen. Wenn er sein Betthäschen zurückbekommt, wird sie ihn nicht mehr mit ihrem verfluchten Sex verrückt machen … Wenn sie zurückkommt, wird sie rein sein.

Ann Kathrins Blutdruck stieg zunächst auf 190 zu 110 und fiel dann auf 100 zu 60. Der Bildschirm begann vor ihren Augen zu trudeln. Sie wusste, dass sie ohnmächtig werden würde, und versuchte, ihren Fall so sanft wie möglich abzufedern. Sie glitt im Sessel immer weiter nach unten und hielt sich an der Schreibtischkante fest. So wurde es kein Sturz, sondern fast ein Hinsetzen.

Sie lag mit dem Kopf neben dem Papierkorb und versuchte, ihre Füße irgendwie hoch zu legen.

Manchmal kippten Leute beim Verhör um. So ähnlich mussten sie sich fühlen, dachte Ann Kathrin, wenn es nur Worte, Informationen und Gedanken waren, die die Menschen zusammenbrechen ließen. Sie hob dann jedes Mal die Füße der Leute hoch, und meist dauerte es nur ein paar Sekunden, und schon ging es ihnen besser. Es war eine Art Blutleere im Gehirn, und mit den hochgebetteten Beinen hatte das Blut es leichter, zurück in den Kopf zu laufen. So simpel stellte sie es sich vor, und vermutlich war es auch so, denn sie selbst fühlte sich gleich besser, als es ihr gelang, die Waden hoch auf den Bürostuhl zu schieben.

Sie wusste, dass es ganz still im Zimmer war, trotzdem hörte sie ein lautes Brummen, als ob es direkt neben ihrem Kopf wäre oder sogar unter ihrer Schädeldecke. Ihr Hals war ausgedörrt. Sie konnte auf dem Boden neben dem Schreibtisch eine halb volle Flasche St. Ansgari Sprudelwasser stehen sehen, aber die war jetzt unerreichbar weit weg.

Ann Kathrin wusste, woher der Täter seine Informationen hatte. Sie kannte diese Wortwahl. Solche Sätze hatte nur einer über sie geschrieben: Holger Bloem vom *Ostfriesischen Kurier*.

Während sie dalag und mit der Ohnmacht kämpfte, erinnerte sie sich an seinen Besuch. Eine Weile hatte es so ausgesehen, als ob jemand die Speerspitze der Behindertenarbeit in Ostfriesland umbringen wollte. Es hatte vier Tote gegeben. Nachdem es ihr gelungen war, den Fall aufzuklären, atmete ganz Ostfriesland auf.

Sie war noch sehr aufgeregt und nervös gewesen, doch Holger Bloem hatte sein Interview bekommen. Er wollte ein Porträt machen, und sie wusste, als sie ihn zum ersten Mal sah, er würde sie nicht hereinlegen. Er war eine ehrliche Haut. Er hatte kein Interesse daran, sie vorzuführen oder ihr zu schaden. Er wollte den Leuten in Ostfriesland etwas von ihrer Arbeit erzählen, davon, dass eine, die unter ihnen lebte, sich mit so schrecklichen Dingen beschäftigte und doch eine ganz normale Frau geblieben war, die im gleichen Supermarkt einkaufen ging wie alle anderen auch.

In ihrem Wohnzimmer hatte er sich alles erzählen lassen, dabei ein paar Kekse gegessen, und schließlich hatte es dieses Porträt gegeben.

Hagemann hatte den Artikel gelesen, das war klar. Das Porträt war am 3. Mai erschienen. Damals waren Erwin Rottländer, Edeltraut Stahlmüller und Karl Fink schon tot. Er hatte noch nicht begonnen, in Ostfriesland Blut zu vergießen.

Ann Kathrin atmete tief. Das laute Brummen ließ nach. Sie krabbelte auf allen vieren zur Mineralwasserflasche und nahm einen großen Schluck. Dann zog sie sich langsam am Schreibtisch hoch und setzte sich in den Bürosessel zurück.

Sie sah die Welt noch ein bisschen verschwommen. Die

Buchstaben auf dem Bildschirm tanzten vor ihren Augen, als hätten sie ein Eigenleben. Doch je tiefer sie atmete, umso mehr Ordnung kam in die Zeilen.

Sie walkte sich das Gesicht durch und las weiter.

Ich habe Sie auserkoren, weil ich dachte, Sie würden verstehen, Frau Klaasen.

Während Ann Kathrin Klaasen weiterlas und gegen das Schwindelgefühl ankämpfte, jagten die Gedanken durch ihren Kopf.

Er will von mir verstanden werden. Er hat mir die Leiche vor die Tür gelegt, weil er sicher sein wollte, dass ich den Fall übernehme und nicht irgendjemand anders. Wahrscheinlich beobachtet er mich schon seit Mai. Er hat also meine ganze Krise mitgekriegt.

Wenn Sie mich nicht kriegen, werden Sie den Mörder Ihres Vaters auch nie fangen.

Er wusste also auch das.

Ann Kathrin spürte, dass er sie beobachtete. Wahrscheinlich weidete er sich daran, dass seine E-Mail ihr so einen Schock versetzt hatte.

Sie nahm noch einen großen Schluck St. Ansgari, dann drehte sie sich zu der Webcam in ihrem Buchregal um.

»Ich weiß, dass Sie mich sehen. Es geht mir nicht besonders gut. Als ich Ihre Worte gelesen habe, ist mir schlecht geworden. Sie fühlen sich unverstanden. Aber es ist schwer, einen Menschen zu verstehen, wenn man nicht wirklich mit ihm reden kann. Ich bekomme nur die Ergebnisse Ihres Hasses. Sie legen eine Leiche nach der anderen in meinen Weg. Wenn ich Sie wirklich verstehen soll, muss ich mit Ihnen reden. Ich treffe Sie, wo immer Sie wollen. Aber vorher lassen Sie Susanne Möninghoff frei.«

Ann Kathrin hörte ihre eigenen Worte und wusste, dass sie damit nicht nur viel riskierte, sondern auch noch Heinrich Jansen aufgegeben hatte. Vielleicht lebte der aber noch. Sie gestand sich selber ein, dass dieser Mann sie nicht sonderlich interessierte. Sie bot sich Thomas Hagemann nicht an, um irgendein Menschenleben zu retten. Zunächst einmal wollte sie einfach ihr Privatleben zurück. Sie wollte ihn überführen, damit sie endlich wieder ein normales Leben führen konnte, sofern es so etwas für sie überhaupt noch gab.

»Ich weiß, dass man Ihnen schreckliches Leid zugefügt hat«, sagte sie. »Ich habe die Bücher über Schwarze Pädagogik gefunden. So darf man mit Menschen nicht umgehen. So dressiert man Tiere. Und selbst das ist nicht in Ordnung. Aber wenn Sie weitermorden, werden Sie die Wunden Ihrer Seele nicht heilen.«

Plötzlich war es für sie, als ob sie ihn in ihrer Nähe fühlen konnte. O ja. Sie begann ihn immer mehr zu verstehen.

»Sie wollen, dass das Unrecht, das man Ihnen angetan hat, aufgeklärt wird. Das kann ich gut verstehen. Ich möchte auch, dass das Unrecht, das meinem Vater widerfahren ist, aufgeklärt wird. Auch ich kann nicht ertragen, dass der Täter frei herumläuft. Aber ich habe kein Recht, ihn umzubringen. Ich will herausfinden, wer es war, um ihn dann verhaften und den Behörden übergeben zu können. Wäre es nicht besser, man würde Heinrich Jansen und seinen schlimmen Erziehungsmethoden den Prozess machen, als dass Sie ihn einfach verhungern lassen wie die anderen? Ich nehme an, dass Sie auch viel hungern mussten in Ihrer Kindheit. Bestimmt hat er Hunger als Mittel seiner Erziehung eingesetzt. So wie Schläge, Demütigungen, stundenlanges Stillstehen.«

Ann Kathrin sah zu dem Buchregal, als würde sie in ein Gesicht schauen.

Ich habe einen Weg gefunden, mit ihm zu reden, dachte sie. Er sucht diese Möglichkeit im Grunde die ganze Zeit. Und jetzt hat er mir zum ersten Mal geantwortet.

Sie öffnete den Anhang, den er ihr geschickt hatte, und sogleich schoss ihr Blutdruck wieder bedenklich hoch. Zunächst erkannte sie die Frau auf dem Foto überhaupt nicht. Sie hatte einen kahlrasierten Kopf mit vielen Narben und riss die Augen angstvoll auf. Sie sah aus wie ein Mensch, der in den Abgrund der Hölle blickt. Die Gesichtszüge hatten alles Weibliche verloren. Sie hätten genauso gut einem gequälten Mann gehören können.

Ann Kathrin begriff, was er ihr damit sagen wollte: Selbst die Geschlechtsidentität löste sich unter Angst und Folter auf.

Wusste auch er nicht, ob er Mann oder Frau war? Ob er Männer liebte oder Frauen? Hatte er überhaupt je geliebt? War er zu so etwas noch fähig? Oder hatten sie es aus ihm herausgeprügelt?

Die Kommissarin in ihr wusste, dass sie dieses Bild weiterleiten musste an ihre Dienststelle. Aber was dann? Es konnte unmöglich als Fahndungsfoto veröffentlicht werden. Die Kollegen würden sofort wieder in ihrer Wohnung erscheinen, sinnloserweise versuchen, die E-Mail-Verbindung zurückzuverfolgen, und damit wäre der Kontakt zu Thomas Hagemann abgebrochen.

Nein, sie musste dranbleiben. Solange sie Kontakt zu ihm hatte, bestand eine Chance.

»Ich wiederhole mein Angebot«, sagte sie. »Ich komme, wohin immer Sie wollen. Ich werde unbewaffnet sein. Und wir können miteinander reden. Manchmal hilft es schon, wenn jemand zuhört.«

Ann Kathrin ging in ihrem Arbeitszimmer auf und ab. Drei

Schritte, Kehrtwendung, drei Schritte. Nach jedem zweiten Schritt einen Blick auf den Computer. Aber es kam keine neue E-Mail.

Eine Schlechtwetterfront näherte sich von Westen. Noch hatte der Wind erst 120 Stundenkilometer, doch es gab eine Sturmflutwarnung für die Nacht.

Ann Kathrin Klaasen sah vom Fenster ihres Arbeitszimmers aus die schwarzen Wolken über der Nordsee. Dann entdeckte sie noch etwas. Da lag etwas Dunkles im Garten. Es waren Dachpfannen.

Wenn hier an der Küste nur eine Dachpfanne nicht ganz richtig saß, dann deckte der Wind schnell das ganze Dach ab. Sie erinnerte sich an Peter und Rita Grendel. Sie hatten sie zum Grillen eingeladen. Dazu hatte sie noch keine Zeit gefunden. Doch sie brauchte Peters Hilfe, und zwar rasch.

Sie hatte seine Visitenkarte mit einem Pin an ihr schwarzes Brett geheftet. *Eine Kelle für alle Fälle.*

Sie rief ihn an. »Peter, bei mir liegen Dachpfannen im Garten.«

»Das ist kein so gutes Zeichen«, lachte er. »Am besten, ich komme sofort. Wir müssen zumindest provisorisch was machen. Es soll ganz schön stürmisch werden heute Nacht.«

Sie nickte. Er wartete auf eine Antwort. Dann wurde ihr bewusst, dass sie sich inzwischen daran gewöhnt hatte, mit jemandem zu sprechen, der sie auch sah. Aber Peter Grendel sah sie natürlich nicht.

Sie lächelte über sich selbst und sagte: »Danke, Peter. Ich wusste, dass ich mich auf dich verlassen kann.«

Ann Kathrin ging ins Badezimmer und klatschte sich ein bisschen Wasser ins Gesicht. Peter musste nicht merken, was hier gerade los war. Sie konnte sich und das Haus nicht völlig vernachlässigen und sich nur noch um diesen Fall kümmern.

Das war es, was Hero ihr immer vorgeworfen hatte: »Außer für deine Täter interessierst du dich für gar nichts.«

Jetzt ging es ihm wahrscheinlich nicht viel anders als ihr. Auch er konnte an gar nichts anderes denken, denn es ging schließlich um seine Susanne.

Thomas Hagemann fesselte und knebelte Susanne Möninghoff. Er verschnürte sie wie ein Paket und zurrte sie immer fester zusammen. Sogar dem leblos an den Stuhl gefesselten Heinrich Jansen klebte er den Mund wieder zu und auch die Augen.

»Ich muss euch eine Weile alleine lassen«, sagte er. »Ich habe etwas zu tun. Ich hoffe, ihr habt keine Angst vor dem Gewitter. Ich glaube, es wird heute Nacht ziemlich rumsen.«

Von irgendwo zog es. Draußen frischte es auf. Der Wind blies durch jede noch so kleine Ritze herein und löschte zwei der drei Kerzen auf dem Tisch. Thomas Hagemann ging zu dem Leuchter und hielt seine offene Handfläche über das letzte flackernde Kerzenlicht. Er löschte das Licht langsam, genüsslich, so als ob seine Hand das Feuer streicheln würde. So erstickte er die Flamme. Es roch nach verbranntem Fleisch. Schmerzen schien er gar nicht zu kennen.

Er hatte Susanne Möninghoff die Augen nicht zugeklebt. Stolz zeigte er ihr jetzt die Innenfläche seiner Hand. Darin war ein schwarzer Fleck. Durch die offene Tür fiel genügend Licht herein, dass sie noch alles erkennen konnte.

»Siehst du«, sagte er ruhig, »man kann lernen. Schmerzen zu ertragen. Weißt du«, grinste er, »ich hab mir nachts immer selber Schmerzen zugefügt. Damit er mich nicht so fertigmachen konnte. Er staunte dann immer, wenn ich in der Lage war, so viel auszuhalten. Ich dachte immer, wenn ich den Schmerz nicht spüre, dann ist seine Macht über mich nicht so groß. Ich kann alles essen, weißt du. Ich esse Sachen, davon würde dir jetzt noch schlecht werden. Mäuse. Vergammeltes Fleisch. Und …«, er lachte, »einmal habe ich, als ich im Hungerloch saß, einen lebenden Frosch gegessen. Der hat in meinem Mund hin und her gestrampelt. Ich hab ihn mit den Zähnen geknackt wie Popcorn. – Du weißt gar nicht, was ein Hungerloch ist, hm? Du weißt so vieles noch nicht. Ins Hungerloch kamen wir, wenn andere Erziehungsmaßnahmen nicht mehr halfen. Wenn einem die Schmerzen nichts mehr ausmachten. Man konnte nicht aufrecht stehen darin, weiß du, man saß auf der bloßen Erde. Sie legten ein Brett oben drauf, und fertig. Ich bin immer mit dem Kopf bis ans Brett gestoßen. Am Tag war es brüllend heiß da drin und stickig, und nachts fror man sich den Arsch ab. Es kam kein Licht rein und … Am schönsten war es, wenn der Regen darauf trommelte, dann hörten sie dich nicht, wenn du nachts geschrien hast. – Ich hab alles gegessen, was ich in meinem Loch zu fassen bekam. Käfer. Würmer. Und einmal hatte ich Glück, da hüpfte ein Frosch rein. So habe ich durchgehalten. Dem Körper ist es egal, woher das Eiweiß kommt. Das ist alles einfach nur Nahrung. Energie.«

Obwohl Susanne Möninghoff so festgeschnürt war, wollte sie sich bewegen. Ihm etwas sagen. Ihr Körper zitterte.

Er wandte sich ab. »Ich hab keine Zeit mehr. Ich muss …«

Mach nicht die Tür zu, dachte sie. Mach um Himmels willen nicht die Tür zu. Es soll nicht dunkel werden. Nicht dunkel werden!

Doch dann geschah auch das.

Der Fährverkehr nach Juist und Norderney war bereits eingestellt worden. Sämtliche Strandkörbe wurden hereingeholt. Die Ostfriesen waren Sturmfluten gewöhnt. Die meisten kamen im Herbst und im Winter, aber auch im Sommer konnte so etwas schon mal geschehen. Sie trafen ihre Sicherheitsvorkehrungen und trugen alles mit Gelassenheit.

Es war noch hell draußen, aber die Sonne stand schon tief. Er hatte seinen Wagen versteckt. Er konnte ihn nicht mehr benutzen, aber es war ja nicht weit zu Ann Kathrin Klaasen. Schon radelte er den Flökeshäuser Weg entlang ins Körnerviertel. Über ihm änderte sich der ostfriesische Himmel, aber er hatte keine Augen für das Naturschauspiel über sich.

Ihn trieb ein anderer Gedanke. Du willst mit mir sprechen? Du musst nicht an irgendeinen Ort der Welt kommen, Ann. Ich komme zu dir. Ich bin doch die ganze Zeit schon in deiner Nähe.

Wenn er mit sich allein war und an sie dachte, nannte er sie in letzter Zeit zärtlich Ann. Niemals hätte er sich ihr gegenüber so eine Unverschämtheit einfallen lassen. Das tat er nur in seinen Gedanken.

Glaub ja nicht, dass ich in deine Falle tappe. Du sitzt in meiner! Von wegen, du lässt dich gegen Susanne Möninghoff austauschen. Du willst doch nur wissen, wo sie ist, um mich dann zu packen. Selbst wenn ihr mich jetzt hier auf dem Rad erwischen würdet, ihr müsstet mich wieder freilassen. Er lachte. Schließlich ist sie in meiner Gewalt. Ich habe alles voll im Griff und total unter Kontrolle.

Jetzt war niemand mehr draußen. Der Wind heulte und riss im Roggenweg einen Blumenkübel von der Fensterbank. Die Geranien krachten auf den Boden.

Er versteckte sein Rad hinter der Hecke. Eigentlich wollte er die Dunkelheit abwarten und sich erst dann ins Haus begeben. Doch es war so ungemütlich und stürmisch. Außerdem drängte es ihn danach, ihr endlich gegenüberzustehen.

Er hatte alles mitgebracht. Teppichklebeband. Sein Messer. Die Reitgerte.

Er stellte sich vor, wie er sie an einem Stuhl fixierte, damit sie endlich Zeit hatte, ihm in Ruhe zuzuhören. Dann würde er ihr seine Geschichte erzählen. Eine Geschichte voller Unrecht und ohne jede ausgleichende Gerechtigkeit. Eine Geschichte, in der die Polizei das Opfer zu den Tätern zurückgebracht hatte, statt ihm zu helfen. Eine Geschichte ohne Happy End.

Dann kam ein Mann auf den Distelkamp 13 zu.

Was will der hier, dachte Thomas Hagemann. Er taxierte den Mann genau. Er war groß und er war stark. Der würde nicht einfach weglaufen und er hatte vermutlich einen ganz schönen Bums in der Faust.

Er klingelte bei Ann Kathrin Klaasen: »Es wird Zeit, Ann Kathrin«, sagte er. »Der Wind pfeift schon ganz schön um die Dächer. Hoch kann ich nicht mehr.«

Was will der? Wer ist das?

Erst ging er ins Haus, dann kam er hinten zur Terrassentür wieder heraus und ging in den Garten.

Thomas Hagemann versteckte sich hinter der große Tanne. Dann schlug er sich in die Hecke und versuchte, aufs Nachbargrundstück zu kommen.

So ein Mist! Will die mich reinlegen? Ist das ein Bulle?

Peter Grendel sah sich die Dachpfannen im Garten an. Er hielt den Zeigefinger demonstrativ in die Luft und lachte: »Wenn wir jetzt nichts daran ändern, hast du morgen früh kein Dach mehr. Es ist zum Glück an der Dachrinne. Ich muss nicht ganz rauf aufs Dach. Komm, das kann ich noch riskieren. Halt mir die Leiter.«

Er holte die Leiter aus der Garage und vier Reservedachpfannen. Hier gab es von allen im Haus verwendeten Fliesen noch eine Packung und natürlich auch genügend Dachpfannen für solche Fälle.

Schon war er oben bei dem Loch im Dach. Er besserte die Stelle aus, doch etwas gefiel ihm nicht. Als er wieder von der Leiter herunterkam und Ann Kathrin sich überschwänglich bei ihm bedankte, fragte er: »Darf ich mal auf deinen Dachboden?«

»Wieso? Stimmt da was nicht?«

»Ich will mir mal was anschauen.«

Peter Grendel ging die Holztreppe hoch, öffnete die Luke und zog die Leiter heraus. Dann stieg er hoch.

»Was ist?«, rief Ann Kathrin von unten.

»Komm mal hoch«, sagte er. »Das musst du dir angucken.«

Sie stieg zu ihm hoch. Hier oben konnten sie nicht ganz aufrecht stehen.

»Weißt du, wonach das aussieht?«, fragte er.

Sie wusste es augenblicklich.

»Habt ihr hier einen Untermieter?«, fragte Peter Grendel in seiner humorvollen Art. »Es sieht ganz so aus, als ob jemand durchs Dach ein- oder ausgestiegen wäre. Das ergibt doch keinen Sinn. Man kann einfach eine Scheibe einhauen, und schon ist man in einem Haus drin. Man kann eine Tür aufhebeln. Das alles ist doch überhaupt kein Problem. Deine Schlösser hier sind doch eh nur ein Witz. Wieso klettert einer auf dein Dach, räumt ein paar Dachpfannen weg, schneidet sich dann durch die Abdichtungen und …«

»Keine Ahnung«, sagte Ann Kathrin. »Aber irgendwer hat's getan.«

Peter Grendel schüttelte den Kopf. »Das ist doch auch eine Schweinearbeit. Danach muss er das Dach wieder ordnungsgemäß verschließen.«

Er sah sich die Stelle genau an und nickte anerkennend: »Das war ein Fachmann.«

»Anscheinend«, sagte Ann Kathrin, »hat er das beim letzten Mal nicht ganz so gut gemacht. Und deswegen hat jetzt der Wind ein paar Pfannen hochgehoben.«

Peter Grendel berührte die herunterhängende Folie und stopfte ein bisschen von der Glaswolle zurück. »Ja, da hat er Pfusch gemacht. Das sieht ja wohl jeder. Aber vom Fach war er trotzdem. Nur ein bisschen eilig.«

Als hätte das Ganze seine Handwerkerehre beleidigt, schlug er jetzt vor: »Also, ich würde hier oben eine Mausefalle aufstellen. Am besten so eine große«, sagte er und deutete mit den Armen eine menschengroße Falle an.

Peter Grendel bückte sich und kontrollierte das Schloss der Einstiegsluke. »Ann Kathrin«, sagte er besorgt, »hier hat der Typ auch herumgefummelt. Die Schrauben wurden gelöst und …« Er zögerte einen Moment. »Der ist von hier oben möglicherweise zu dir runter gekommen. Oder er hat es wenigstens versucht.«

Ann Kathrin kaute nervös auf ihrer Unterlippe herum. Sie tat Peter Grendel leid. Er bot ihr an, sie könnte heute Nacht gerne bei Rita und ihm auf der Couch übernachten.

Ann Kathrin bedankte sich noch einmal, lehnte aber ab. Er hakte zweimal nach, ob er irgendetwas für sie tun könnte, doch sie schüttelte den Kopf, gab ihm noch schöne Grüße für Rita mit auf den Weg und verabschiedete sich von ihm.

Kaum hatte er die Tür hinter sich geschlossen, rannte sie noch einmal nach oben und kletterte auf den Dachboden.

Sie reckte zunächst den Kopf durch die Luke und schnüffelte wie ein Hund. Ja. Hier war ein fremder Geruch. Undefinierbar, aber fremd.

Wie lange war ich hier nicht mehr, dachte sie. Sie bewahrten hier einiges Zeug auf, das sie nicht mehr brauchten. Alles war fein säuberlich in Kisten verpackt. Spielzeug von Eike, das er nicht mehr benutzte, eine Eisenbahn, Schlittschuhe, die ihm zu klein waren. Vier Kisten voll mit alten Kinderbüchern, für die in den Regalen kein Platz mehr war, weil sie ständig neue kaufte, sich von den alten aber nicht trennen konnte.

Doch dann sah sie etwas zwischen den Kisten. Es war irgendein technisches Zeug. Eine Antenne. Etwas, das nicht da hingehörte.

Na klar, dachte sie. Die Webcams haben die Bilder zunächst

hierhin übertragen. Und hier wurden sie dann verstärkt und weitergesendet. Was bist du nur für ein Sauhund?!

Wie lange mag er hier oben gewesen sein, dachte sie. Ist er nur einmal raufgekommen, um sein Zeug zu installieren, oder hat er Nächte hier oben in meiner Nähe verbracht? Hat er vielleicht sogar seinen Laptop mitgebracht und uns von hier oben direkt zugesehen? Ist er von hier oben runtergekommen, wenn er wusste, dass ich eingeschlafen war?

Sie schüttelte sich angewidert.

Als der Sturm kam, war sie gut vorbereitet, und ihrem Haus passierte nichts. Nur sie fühlte sich nicht mehr wohl darin. Sie stellte sich vor, wie Hagemann mit Werkzeug zu ihrem Haus kam, um übers Dach einzubrechen. Er wählte die Wetterseite zu den Bahnschienen hin. Hier konnte er unbeobachtet herumwerkeln, höchstens aus einem vorbeifahrenden Zug war er zu sehen. Was sich auf den ersten Eindruck dumm anhörte, durch das Dach einzusteigen, war im Grunde sehr clever. Es dauerte zwar lange und war viel mehr Arbeit, als eine Tür aufzubrechen, aber dafür blieb diese Art des Einbruchs unter Umständen monatelang unentdeckt.

Sie fand den Gedanken gruselig. Aber einmal im Haus, konnte er sich sämtliche Schlüssel kopieren. Für seine Art des Einbruchs sprach immer mehr, dachte Ann Kathrin Klaasen. Wenn ein Nachbar jemanden auf dem Dach sah, dachte er garantiert nicht an einen Einbrecher, sondern – gerade in Ostfriesland – an Reparaturarbeiten, um beim nächsten Sturm gerüstet zu sein. Thomas Hagemann war schlau, und er wusste genau, was er tat.

Ann Kathrin wusste, dass es falsch war, und sie hatte eigentlich ganz andere Pläne, doch plötzlich begann sie zu schreien und zu kreischen. Sie bekam einen Wutanfall. Sie riss den Koffer vom Schlafzimmerschrank und trat und prügelte auf den Koffer ein, als ob sie so den Bösewicht treffen könnte. Dann holte sie die Webcam aus dem Koffer, warf sie gegen die Wand und zertrampelte sie. Jetzt war sie wenigstens hier im Schlafzimmer unbeobachtet.

Sie hatten sein Versteck auf dem Dachboden entdeckt. Klar. Aber er hatte auch nicht mehr vor, übers Dach einzusteigen oder dort oben zu nächtigen. Das hatte er damals gemacht, im Mai. Inzwischen hatte er längst Nachschlüssel fürs Haus.

Er beschloss, sie sich jetzt zu holen. Vielleicht würde sie ihn verstehen, wenn sie in der gleichen Situation war wie er damals. Ja, wahrscheinlich ging das Verstehen nur übers Erleiden.

Der Wind warf ihn fast um, als er aus dem Schatten der Bäume trat.

»Wir wissen alles über diesen Scheißkerl«, sagte Weller. »Bloß nicht, wo er ist.«

Der Lebenslauf von Thomas Hagemann lag lückenlos dokumentiert vor Weller:

Geboren 1970 in Bochum. Vater unbekannt, Mutter Prostituierte. Auffälligkeiten bei der Einschulung. Wurde im Alter von sieben Jahren aus einer vermüllten Wohnung vom Jugendamt in Obhut genommen. Mehrere Versuche in Pflegefamilien scheiterten. Immer wieder lief der Junge weg und suchte seine Mutter. Er lebte wochenlang wohnsitzlos auf der Straße, bevor er verdreckt und halb verhungert wieder aufgegriffen wurde.

Er litt an schweren Asthmaanfällen und wurde wegen der guten Luft auf Empfehlung des Arztes ins Reizklima der Nordsee gebracht. Außerdem sollte eine möglichst große Entfernung zu seiner Mutter eine positive Entwicklung beeinflussen.

Der aufsässige Junge machte eine Odyssee durch mehrere

Heime, galt als schwer erziehbar und nicht integrierbar. So landete er schließlich bei Heinrich Jansen. Auch dort mehrere Ausbruchsversuche, die Polizei brachte ihn aber immer wieder zurück. Er machte eine Dachdeckerlehre, die er auch erfolgreich abschloss.

Mehrere Jugendstrafen wegen Hausfriedensbruch und Vandalismus. Er versuchte, in Häusern von fremden Familien zu leben, als sei er ein Angehöriger. Er lebte teilweise wochenlang unbemerkt auf dem Dachboden, schlich sich nur nachts ins Haus, bediente sich dann am Kühlschrank, aß, was von den Mahlzeiten übriggeblieben war.

Seine Aussagen von damals lasen sich kurios. Er habe sogar seine schmutzigen Unterhosen in den Wäschekorb zu den Sachen der Familie gelegt. Sie seien mitgewaschen worden. Später habe er seine Unterhosen dann von der Leine genommen.

In einem psychologischen Gutachten wurde er als beziehungsgestörter Mensch geschildert, der die Nähe zu anderen suchte, gleichzeitig den Kontakt aber nicht ertragen konnte. In Auseinandersetzungen neigte er zu Gewalttätigkeiten. Mehrfach wurde er als Jugendlicher wegen Körperverletzung verurteilt. Auf Anraten seines zuständigen Sozialarbeiters wurde er in verschiedenen Boxvereinen angemeldet, um seine Aggressionen in den Griff zu bekommen. Er nahm sogar an Landesmeisterschaften teil und absolvierte neun Amateurkämpfe. Neun Kämpfe, acht Siege, jedes Mal durch K. o. Eine Niederlage. Damit endete seine offizielle Boxerlaufbahn.

Danach trainierte er eine Weile in einem Studio als Kickboxer, wurde aber dort wegen einer Schlägerei in der Umkleidekabine ausgeschlossen.

Anfang der neunziger Jahre vom Arbeitsamt umgeschult zum IT-Fachmann. Ging mit dem Versuch, sich selbständig zu machen, Anfang 2000 grauenhaft pleite. Das Vergleichsverfahren scheiterte. Es blieben Schulden von mehr als 210 000 Euro an ihm hängen. Er floh vor seinen Gläubigern nach Ostfriesland, wohnte zunächst in Hage, später dann in Greetsiel, wo er aushilfsweise in den Touristenzeiten immer wieder als Kellner arbeitete. Zwei Anzeigen wegen Schwarzarbeit wurden niedergeschlagen.

Welch eine Karriere, dachte Weller. Ob ich genau so geworden wäre wie er, wenn ich so aufgewachsen wäre? Es kam ihm vor, als hätte man den Jungen systematisch kaputtgemacht. Hatte er überhaupt jemals eine Chance gehabt?

Dann schob er all diese Gedanken beiseite. Jetzt keine Sentimentalitäten, Frank, sagte er zu sich selbst.

Was ihm am meisten Sorgen machte, war Hagemans Verhalten in fremden Wohnungen und seine Gewaltbereitschaft. Weller fragte sich, ob Hagemann auch in Ann Kathrins Haus im Distelkamp herumgeschlichen war. Er war ja offensichtlich ein Spezialist in solchen Dingen. Kaum vorstellbar, fand Weller, dass jemand wochenlang als Mitbewohner in einem Haus war, und die anderen kriegten es nicht mit.

Vielleicht, dachte Weller, ist er ja gar nicht nur bei Ann Kathrin eingestiegen und hat dort seine Webcams angebracht. Vielleicht hat er dort ja gewohnt. Nun, dachte er erleichtert, es wäre ihr sicherlich aufgefallen, wenn er seine Unterhosen zu ihren gelegt hätte. Es war ja kein Mann mehr im Haus … Trotzdem fand er den Gedanken gruselig. Was für ein merkwürdiger Mensch. Und was für ein schreckliches Schicksal.

Vielleicht hatte seine Mutter noch Einfluss auf ihn. Weller stellte sich einen Aufruf der Mutter an ihren Sohn vor: »Bitte verschone die zwei Menschen, die noch in deiner Gewalt sind. Lass die Leute frei und stell dich den Behörden!«

Würde er auf sie hören oder dann erst richtig durchdrehen und allen seine Macht über Leben und Tod demonstrieren? War das alles die Suche nach der Mutter und dem Vater?

Weller rauchte im Büro eine Zigarette. Es war inzwischen 23 Uhr, und die Flut attackierte heftig die Deiche. Der Hamburger Hafen stand bereits unter Wasser. Auf Sylt und Juist brachen zur Meerseite hin Dünen ab, und es ging unwiederbringlich Land verloren. In den NDR-Nachrichten berichtete Anke Genius. Sie war auf Norderney. Hinter ihr schlugen die Wellen hoch, und der Wind zerrte an ihrem Ostfriesennerz. Sie musste sich mit einer Hand an einer Laterne festhalten.

Am liebsten hätte Weller Ann Kathrin angerufen und ihr den recherchierten Lebenslauf von Thomas Hagemann vorgelesen. Aber vielleicht hatte sie sich hingelegt. Sie brauchte dringend ein bisschen Ruhe. Er wollte sie nicht wecken. Gleichzeitig kam ihm der Gedanke, sie könne in diesem Haus, beobachtet von Thomas Hagemann, wirklich einschlafen, absurd vor. Plötzlich wusste er, dass sie etwas im Schilde führte, wovon er keine Ahnung hatte. Etwas, das sie ihm nicht gesagt hatte. Und es gab nur einen Grund, ihm das zu verschweigen: sie wusste, dass er dagegen war und alles getan hätte, um es zu verhindern.

»Du verrücktes Luder!«, schimpfte er, als ob sie bei ihm im Raum stehen würde. »Was hast du vor?«

Mit der Zigarette im Mund lief er die Treppen hinunter, zum Innenhof. Der von den Bauern lang erwartete Regen war endlich da. Weller sah auf die Autodächer, und das Wort Wolkenbruch bekam eine ganz neue Dimension für ihn. Wie Kugeln peitschten die schweren Tropfen vom Himmel, schlugen auf den Dächern auf und zerplatzten in einem Dauerfeuer.

Er war nicht der Typ für einen Regenschirm. Außerdem hätte der Wind nur Sekunden gebraucht, um dem Regenschirm sämtliche Gelenke zu brechen.

Weller zog seine Jacke aus und hielt sie sich über den Kopf. Er rannte zu seinem alten Mondeo und schloss auf. Nicht zum ersten Mal bedauerte er, dass er den Wagen nicht aus der

Ferne elektronisch mit seinem Schlüssel öffnen konnte. Als er sich hinters Steuer klemmte und seine Jacke auf den Beifahrersitz legte, war sie bereits durchnässt.

Ich werde einfach hinfahren, dachte er. Selbst wenn sie sauer auf mich wird. Ich muss das riskieren. Ich kann sie in diesem Haus nicht alleine lassen. Das ist unverantwortlich. Ich weiß gar nicht, wie ich mich überhaupt dazu breitschlagen lassen konnte.

Er ließ den Wagen an. Die Scheibenwischer schafften den Regen kaum. Die Straßen waren menschenleer. Alle Fenster waren geschlossen. Wer Rollläden besaß, hatte sie längst heruntergelassen.

Regen und Wind waren so stark, dass Weller die Nachrichten nicht verstand. Er drehte das Radio lauter, um die Berichte von den Inseln zu hören. Die Inseln waren fürs Festland eine Art Schutz gegen die erste Wut der Sturmflut.

Natürlich sprach danach im Radio wieder ein Klimaforscher über die drohende Katastrophe für die Küste. Dies sei alles nur der Anfang. Bald schon würde Münster am Meer liegen und den Hafen zu einem Seehafen ausbauen.

Weller wollte das alles so nicht glauben. Ihm gefiel es hier. Er wollte hierbleiben und hier alt werden. Am liebsten mit Ann Kathrin. Er stellte sich vor, mit ihr im Strandkorb zu sitzen und auf die friedliche Nordsee zu blicken und nach einem erfüllten, arbeitsreichen Leben die Rente zu genießen. Falls es dann noch eine Rente gab.

Gerne wäre Weller 200 gefahren, aber er fuhr nur 30, was eigentlich bei diesen Sichtverhältnissen immer noch viel zu schnell war. Er sah im Grunde keine zwei Meter weit. Der Regen wurde zu einem dichten Vorhang. Der Lärm im Wagen wurde durch das Trommelfeuer der Regentropfen so groß, dass Weller die Stimme im Radio nicht mehr verstand, obwohl er voll aufgedreht hatte.

Im Grunde müsste ich anhalten und warten, bis alles vorbei ist, dachte er. Aber er wollte zu Ann Kathrin. Jetzt sofort.

Aber dann war er doch gezwungen anzuhalten, weil er nicht mal mehr seinen eigenen Kühler sehen konnte.

Ann Kathrin Klaasen hörte nicht, dass die Tür aufgeschlossen wurde. Der Regen prasselte so heftig auf ihre Einfahrt, dass die Bewegungsmelder die Beleuchtung gar nicht mehr ausgehen ließen, als sei der Regen eine sich nähernde Person.

Ann Kathrin war oben, in dem Raum, in dem die Aufzeichnungen vom Banküberfall in Gelsenkirchen die Wände zierten. Hier fühlte sie sich ihrem Vater besonders nah, und von hier aus konnte sie das Naturschauspiel beobachten.

Ihre Dachrinnen schafften die Wassermassen kaum. Im Abflussrohr gab es einen Stau. Da war ein Gurgeln, ein Rülpsen und ein Schlucken, als würde das Haus lebendig.

Als sie ein kleines Mädchen war, hatte ihr Vater sie in solchen Situationen ein paarmal geweckt. Er hatte sie dann auf den Arm genommen und ihr am offenen Fenster gezeigt, was draußen geschah. Die Gabelung der Blitze, das Donnergrollen, die Regengüsse – all das verband sie innerlich mit dem warmen, starken Arm ihres Vaters, der sein Mädchen schützte und trug und ihr die Welt erklärte.

Er könnte jetzt noch leben, dachte sie, wenn dieser verfluchte Bankräuber nicht gewesen wäre.

Manchmal, wenn sie sich ihm so nah fühlte, war es, als würde er plötzlich den Raum betreten. Stumm, aber voller Liebe. Sie fühlte sich dann weniger allein. Ab und zu sprach sie sogar mit ihm, wie andere vielleicht beteten oder Selbstgespräche führten. Auch jetzt fühlte sie, dass sie nicht mehr allein im Zimmer war. Doch es war anders als sonst. Da war keine gute Kraft einer alten Erinnerung. Da war etwas anderes. Das war zornig und böse und fühlte sich unverstanden. Sie roch ihn. Er war hier bei ihr im Haus!

Sie fuhr herum und sah in das Gesicht von Thomas Hagemann. Er war nass, als sei er gerade erst aus dem Meer gezogen worden. Mit jedem Schritt hinterließ er eine Wasserspur. Es triefte aus seinen Ärmeln und seinen Hosenbeinen.

Die Klinge von seinem finnischen Jagdmesser blitzte. Er drückte es Ann Kathrin an den Hals.

»Wann ich will«, zitierte er sie. »An jedem Ort der Welt. Ich habe mich für jetzt entschieden, und genau hier.«

Ann Kathrin machte zwei Bewegungen gleichzeitig. Sie musste nicht darüber nachdenken. Es war ein antrainiertes Verhalten. Sie schlug mit beiden Armen gegen den Ellbogen seines rechten Arms, der das Messer führte. Im selben Moment sprang sie nach hinten, um Abstand zwischen ihren Hals und die Klinge zu bringen. Als Nächstes trat sie ihm in den Schritt.

Er brüllte auf und beugte sich vor. Schon bekam sie seine Messerhand zu fassen und drehte ihm den rechten Arm auf den Rücken. Das Messer fiel zu Boden.

»Ja«, sagte sie, »wann Sie wollen und wo Sie wollen. Aber von einem Messer war nicht die Rede. Ich sagte, ich komme ohne Waffe, und ich dachte, Sie täten das auch.«

Sie hatte ihn für einen Moment unter Kontrolle, doch sie spürte die unbändige Kraft, die in diesem Mann steckte. Trotzdem versuchte sie, ihn jetzt von hinten in den Würgegriff zu nehmen.

»Hören Sie auf mit dem Scheiß«, zischte er, »sonst wird Susanne Möninghoff sterben und Heinrich Jansen sowieso.«

Sie wusste nicht genau, warum sie es tat. Vielleicht waren es seine Worte. Vielleicht wollte sie ihn auch einfach nur verblüffen. Jedenfalls ließ sie ihn einfach los und stieß ihn von sich. Mit der Fußspitze schoss sie das Messer so weit wie möglich von ihm weg. Er drehte sich um und sah sie verwirrt von unten an. Noch immer krümmte er sich vor Schmerz.

Mühsam machte er sich gerade. »Sie wissen, wo man hintreten muss, damit es weh tut«, grinste er. »Ich weiß es auch.«

Er hob die Fäuste und testete mit der linken Führhand ein paarmal ihre Reaktionsschnelligkeit. Die rechte Schlaghand hielt er abschussbereit, um Ann Kathrin Klaasen auszuknocken.

Sie registrierte das genau, arbeitete schnell mit dem Oberkörper und noch flinker mit den Beinen. Sie tänzelte um ihn herum, tauchte nach rechts ab, dann nach links, sprang vor und zurück. Er hatte Mühe, ihre Position im Raum zu finden. Er wollte sie in eine Ecke drängen, um sie dort stellen zu können.

Plötzlich sprang er in die Luft, und sein rechter Fuß traf ihre Schläfe. Ann Kathrin spürte diese dumpfe Explosion im Kopf und brach zusammen. Zum zweiten Mal an diesem Tag lag sie in ihrer eigenen Wohnung auf dem Boden. Und wieder einmal hatte eine Aktion von Thomas Hagemann sie aus dem Gleichgewicht gebracht.

»Ich glaube, wir unterhalten uns besser woanders«, sagte er. »Hier sind Sie mir einfach zu aggressiv.«

Er nahm sein Messer wieder an sich. »Gehen Sie vor«, forderte er sie auf. »Und keine Fisimatenten. Sonst breche ich Ihnen beide Arme. Zwingen Sie mich nicht, ein böser Junge zu werden.«

Sie ging voran, die Treppe hinunter. Meine Dienstwaffe, dachte sie. Ich werde im Rausgehen meine Waffe an mich nehmen, und dann habe ich ihn.

Sie nahm ihre schwarze Handtasche vom Garderobenständer. Sie war erstaunlich leicht.

»Suchen Sie das hier?«, fragte er und lud ihre Heckler & Koch P 2000 mit metallischem Klicken durch. »Ich bin kein Idiot. Und ich kenne mich aus hier«, lächelte er.

Er erlaubte noch, dass Ann Kathrin sich die Regenstiefel anzog und einen leichten Sommermantel, obwohl der bei dem Regen völlig sinnlos war. Dann dirigierte er sie weg von der Haustür, quer durchs Haus, in die Garage.

Sie stiegen in den froschgrünen Twingo. Er setzte sich auf den Beifahrersitz, legte seinen linken Arm locker um ihre Schultern, wie ein Verliebter, drückte allerdings dabei die Mündung ihrer Dienstwaffe gegen ihren Hals.

»Wohin fahren wir?«, fragte sie.

»Es ist nicht weit. Ich zeige es Ihnen schon. Erst mal raus aus dem Körnerviertel. Und dann immer schön die Störtebekerstraße entlang, den Deich in Sichtweite. Leider können wir ihn heute ja nicht sehen. Das Wetter macht uns einen Strich durch die Rechnung. Aber wissen Sie, was der Vorteil davon ist?«

Sie schüttelte den Kopf.

»Uns wird auch niemand sehen. Nicht mal Ihre Nachbarn, wenn sie aus dem Fenster gucken. Warum soll einer wie ich nicht auch mal Glück haben?«

»Und wenn wir da sind, wo Sie hinwollen, machen Sie uns dort einen guten Ostfriesentee und erzählen mir Ihr Leben, oder was?«, fragte Ann Kathrin.

»So ähnlich«, sagte er.

Ubbo Heide hatte recht, dachte sie. Ein altes, verlassenes Gebäude. Über kurz oder lang werden die Kollegen es finden. Sie werden alles durchsuchen. Alte Bunker. Verlassene Fabrikhallen. Ruinen. Leerstehende Häuser. Wahrscheinlich ist diese Ziegelei ganz oben auf unserer Liste.

Er zwang sie, den grünen Twingo in eine halb eingestürzte Herstellungshalle zu fahren. Dann forderte er sie auf: »Bitte werfen Sie die alte Öldecke darüber und die Decke da hinten.«

Er bleibt merkwürdig höflich, dachte sie, als wollte er mir

beweisen, dass er immer noch gute Manieren hat. Sie folgerte daraus, dass die ungeheuerlichsten, grausamsten Dinge in seinem Leben passiert waren, eingebettet in Höflichkeitsfloskeln und Umgangsformen.

Das Schreckliche wird noch schlimmer, wenn es einen anständigen, sauberen Rahmen bekommt, dachte sie. Ein Schauer lief ihr den Rücken hinunter. Ihre Hände waren feucht. Sie stellte fest, dass sie sich nicht wirklich fürchtete, sondern eine Art Triumphgefühl durchflutete sie. Sie war ganz nah dran. Sie würde hier heil herauskommen. Sie wartete nur auf eine Gelegenheit, ihn zu entwaffnen.

Als Kämpfer war er sicherlich zu fürchten. Aber ihre Nahkampfausbildung war auch nicht zu verachten. Bis vor zwei Jahren hatte sie regelmäßig im Judoverein trainiert und besaß den grünen Gürtel. Den gelben hatte sie schon als Kind gemacht. Damals lebte ihr Vater noch. Ihm war es immer wichtig, dass seine Kleine lernte sich zu wehren. Wie stolz er gewesen war, wenn sie ihn mit einem Hüftwurf aufs Kreuz legen konnte …

Als sie den orangen Gürtel erwarb, hatte eine Kugel seinem Leben schon ein Ende bereitet. Damals war es für sie, als würde sie die Judoprüfung für ihren Vater machen. Sie hatte das Gefühl, dass er ihr stolz zusah.

Den grünen Gürtel kriegte sie nur noch mit Mühe und Not hin. Das regelmäßige Training fiel schwer. Da war der zermürbende Polizeidienst. Ein Kind, das versorgt werden wollte. Ein Privatleben und ein Mann und Freunde, für die sie Zeit brauchte.

Bei dem Gedanken an ihre Freunde spürte sie einen wehmütigen Stich. Im Grunde war ihr nur noch eine Freundin geblieben, Ulrike, die halbtags arbeitete und sich ansonsten der Erziehung ihrer Tochter widmete. Ihre Lebenssituationen waren so unterschiedlich. Sie hatten sich kaum noch etwas zu sagen. Manchmal, am Telefon, entstand eine fast peinliche Situation des Schweigens zwischen ihnen. Beim letzten Mal war Ulrike offen damit herausgeplatzt: »Wenn du erzählst, was du so treibst, Ann Kathrin, kommt mir mein Leben immer so belanglos vor, als würdest du das Eigentliche tun, die wilden Sachen erleben, während ich nur … meine Tochter zum Schwimmunterricht fahre und dann das Abendessen vorbereite.«

Sie konnte es wenigstens sagen. Das gelang Ann Kathrin nicht, denn im Grunde fühlte sie etwas Ähnliches ihrer Freundin Ulrike gegenüber, als würde die das wirklich Wichtige im Leben tun. Nämlich ihr Kind großziehen. Es bewusst aufwachsen sehen und die Beziehung zu ihrem Mann pflegen.

All das jagte durch Ann Kathrins Kopf, während der Lauf ihrer Dienstwaffe auf sie gerichtet war und sie ihren Wagen mit ölverschmierten Säcken und herumliegender aufgeweichter Pappe gegen die Blicke ihrer Kollegen schützte.

»Okay, das reicht jetzt«, sagte er. »Danke. Das haben Sie ganz prima gemacht. Jetzt gehen wir besser runter zu den anderen.«

Ann Kathrin streckte ihm ihre offene Hand entgegen. »Wenn Sie mir jetzt die Waffe geben, werde ich für Sie aussagen. Ich kann Ihnen helfen. Sie haben mich freiwillig zu Ihrem Versteck gebracht und mir ohne Bedingungen die Entführten übergeben.«

Er legte seinen Kopf schräg und sah sie an. Sie hielt die Hand weiterhin ausgestreckt und suchte Blickkontakt.

»Mir ist nicht mehr zu helfen, Frau Kommissarin. Ich habe fünf Menschen auf dem Gewissen. Da darf man nicht mit Gnade rechnen.«

Er hatte gesagt, fünf Menschen. Sie zählte nach. Das bedeutete, Heinrich Jansen und Susanne Möninghoff mussten noch leben. Was sie hier tat, war nicht sinnlos.

»Es gibt etwas im Gesetz, das heißt *Zurücktreten von der Tat*«, sagte sie. »Sie können jetzt noch von der nächsten Tat zurücktreten. Das wirft ein anderes Licht auf Sie. Sie sind doch kein schlechter Mensch. Sie sind nicht als Mörder geboren worden, Thomas. Sie sind zum Mörder gemacht worden.«

Seine Lippen verzogen sich zu einem kurzen Lächeln. Ja, so sprach die Kommissarin, die er aus dem *Ostfriesischen Kurier* kannte. So hatte Holger Bloem sie beschrieben. Aber da blieb ein Misstrauen in ihm.

»Was wissen Sie denn schon von mir? Sie reden doch jetzt nur so, weil Sie mich besoffen quatschen wollen.«

Sie schüttelte den Kopf und berührte noch einmal ihre gefärbten Strähnchen, als könne sie daraus Kraft ziehen. Sie brauchte irgendetwas zum Festhalten, und wenn es nur eine Haarsträhne war.

»Ich weiß eine Menge über Sie und eine Menge über Schwarze Pädagogik. Ich selbst hatte das Glück, bei einem wundervollen Vater groß zu werden. Für ihn war Schwarze Pädagogik ein Verbrechen an den Seelen der Kinder. Leute, die so etwas praktizierten, gehörten für ihn genauso ins Gefängnis wie jeder ganz normale Kriminelle.«

Sie hatte nie mit ihrem Vater über Schwarze Pädagogik diskutiert. Vermutlich hatte er nicht mal gewusst, dass es so etwas überhaupt gab. Doch sie kannte ihn sehr genau, und es war nicht schwer, sich vorzustellen, wie er darüber gedacht hätte.

»Er hat versucht, mich wachsen zu lassen. Er wollte nicht meinen Willen brechen, um mir einen andern aufzuzwingen, sondern er wollte, dass ich stark werde und einen kräftigen eigenen Willen entwickle. Er wollte, dass ich mich spüre. Und meine Mutter, die …«

Plötzlich begann er, nervös mit der Pistole herumzufuchteln.

»Was soll das?«, fragte sie. »Die Waffe ist entsichert. Seien Sie bitte vorsichtig. Es könnte sich einfach ein Schuss lösen und …«

»Hören Sie auf, solche Scheiße zu erzählen! Sie behaupten, sie wüssten etwas über mich, und dann sprechen Sie nur über sich! Warum tun Sie das?«

Jetzt half nur noch die ganze Wahrheit. »Ich tue es, weil ich hoffe, dass ich dann ein Mensch für Sie werde. Dass Sie mich wirklich sehen und nicht nur einen Schatten Ihrer Peiniger. Ich hoffe, dass Sie dann zur Besinnung kommen, mir die Waffe geben und …«

»Das tue ich nicht!«, brüllte er und schlug mit der Pistole in die Luft, als ob er dort den Kopf eines Gegners treffen könnte.

»Sie interessieren sich gar nicht für mich!«, schrie er. »Ich weiß viel mehr über Sie als Sie über mich!«

Als müsse er das beweisen, legte er auch gleich los. Seine Stimme war heiser, seine Augen wurden fiebrig. »Sie machen mit diesem Weller rum, um sich an Ihrem Mann zu rächen, weil dieser Idiot Sie verlassen hat für die blöde Schlampe, der ich unten gerade die Flötentöne beibringe! Sie schämen sich, weil Sie so eine schlechte Mutter waren, dass Ihr Sohn die erste Chance genutzt hat, um mit seinem Vater abzuhauen.«

Sein Gesicht veränderte sich. Er wurde traurig. Ann Kathrin konnte den schnellen Wechsel seiner Gefühle mühelos in seinem Gesicht ablesen, wie bei Eike früher, als er klein war und seine Seele im Gesicht trug, wie Hero es gerne nannte.

»Ich hätte Sie nie verlassen. Ich wäre bei Ihnen geblieben«, sagte Thomas Hagemann, und es hörte sich auf eine irre Art ehrlich an.

Wenn er jetzt die Mama in mir sieht, dachte sie, ist das eine Riesenchance. Vielleicht lässt er sich dann von mir führen. Aber er muss auch einen großen Hass auf seine Mutter haben. Wenn der durchbricht, geht’s mir schlecht.

Sie spürte, dass sie über sehr dünnes Eis ging.

Als Weller im Distelkamp 13 ankam, bog der Wind die Kronen der Bäume in seine Richtung, als ob sie Weller untertänigst grüßen würden. Der Regen schien von vorne zu kommen statt von oben. Die dicken Tropfen trafen Weller wie Hagelkörner.

Im Haus war Licht, aber Ann Kathrin öffnete nicht.

Er sah in der Garage nach. Der grüne Twingo war nicht da.

Wo sollte sie um diese Zeit bei dem Wetter hingefahren sein?

Weller ging einmal ums Haus. Der ausgetrocknete Boden konnte die Wassermassen nicht wirklich schlucken. Die ganze Körnersiedlung war im Grunde auf Lehm gebaut. Das bisschen aufgeschüttete Muttererde mit Grassamen obendrauf konnte nicht darüber hinwegtäuschen.

Auf Ann Kathrins Terrasse staute sich schon das Wasser, und es suppte zur Küchentür herein. Die Dachrinnen wurden mit dem Regenwasser nicht mehr fertig und liefen über.

So, dachte Weller, könnte das Ende der Welt eingeläutet werden. Es hört einfach nicht mehr auf. Wenn das hier in zwei, drei Stunden vorbei war, würde der morgige Tag beginnen, als ob nichts geschehen wäre. Auch die schlimmste Sturmflut endete bei Ebbe, und die Deiche konnten ausgebessert werden, bis der nächste Ansturm der Wellen begann. Doch was, dachte Weller, wenn es einfach weitergehen würde? Wenn der Regen anhielt, ein paar Tage, vielleicht gar eine Woche? Und wenn die einsetzende Ebbe nicht ausreichen würde, um die Wut der Wassermassen zu brechen?

Im Garten wurde Weller beleuchtet wie ein Einbrecher. Dabei hatte gar nicht er die Bewegungsmelder aktiviert, sondern der Birnbaum, dessen Äste nach Weller zu greifen schienen.

Weller war unheimlich zumute, und in seinen kalten Lederschuhen froren seine Füße in durchnässten Socken. Dann sah er das Fahrrad. Der Wind hatte es hochgestellt und fast durch die Hecke gedrückt. Der Lenker hing zwischen den Zweigen fest, und das Vorderrad drehte sich in der Luft, als wolle das Rad führerlos in den Himmel fahren. Darunter zerplatzten Regentropfen und rahmten den Reifen ein wie ein Heiligenschein.

Nah am Haus arbeitete Weller sich wieder bis zur Garage vor. Er hat sie sich geholt, dachte er. Er war hier. Oder sie hat ihn hierhin gelockt. Vielleicht ist er noch im Haus …

Weller hob die Geranien aus der Halterung und schleuderte den schweren Blumenkübel gegen die Glasscheibe der Terrassentür. Sie brach sofort.

Schon stand Weller im Wohnzimmer, bereit, Ann Kathrin zu retten. Hinter ihm hüpfte der Kater Willi ins Haus, froh, endlich Einlass gefunden zu haben, bei diesem Wetter.

Es schoss Weller glühend heiß durch den Körper: Nein, natürlich waren sie nicht mehr hier. Schließlich stand der Wagen nicht in der Garage. Hatte er jede Kombinationsgabe verloren?

Er kam sich tölpelhaft vor. Wie würde er dastehen, als Kommissar, der bei dem Wetter eine Scheibe eingeschlagen hatte, um seine Freundin zu retten, die vielleicht nur zu einer Nachbarin gefahren war, um ihr beim Sturm zur Seite zu stehen? Gleichzeitig wurde ihm bewusst, dass er ab jetzt schon wieder unter Beobachtung von Thomas Hagemann stehen konnte. Schließlich gab es hier überall Webcams, und Ann Kathrin hatte sie nicht abgebaut.

Er durchsuchte das ganze Haus und hinterließ dabei eine feuchte, matschige Spur auf den Fliesen und dem Teppich. In seinen Schuhen quatschte es. Am liebsten hätte er geduscht und sich umgezogen. Er nieste bereits. Eine Erkältung kündigte sich an.

Im Schlafzimmer fand er den Koffer, dann die kaputte Webcam.

Er wählte Ann Kathrins Handynummer. Es klingelte im Wohnzimmer.

»Mist! Wo hast du sie hingebracht, du Saukerl?«, schrie Weller.

Er sah die Fußabdrücke auf der Holztreppe nach oben. Bei diesem Wetter hinterließ jeder Spuren. Hagemann war also in ihr Haus eingedrungen. Trotzdem war Weller sich nicht sicher, ob Ann Kathrin sein Opfer war oder ob Thomas Hagemann ihr auf den Leim gegangen war. Das war mal wieder typisch für sie. Sie musste immer ganz nah ran. Sie wollte immer den Atem des Verbrechens auf der Haut spüren, dem Mörder in die Augen sehen.

Warum, dachte er, warum bist du so? Und warum immer diese Alleingänge?

Im Grunde war Ann Kathrin eine Teamspielerin. Sie konnte Menschen motivieren. Sie konnte delegieren. Sie behielt die Übersicht, ließ alles Unwesentliche außen vor. Konzentrierte sich ganz auf das, worum es wirklich ging. Aber dann, irgendwann, scherte sie plötzlich aus jedem Spiel aus, wie ein Stürmer, der plötzlich nur noch daran denkt, sein eigenes Tor zu schießen, egal, ob sich die anderen freigelaufen hatten und nur auf einen guten Pass warteten. Jetzt, in dieser Situation, sah sie nur noch sich, den Ball und das Tor. Irgendwann würde sie sich umdrehen und erkennen, dass sie Teil einer Mannschaft war.

Ann Kathrins Computer war noch an. Weller sah die Bilder von Susanne Möninghoff und musste sofort dringend zur Toilette. Während er seinen Urinstrahl in die Kloschüssel platschen ließ, wählte er die Nummer von Ubbo Heide. Trotz des Sturms funktionierte das Handy.

Als Ann Kathrin Klaasen den muffigen Raum betrat, bekam sie für einen Augenblick keine Luft mehr. Es war nicht so sehr der Geruch von menschlichen Exkrementen, von Angst, Schweiß und verdorbenen Speisen. Es war der Blick auf ihre Konkurrentin, der ihr den Atem raubte.

Thomas Hagemann drückte den Lauf der Waffe in Ann Kathrins Rücken und schob sie vorwärts. Dann sprach er fast wie ein Gastgeber, der zu einer Party geladen hatte: »Darf ich vorstellen, Frau Kommissarin, das ist Susanne Möninghoff, in die sich völlig unverständlicherweise Ihr Mann verliebt hat. Er ist von Ihnen in die weit geöffneten Schenkel dieser Hure geflohen.«

Susanne Möninghoff lag zusammengekrümmt in Embryonalhaltung eingeschnürt auf dem Boden. Ihre linke Gesichtshälfte war verdreckt, ihre rechte blutverklebt.

Thomas Hagemann trat nach Susanne Möninghoff. Dann sagte er: »Das ist die Frau, deren Mann du dir unter den Nagel gerissen hast, du gottverdammtes Luder.

»Was Sie tun, ist Unrecht«, stellte Ann Kathrin, um Sachlichkeit bemüht, klar.

»O nein«, lachte er. »Was sie tut, ist Unrecht«, und trat noch einmal nach Susanne Möninghoff. Diesmal traf er ihren kahlrasierten Schädel.

Hinter ihm hing völlig regungslos Heinrich Jansen geknebelt im Stuhl.

»Sie leiden an einer völligen Verwirrung«, sagte Thomas Hagemann. »Das hat Ihr Mann gemacht. Es ist eine Art Kopfwäsche. Das hat er als Psychologe gelernt. Die Methoden von denen sind noch viel perfider als die von dem da.« Er zeigte auf Heinrich Jansen, dessen Körper jetzt von einer Art Fieberkrampf oder epileptischem Anfall geschüttelt wurde.

Er lebt also noch, registrierte Ann Kathrin kalt.

Thomas Hagemann packte Susanne Möninghoff und zerrte sie auf die Knie. Dann riss er ihr das Teppichband vom Mund. Schon das Geräusch tat Ann Kathrin weh. Es sah aus, als wäre ein Teil von Susanne Möninghoffs getrockneter, aufgesprungener Oberlippe am Teppichband kleben geblieben.

»Wir können sie gemeinsam erziehen«, schlug Thomas Hagemann vor. »Wenn Sie es selber einmal ausprobiert haben, dann werden Sie mich verstehen, Frau Klaasen. Menschen sind formbar, wie Knetgummi. Man muss nur wissen, wie, dann kann man sie von ihrem schlimmen eigenen Willen befreien. Dann werden sie nicht mehr gequält von diesen Phantasien und Sehnsüchten. Von ihren Wunschträumen. Dann ergeben sie sich endlich in das, was ist und ihnen zusteht.«

Susanne Möninghoff hatte Mühe, Ann Kathrin auch nur zu erkennen, so zugeschwollen waren ihre Augen von den Boxhieben. Sie versuchte etwas zu sagen, doch nur ein Krächzen kam heraus. Trotzdem verpasste Thomas Hagemann ihr sofort eine Kopfnuss. »Du redest nur, wenn du gefragt wirst.«

»Bitte lassen Sie diese Frau frei«, sagte Ann Kathrin. »Sie hat Ihnen nichts getan. Bilden Sie sich bloß nicht ein, dass Sie sie in meinem Auftrag so quälen und misshandeln können. Ich will das nicht. Sie hat meinen Mann, okay …«

»Jetzt tun Sie bloß nicht so, als ob Ihnen das nichts ausmachen würde!«

»Und ob mir das was ausmacht! Am Anfang habe ich geheult und war verzweifelt. Aber dann … vielleicht ist alles besser so, denke ich mir. Ich habe einen anderen Mann. Einen …«, sie schluckte, »einen besseren.«

»Was ist an ihm besser?«, wollte Thomas Hagemann wissen. »Er ist Ihr Untergebener! Er ist ständig pleite! Er muss für eine Frau und zwei Kinder blechen. Der kann Ihnen doch nichts bieten!«

Ann Kathrin Klaasen versuchte, sich die Situation im Raum

genau einzuprägen. Wo waren Fluchtmöglichkeiten? Waffen? Versteckte Winkel? Es fiel ihr schwer, Susanne Möninghoff anzusehen. Ein Blickkontakt gelang ihr gar nicht.

»Die Liebe zwischen Hero und mir war erkaltet«, sagte Ann Kathrin. »Sonst hätte er sich nicht nach einer anderen Frau umgesehen. Ich kann ihr das nicht vorwerfen, verstehen Sie das nicht, Herr Hagemann? Wenn unsere Ehe gut und intakt gewesen wäre, hätte Hero sich vielleicht nach ihr umgesehen. Aber er wäre nicht mit ihr ins Bett gestiegen.«

Thomas Hagemann beharrte auf einer Antwort: »Und was soll jetzt an diesem Frank Weller besser sein?«

»Ich sehe es an der Art, wie er mich anschaut. Wie er lächelt, wenn er sieht, dass es mir gutgeht. Wie er sich Sorgen macht, wenn er spürt, dass ich Kummer habe. Er möchte, dass die Welt für mich in Ordnung ist. Er benimmt sich, als sei ich ein Körperteil von ihm, auf den er aufpassen muss. Früher war Hero ganz genauso.«

»Sie hat Ihnen also noch einen Gefallen getan«, spottete Thomas Hagemann. Jetzt wandte er sich an Heinrich Jansen. Er ging zu ihm hin und streichelte ihm über die fettigen Haare. »Das kenne ich doch irgendwoher. Am Ende beginnen wir, unsere Peiniger zu lieben. Zu verehren. Wir verdanken ihnen alles, weil sie uns unseren halsstarrigen Willen genommen haben. Endlich sind wir wie ein Baum im Fluss. Wir versuchen nicht mehr, gegen den Strom zu schwimmen, sondern werden eins mit ihm. Wir erkennen, dass alles, was mit uns geschieht, Teil eines höheren Plans ist. Einer göttlichen Macht. Und wir ergeben uns ihr. Wissen Sie, Herr Jansen«, dozierte Thomas Hagemann, »es geht so weit, dass unsere Kommissarin sich angeboten hat, im Austausch gegen ihre Konkurrentin. Ja. Ihr untreuer Mann ist ihr so wichtig, sie möchte lieber selbst sterben und damit seine Geliebte retten. So tief und selbstlos ist ihre Liebe zu ihrem Mann.«

Jetzt griff Thomas Hagemann fest in die Haare von Heinrich Jansen und zerrte ihn hoch, dass sein Rücken sich im Stuhl gerade nach oben bog. Hagemann drückte ihm den Lauf der Waffe gegen die Stirn. »Soll ich ihn erschießen?«, fragte er. »Sagen Sie es mir, Frau Kommissarin. Ihn oder lieber diese dreckige Schlampe da?«

Er ließ Heinrich Jansen los. Der fiel samt Stuhl um, und Ann Kathrin konnte hören, wie sein Oberarm brach, als er mit seinem Gewicht daraufkrachte.

»Nein«, sagte Thomas Hagemann. »Das ist langweilig. Zwischen euch beiden findet es statt, stimmt's?«

Jetzt drückte er die Mündung gegen die kahlrasierte Kopfhaut von Susanne Möninghoff. Sein Finger krümmte sich um den Abzug. Er sah aus wie jemand, der Ernst machte. Das hier war kein Bluff.

»Entscheiden Sie, Frau Klaasen. Wer soll sterben? Dieser hässliche alte Mann da oder die Schlampe? Oder sind Sie etwa bereit, sich wirklich zu opfern?«

Er hob die Waffe, und Ann Kathrin schaute in die Mündung ihrer P 2000.

»Solche Fragen«, sagte Ann Kathrin, »sind in unserem Rechtssystem unzulässig. Und solche Alternativen auch. Erstens gibt es glücklicherweise keine Todesstrafe mehr, und zweitens kann niemand für einen anderen ins Gefängnis gehen und sich aburteilen lassen. Eine Strafe muss individuell zugedacht werden und die Persönlichkeit des Täters berücksichtigen.« Sie versuchte, den Bogen zu kriegen. »In Ihrem Fall zum Beispiel, Herr Hagemann, wird es sicherlich ein psychologisches Gutachten geben, das Ihre schwere Kindheit und Jugend berücksichtigt …«

Er lachte höhnisch. »Ja, psychologische Gutachten über mich gibt es genug. Wissen Sie, dass ich aus einem schwer dysfunktionalen Familiensystem komme? All diese Gutachten haben niemanden daran gehindert, mich in seine Obhut zu geben.«

Jetzt brach der ganze Hass in ihm durch. Ann Kathrin spürte es von einer Sekunde auf die nächste. Er war jetzt innerlich vollkommen bereit abzudrücken, und es würde in den nächsten Sekunden geschehen. Er knirschte mit den Zähnen, riss die Waffe zur Seite und feuerte auf Heinrich Jansens Kopf.

Blut spritzte gegen die Wand, und noch mehrere Sekunden nach dem Knall war jedes Geräusch wie ausgelöscht.

Ann Kathrin nutzte die Chance. Die Waffe war weder auf sie gerichtet noch auf Susanne Möninghoff. Und Thomas Hagemann sah fasziniert auf seinen ehemaligen Peiniger.

Ann Kathrin packte die Hand mit der Pistole und bog sie nach hinten. Thomas Hagemann jaulte auf. Mit ihrem Knie traf sie seine kurze Rippe und nahm ihm die Luft.

»Das war's«, sagte Ann Kathrin und richtete die Waffe mit beiden Händen auf ihn. »Hände hoch, Gesicht zur Wand. Beine auseinander.«

Er kam ihren Befehlen nicht nach. Er wirkte jetzt auf sie wie eine Raubkatze, die ihren Rücken krümmte.

»Sie werden nicht schießen, Frau Kommissarin. Dazu sind Sie nicht kaputt genug. Typen wie ich schießen. Oder der da. Der große Erzieher. Der würde Sie in Fetzen hauen und in Stücke schneiden. Sie können so was gar nicht. Sie müssten dabei an Ihren Vater denken. Den hat man doch so ähnlich umgebracht, hm? Aus nächster Nähe, in den Kopf.«

Sein Plan ging auf. Ihre Augen füllten sich mit Tränen. Für den Bruchteil einer Sekunde verloren ihre Arme die Spannkraft.

Seine rechte Faust traf ihre Schläfe ansatzlos. Ann Kathrin kippte um.

Sie waren jetzt alle im Haus, und Weller gestand dem fassungslosen Ubbo Heide, was sie ihm bisher verschwiegen hatten. Die Filme. Die versteckten Webcams. All das, was Ann Kathrin so gerne verhindert hätte, wurde jetzt in Ruperts Beisein breitgetreten.

Er machte nicht einen einzigen bissigen Kommentar. Er nickte immer nur, als hätte er sich das sowieso alles schon gedacht.

Charlie Thiekötter kaute auf der Unterlippe herum. Er wusste noch nicht, ob dies der Knick in seiner Karriere werden würde oder nicht. Vielleicht, dachte er, sollten wir alle etwas anderes machen. Wenn Ann Kathrin nicht wiederkommt, sondern hierbei ihr Leben verliert, dann hab ich auch keine Lust mehr.

Er dachte an Fuerteventura, wo ein ehemaliger Kommissar aus Ostfriesland angeblich eine gut laufende Surfschule am Strand errichtet hatte. Irgendetwas anderes musste doch noch auf sie warten als nur dieser menschliche Abschaum und Dreck hier. Vielleicht war Ruperts Art gar nicht so falsch. Indem er zum Zyniker geworden war, hatte er versucht, sich unverletzlich zu machen. Doch weder Weller noch Charlie Thiekötter oder Ubbo Heide hatten Lust, miese Typen zu werden, nur um weitermachen zu können.

Ubbo Heide löste eine Ringfahndung nach dem grünen Twingo aus.

Rupert räusperte sich: »Wir haben noch einhundertvierzehn Gebäude in Ostfriesland, in denen er sie gefangen halten kann. Wenn wir Ferienwohnungen oder normale Einfamilienhäuser ausschließen. Dazu kommen jede Menge Kähne.«

»Häh? Was?«, fragte Weller.

»Na ja, wer sagt uns denn, dass er sie nicht im Frachtraum von irgendeinem Kutter gefangen hält? Die Idee wäre gar nicht so dämlich.«

»Bei dem Wetter schon«, sagte Ubbo Heide. »Ich glaube kaum, dass sich jemand da draußen auf dem Meer aufhält. Er müsste jetzt schon in einem geschützten Hafen liegen.«

Mehr musste Weller nicht hören. Schon hatte er sein Handy am Ohr und gab Anweisungen in einer Klarheit, wie er es von Ann Kathrin gelernt hatte.

»Wenn wir nicht genügend Leute hier haben, werden eben Einsatzkräfte von Oldenburg und Bremen angefordert. Das Wetter ist mir scheißegal. Wir planen hier keinen Ausflug. Das alles geschieht jetzt, und zwar sofort. Und wenn das an irgendeinem bürokratischen Scheiß scheitert oder sich irgendeiner querstellt und den Arsch nicht hochkriegt, werd ich ihn persönlich …«

Ubbo Heide gab Weller ein Zeichen. »Halt die Bälle flach. Das ist kein Krieg, den du gegen jemanden persönlich führst. Es gibt keinen Kollegen im ganzen Land, der nicht auf unserer Seite wäre. Wenn sich alle an die Dienstvorschriften gehalten hätten, wären wir jetzt nicht in dieser gottverdammten Situation.«

»Ja«, schluckte Weller. »Entschuldigung. Aber ich …«

»Er liebt sie wirklich«, zischte Rupert. »Dann kann man schon mal ein bisschen aufdrehen.«

»Ja«, nickte Weller. »Da hast du recht. Ich liebe sie wirklich.«

Als Hero Klaasen sich mitten in der Nacht einen Ostfriesentee aufbrühte, weil er in dieser Situation und dann noch bei der Sturmflut sowieso nicht schlafen wollte, knickte der Sturm in Hage zwei Strommasten um, und Überlandkabel schlugen zusammen. Blaue Blitze erleuchteten die Nacht, dann war ganz Hage dunkel.

Mit einem Kerzenlicht und einer Taschenlampe bewaffnet, ging Hero in Eikes Zimmer. Er wollte den Jungen bei diesem Wetter nicht alleine lassen und jetzt, wo auch noch der Strom ausgefallen war, schon gar nicht.

Er hatte Eike heute noch nicht gesehen. Er fand das nicht so schlimm, dem Jungen war sicherlich klar, dass jetzt etwas anderes Priorität hatte. Er war den ganzen Tag herumgefahren und hatte Susanne gesucht, bis das Unwetter jedes Suchen unmöglich gemacht hatte.

Eike tat, als ob er schliefe, aber man musste kein Psychologe sein, um zu erkennen, dass da einer nur so tat, als ob.

Mit dem Teelicht in der Hand, noch ein bisschen nach Ostfriesischer Goldblattmischung duftend, setzte Hero sich auf sein Bett.

»Das ist nicht die Nacht, um zu schlafen. Etwas geschieht. Draußen in der Natur, genauso wie in uns. Es ist etwas Bedeutendes. Ich spüre es richtig im Magen. Vielleicht werden wir sie schon bald wiederbekommen, unsere Susanne«, sagte Hero.

Eike wandte sein Gesicht von ihm ab, zur Wand hin. Hero streichelte seinen Sohn behutsam. Dabei zuckte der Junge so merkwürdig zusammen, dass Hero sein Teelicht näher an sein Gesicht heranbrachte.

»Was ist mit dir? Was hast du?«

Im Kerzenlicht konnte Hero es nicht gut erkennen. Noch hielt der Stromausfall an, also leuchtete er seinem Sohn mit der Taschenlampe ins Gesicht. Eike hielt sofort die Hand gegen den Lichtstrahl und wehrte ab: »Papa hör auf!«

Doch die kurze Helligkeit in seinem Gesicht hatte ausgereicht. Erschrocken fragte Hero: »Wer hat dich so zugerichtet?«

Jetzt setzte Eike sich im Bett auf und gestand: »Ich hab mit Mama telefoniert. Sie hat gesagt, ich soll die Wahrheit sagen. Ich war das doch mit dem Koffer gar nicht. Ich hab ihn nicht nach Hannover gebracht, sondern der Marcel. Seine Eltern leben getrennt. Sein Vater wohnt in Hannover. Er besucht ihn da alle vierzehn Tage am Wochenende. Die Fotos waren von mir, die hab ich gemacht, aber das mit der Bombendrohung nicht …«

»Wer hat dich so vermöbelt?«

»Marcel. Er hat gesagt, wenn ich nicht die Schnauze halte, dann …«

Hero wusste nicht, ob er gerade wütend auf seine Frau war oder ob er ihr dankbar sein sollte.

»Warum hast du mir nichts gesagt? Du legst dich einfach so ins Bett und …«

»Du hast dich doch auch nicht für mich interessiert, Papa.«

»Na hör mal! Man hat Susanne entführt und …«

»Ich weiß. Ich hab's nicht so gemeint«, weinte Eike. »Aber ich hab mich einfach … geschämt. Weil, ich bin so ein Feigling … Ich hab das alles auf mich genommen, nur weil ich Angst hatte, dass …«

»Dass dieser Typ dich verhaut?«

»J… ja, aber nicht nur … ich wollte irgendwie auch dazugehören, weißt du. Das ist ziemlich toll mit denen. Die sind die Coolsten an der Schule und …«

Hero nahm seinen Sohn in den Arm und drückte ihn an sich. »Alles wird gut, Eike. Alles wird gut.«

»Mama hat gesagt, ihr müsst riesig viel zahlen. Ein paar Hunderttausend vielleicht sogar, weil Züge angehalten wurden und es ein paar Stunden Verspätungen gab und …«

»Alles wird gut, Eike.«

Die Sturmflut hatte jetzt fast ihren Höhepunkt erreicht. In Norddeich-Mole stand der Parkplatz unter Wasser, und die ersten Wellen leckten an den Zuggleisen.

In Neßmersiel rann die Flut durch alle Zäune, ohne Kurtaxe zu bezahlen.

Ann Kathrin Klaasen fühlte sich, als hätte sie eine tote Katze gegessen. Ihr Kopf brummte schlimmer als nach dem schlimmsten Rausch ihres Lebens. Sie hatte einen schrecklichen pelzigen Geschmack auf der Zunge. Der Hals war trocken, ihre Füße waren taub. Sie wollte ihre Hände nach vorn ziehen, um ihr Gesicht zu schützen und sich die Haare aus der Stirn zu streichen, doch ihre Hände waren auf dem Rücken festgebunden.

Als sie die Augen öffnete, sah sie in dem Raum, der nur von einer Kerze auf dem Tisch beleuchtet wurde, zunächst die Umrisse von Heinrich Jansen. Etwas in seiner Körperhaltung machte unmissverständlich klar, dass er tot war. Vielleicht gab es das, dass die Seele aus dem Körper ging und er dann erst leblos wurde.

Ann Kathrin hatte schon viele schwer verletzte Menschen gesehen. Völlig weggetretene Menschen. Komapatienten. Doch in all ihnen war noch Leben. Einen Toten erkannte sie gleich. Dazu musste sie nicht den Puls fühlen.

Darüber sprach sie nicht mit ihren Kollegen, und vor Gericht hätte so eine Aussage niemals Bestand gehabt. Vor Gericht galt nur, was man messen, wiegen, beweisen konnte.

Falls ihre Phantasie ihr keinen Streich spielte, krabbelte etwas auf Heinrich Jansen herum. Eine Ratte, eine Maus – irgendetwas bewegte sich an seinem Gesicht.

Langsam drehte Ann Kathrin ihren Kopf zur Seite. Neben ihr, an die Wand gelehnt, saß Susanne Möninghoff. Ihre Schultern berührten sich.

Draußen pfiff der Wind. Der Regen platschte auf ein Wellblechdach, und irgendetwas klapperte. Vielleicht eine abgebrochene Dachrinne oder eine Metalltür, die ständig auf und zu schlug. Doch lauter als alles andere war der Wind.

»Leben Sie noch?«, fragte Ann Kathrin, um überhaupt etwas zu sagen.

»Ja«, antwortete Susanne Möninghoff. Ihre Stimme klang merkwürdig, so als würde sie den Mund nicht ganz aufbekommen.

»Wo ist er?«

»Keine Ahnung. Manchmal verschwindet er einfach. Und dann kommt er wieder und hat sich irgendeine Teufelei ausgedacht. Wissen Ihre Kollegen, dass Sie hier sind?«

»Nein. Ich fürchte, wir sind auf uns gestellt.«

»Wollten Sie sich wirklich gegen mich …«

»Ja. Aber es ist anders, als er gesagt hat. Ich bin Kommissarin. Ich habe einen Weg gesucht, mit ihm in Kontakt zu treten.«

»Na, herzlichen Glückwunsch. Das ist Ihnen gelungen.«

Jetzt, da sie miteinander sprachen, versuchte Susanne Möninghoff ein Stückchen von Ann Kathrin abzurücken. Es war ihr unangenehm, so nah neben dieser Frau zu sitzen. Doch Ann Kathrin schüttelte den Kopf. »Nein. Kommen Sie näher.«

»Wie?«

»Wir müssen versuchen, uns gegenseitig zu befreien.«

»Er wird verdammt wütend werden, wenn er kommt und sieht, dass wir irgendwas gemacht haben. Er kann es gar nicht leiden, wenn man versucht, sich selbständig zu …«

»Wenn Sie nicht sterben wollen, dann helfen Sie mir jetzt.«

Ann Kathrin schob sich mit den Beinen an der Wand höher und tastete mit ihren Fingern, bis sie eine Hand von Susanne Möninghoff spürte. Sie versuchte den Gedanken zu verdrängen, dass diese Hände ihren Mann streichelten und ihrem Sohn die Schulbrote schmierten. Es waren einfach nur Werkzeuge.

Sie versuchten, sich gegenseitig das Teppichklebeband von den Gelenken zu knibbeln, aber sie waren zu fest eingeschnürt.

»Versuchen Sie es mit den Zähnen«, schlug Ann Kathrin vor und ließ sich nach vorne fallen. Den Hintern hochgereckt, den Kopf auf den Boden, die Arme auf dem Rücken festgebunden, kniete sie da. Sie stöhnte, so schmerzhaft war es, und sie spürte, dass ihre Nackenmuskeln sich davon nicht so bald erholen würden.

Susanne Möninghoff rutschte nah heran. Ann Kathrin musste wieder an das Geräusch denken, mit dem Thomas Hagemann das Klebeband von Susanne Möninghoffs Mund gerissen hatte. Jetzt begriff Ann Kathrin, warum Susannes Stimme sich so komisch anhörte: Es fehlte tatsächlich ein Teil ihrer Oberlippe.

Dann begann Susanne Möninghoff zunächst zaghaft, an dem Teppichklebeband zu nagen, bis sie schließlich hineinbiss und den Kopf von links nach rechts warf wie ein Raubtier, das versucht, so die Beute zu töten. Wie Zahnseide rutschte es zwischen ihre Zahnlücken. Ein Zahn knirschte, aber er brach nicht aus. Stattdessen riss das Klebeband ein.

»Ja! Ja! Wir schaffen es!«, freute sich Ann Kathrin und feuerte Susanne Möninghoff an, jetzt bloß nicht aufzugeben.

Dann waren Ann Kathrins Hände frei. Im selben Moment hörten sie Schritte, die durch eine Pfütze näher kamen.

»Er kommt! Er kommt!«

Ann Kathrin versuchte, sich wieder so hinzusetzen, als ob sie noch gefesselt wäre, doch ihre Beine waren zusammengebunden und erlaubten das nicht. Sie zerrte an dem Klebeband herum. Da leuchtete er ihr mit der Taschenlampe ins Gesicht.

»Ach, wie rührend. Man kann euch beide wirklich keine paar Minuten alleine lassen. Was soll denn das werden? Ich bin enttäuscht, Frau Kommissarin. Ich hatte Ihnen eine Chance gegeben. Ich wollte, dass Sie das Verbrechen aufklären, das an meiner Person begangen wurde. Sie haben stümperhaft gearbeitet. Gar nicht so, wie von Holger Bloem im *Ostfriesischen Kurier* beschrieben. Sie verstehen überhaupt nichts von den Abgründen der menschlichen Seele. Sie verstehen nicht mal etwas von Ihrem Beruf! Sie haben nicht mal versucht, mich zu begreifen, sonst wären Sie viel früher zur Seniorenresidenz Meeresblume gefahren. Sie interessieren sich nur für sich selbst und Ihr verkorkstes Leben. Was haben Sie vor? Verbrüdern Sie sich hier? Wollen Sie es in Zukunft zu dritt treiben? Sie, Hero und Susanne? Pfui Teufel!«

»Wie sind Sie auf dieses Gebäude gekommen?«, fragte Ann Kathrin, um ihn überhaupt irgendwie zu beschäftigen und auf andere Gedanken zu bringen. »Wie hätte ich das herausfinden können?«

Sie sah ihn an und versuchte, ihm das Gefühl zu geben, dass er jetzt alle Aufmerksamkeit der Welt hatte.

Weller hatte Hunger. Er brauchte dringend Fleisch. Er wollte seine Zähne in ein Kotelett graben oder in ein blutiges Steak. Gleichzeitig wusste er, dass er nichts herunterbekommen würde, bevor sie Ann Kathrin gefunden hatten. Um aus der Schere herauszukommen, Hunger zu haben und doch nichts essen zu können, zündete er sich eine Zigarette an.

Was würde Ann Kathrin tun, dachte er. Was? Auf keinen Fall wollte er später von ihr gefragt werden: Warum hast du das nicht gemacht, Weller? Warum hast du nicht so gehandelt, sondern so? Wie konntest du das nur übersehen?

»Dieses Scheißheim«, sagte Weller, »in dem Thomas Hagemann den erbärmlichen Rest seiner Jugend verbringen musste – wie hat sich das eigentlich finanziert? Mit staatlichen Geldern? Von Spenden? Von …« Er gab sich die Antwort selbst: »Die Jungs waren doch alle schon im arbeitsfähigen Alter. Die wurden doch garantiert irgendwohin geschickt, wo sie …«

Ubbo Heide wies auf Weller, als sei sein Zeigefinger eine Pistole: »Und das kann nicht weit von diesem Heim weg gewesen sein.«

Weller zitierte wieder die Sätze, die sie dort gefunden hatten: »Das war gut, Frau Kommissarin Klaasen! Aber noch nicht gut genug. Sie haben den Ort des Verbrechens gefunden. – Na klar! Es muss so ein Gebäude ganz in der Nähe geben!«

Ubbo Heide warf den Plan in Ann Kathrins Wohnzimmer auf den Boden. Sie knieten zu viert um die Landkarte von Ostfriesland herum. Ubbo Heide, Frank Weller, Rupert und Charlie Thiekötter.

»Vielleicht hat er sie einfach als Erntehelfer zu den Bauern geschickt. Hier wurden immer Saisonkräfte gebraucht. Oder zu den Krabbenkuttern oder …«

»Eine Ziegelei!«, schrie Weller. »Eine alte Ziegelei! Es gab ein Foto in dem Fotoalbum! Ann Kathrin hat es selbst gesagt: So wurden früher Steine gemacht!«

Ubbo Heide zeigte auf den Punkt Nummer 93. Es war eins der in Frage kommenden Gebäude. Alt. Leerstehend. Verfallen.

»Falls wir schon genügend Leute auf die Beine gestellt haben, sind dahin gerade ein paar Kollegen unterwegs.«

»Stopp sie«, schlug Weller vor. »Das machen wir selbst. Wir sind nah dran. Das sind keine zweitausend Meter Luftlinie von hier.«

»Ja«, sagte Rupert. »Aber wir können nicht fliegen.«

»Hier mussten wir arbeiten. Und wissen Sie, was wir von dem Geld bekommen haben?«, fragte Thomas Hagemann.

Ann Kathrin schüttelte den Kopf. »Nein. Ich weiß es nicht. Wie viel haben Sie bekommen?«

Frag ihn, dachte sie. Frag ihn. Bleib dabei. Nimm ihn ernst. Beschäftige dich mit ihm. Das ist im Grunde alles, was er will. Solange er erzählen kann, wird er nicht morden. Wer weiß, wie oft er versucht hat, seine Geschichte loszuwerden, und niemand hat ihm zugehört, bis er dann begann, Menschen umzubringen.

»Gar nichts haben wir bekommen. Überhaupt nichts. Und wir mussten noch dankbar sein dafür, weil man nämlich dankbar sein muss, wenn man sich sein Brot selbst verdienen darf, hat Heinrich Jansen uns gelehrt.«

Susanne Möninghoff kroch Zentimeter für Zentimeter weiter. Hagemann war so sehr mit Ann Kathrin Klaasen beschäftigt, dass er nicht bemerkte, wie weit sie schon war. Er fühlte sich sicher. Er hatte zwei Waffen. Die Heckler & Koch und sein finnisches Jagdmesser. Gleich würde er Ann Kathrin Klaasen die Hände wieder auf den Rücken kleben. Aber noch hatte er Zeit. Endlich stellte sie die richtigen Fragen. Vielleicht war an diesem Bericht von Holger Bloem ja doch etwas dran.

»Was glauben Sie, was mit dem Geld geschehen ist?«, fragte Ann Kathrin. »Hat Jansen es für sich verbraucht?«

Thomas Hagemann schüttelte den Kopf. »Nein, so war er nicht. Geldgier war nicht sein Motiv. Der hatte eine richtige Mission. Der wollte Menschen formen, nach seinen Vorstellungen. Wahrscheinlich hat er damit Leute bestochen. Und ich will, dass sie alle bestraft werden. Alle. Ich habe nur die Schlimmsten selbst zur Rechenschaft gezogen. Die Speerspitze des Ganzen. Aber daran waren noch viele andere beteiligt. Wie an den KZs der Nazis. Verstehen Sie? Das waren auch nicht nur die Wärter und die KZ-Aufseher. Da waren Leute, die den Transport organisiert haben. Andere haben sie abgeholt. Verhaftet. Ausgeliefert. Verraten. So war es bei uns auch. Wissen Sie, wie oft Ihre Kollegen mich zurückgebracht haben? Wissen Sie, wie oft ich von der Polizei an diesen Folterknecht ausgeliefert wurde? Ich will, dass sie alle mit ihren Taten konfrontiert werden. Auch die tollen Psychologen, die die Gutachten geschrieben haben. Alle.«

Sein Speichel zog beim Sprechen Bläschen, die auf seiner Unterlippe klebten.

»Ich wollte nur Gerechtigkeit, Frau Kommissarin. Für mich und auch für sie. Damit wir alle besser leben können.«

Jetzt biss Susanne Möninghoff zu. Sie grub ihre Zähne tief

in Thomas Hagemanns linke Wade. Durch den Stoff seiner Hose füllte sich ihr Mund mit Blut. Noch einmal warf sie den Kopf von links nach rechts wie ein Raubtier.

Thomas Hagemann brüllte auf und drehte sich um seine eigene Achse. Ein Schuss löste sich, verfehlte aber Susanne Möninghoff.

Hagemann stürzte. Noch bevor sein Körper den Boden erreicht hatte, federte Ann Kathrin hoch und nahm ihn von hinten in den Würgegriff. Die linke Hand legte sie in ihre rechte Armbeuge, mit der rechten Hand drückte sie gegen seinen Hinterkopf. Aus dieser Schere kam er nicht heraus. Ihr linker Unterarm drückte Hagemanns Kehlkopf ein und nahm ihm die Luft.

Gleichzeitig schrie Ann Kathrin: »Die Pistole! Die Pistole!«

Susanne Möninghoff ließ sich einfach auf seinen rechten Arm fallen. Unter ihr war die Hand mit der Pistole begraben. Sie drückte sich so fest sie konnte auf den Boden.

Wenn er jetzt abdrückt, dachte sie, wenn er jetzt abdrückt …

Unter ihr löste sich ein Schuss. Es war heiß an ihrem Rücken, es brannte wie verrückt. Sie kreischte. Hier war eine Brandwunde entstanden, die so bald nicht verheilen würde. Doch die Kugel hatte sich in den Boden gebohrt und nicht in ihre Lunge.

Ann Kathrin drückte zu, so fest sie konnte. Sie wusste, dass diese Umklammerung tödlich war. Sein Kehlkopf wurde tief nach innen gedrückt.

Er reckte den Kopf und versuchte zu atmen. Doch in Ann Kathrin wuchsen Bärenkräfte. Endlich hatte sie ihn unter Kontrolle.

Weller stürmte als Erster in den Keller, dicht gefolgt von Rupert. Sie hatten ihre Waffen gezogen und entsichert, steckten sie aber sofort wieder weg, als sie die Situation erkannten.

Weller kniete sich neben Ann Kathrin. Sie biss die Zähne aufeinander, presste die Augen zu und drückte Thomas Hagemann die Luft ab.

Es war ein Wunder, dass sein Genick nicht brach, fand Weller. Er legte eine Hand ruhig auf Ann Kathrins Schulter und sagte: »Wir sind da, Ann. Es ist alles vorbei. Lass ihn los. Du bringst ihn sonst um.«

Sie öffnete die Augen und sah in Wellers Gesicht. Gleichzeitig riss sie ihre Arme auseinander. Hagemanns Kopf fiel zur Seite. Dann umarmte sie Weller, der sie fest an sich drückte.

Susanne Möninghoff lag auf dem Boden und wälzte sich in ihrem Schmerz. Die Joggingjacke war am Rücken zerfetzt und versengt.

»Ich könnte tot sein! Er hat … Die Kugel ist unter mir losgegangen …«

Rupert durchschnitt die Fesseln der Frau. Aber sie umarmte ihn nicht, wie er erwartet hatte, sondern sie sank auf die Knie, weil ihr schwindlig war. Sie konnte noch gar nicht stehen.

Ann Kathrin ließ jetzt Weller los und sah Susanne Möninghoff an. Sie beugte sich zu ihr herunter, dann umarmten die beiden Frauen sich und begannen jämmerlich zu weinen.

Als Thomas Hagemann zu sich kam, trug er Handschellen und sah mehrere Wagen mit kreisendem Blaulicht im Regen stehen.

Die Flut hatte ihren höchsten Punkt überschritten. Die Deiche in Ostfriesland hatten dem Druck der Wellen standgehalten. Die Ebbe brachte die erhoffte Erleichterung.

Am nächsten Tag kam Eike in der ersten großen Pause ins Hans-Bödecker-Gymnasium. Er kam zwei Stunden zu spät. Aber dafür brachte er seine Eltern mit. Ann Kathrin und Hero Klaasen. Er hatte seinem Schulleiter etwas zu erzählen. Über einen Koffer im Hauptbahnhof. Über einen Schüler, der andere schlug und erpresste. Und über eine Lehrerin, die gern an Nacktstränden badete.

Er hoffte, dass die Anwesenheit seiner Eltern ihm Kraft geben würde. Und sie hofften es auch.

Ende